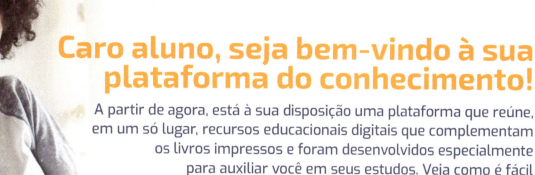

# Caro aluno, seja bem-vindo à sua plataforma do conhecimento!

A partir de agora, está à sua disposição uma plataforma que reúne, em um só lugar, recursos educacionais digitais que complementam os livros impressos e foram desenvolvidos especialmente para auxiliar você em seus estudos. Veja como é fácil e rápido acessar os recursos deste projeto.

### 1 Faça a ativação dos códigos dos seus livros.

**Se você NÃO tem cadastro na plataforma:**
- acesse o endereço <login.smaprendizagem.com>;
- na parte inferior da tela, clique em "Registre-se" e depois no botão "Alunos";
- escolha o país;
- preencha o formulário com os dados do tutor, do aluno e de acesso.

O seu tutor receberá um *e-mail* para validação da conta. Atenção: sem essa validação, não é possível acessar a plataforma.

**Se você JÁ tem cadastro na plataforma:**
- em seu computador, acesse a plataforma pelo endereço <**login.smaprendizagem.com**>;
- em seguida, você visualizará os livros que já estão ativados em seu perfil. Clique no botão "Códigos ou licenças", insira o código abaixo e clique no botão "Validar".

Este é o seu código de ativação! →

### 2 Acesse os recursos

usando um computador.

No seu navegador de internet, digite o endereço <**login.smaprendizagem.com**> e acesse sua conta. Você visualizará todos os livros que tem cadastrados. Para escolher um livro, basta clicar na sua capa.

usando um dispositivo móvel.

Instale o aplicativo **SM Aprendizagem**, que está disponível gratuitamente na loja de aplicativos do dispositivo. Utilize o mesmo *login* e a mesma senha que você cadastrou na plataforma.

**Importante!** Não se esqueça de sempre cadastrar seus livros da SM em seu perfil. Assim, você garante a visualização dos seus conteúdos, seja no computador, seja no dispositivo móvel. Em caso de dúvida, entre em contato com nosso canal de atendimento pelo **telefone 0800 72 54876** ou pelo *e-mail* atendimento@grupo-sm.com.

# Convergências História 7

**Caroline Torres Minorelli**
- Bacharela e licenciada em História pela Universidade Estadual de Londrina (UEL-PR).
- Especialista em História e Teorias da Arte: Modernidade e Pós-Modernidade pela UEL-PR.
- Atuou como professora da rede pública de Ensino Fundamental e Ensino Médio.
- Autora de livros didáticos para o Ensino Fundamental.

**Charles Hokiti Fukushigue Chiba**
- Bacharel e licenciado em História pela Universidade Estadual de Londrina (UEL-PR).
- Especialista em História Social e Ensino de História pela UEL-PR.
- Professor das redes pública e particular de Ensino Fundamental, Ensino Médio e Ensino Superior.
- Autor de livros didáticos para o Ensino Fundamental.

*Convergências* – História – 7
© Edições SM Ltda.
Todos os direitos reservados

| | |
|---:|:---|
| Direção editorial | M. Esther Nejm |
| Gerência editorial | Cláudia Carvalho Neves |
| Gerência de *design* e produção | André Monteiro |
| Edição executiva | Valéria Vaz |
| Coordenação de *design* | Gilciane Munhoz |
| Coordenação de arte | Melissa Steiner Rocha Antunes |
| Assistência de arte | Juliana Cristina Silva Cavalli |
| Coordenação de iconografia | Josiane Laurentino |
| Coordenação de preparação e revisão | Cláudia Rodrigues do Espírito Santo |
| Suporte editorial | Alzira Ap. Bertholim Meana |
| Projeto e produção editorial | Scriba Soluções Editoriais |
| Edição | Ana Flávia Dias Zammataro, Alexandre de Paula Gomes |
| Assistência editorial | Natalia Figueiredo Cirino de Moura |
| Revisão e preparação | Felipe Santos de Torre, Joyce Graciele Freitas |
| Projeto gráfico | Dayane Barbieri, Marcela Pialarissi |
| Capa | João Brito e Tiago Stéfano sobre ilustração de Estevan Silveira |
| Edição de arte | Cynthia Sekiguchi |
| Pesquisa iconográfica | Tulio Sanches Esteves Pinto |
| Tratamento de imagem | Equipe Scriba |
| Editoração eletrônica | Adenilda Alves de França Pucca (coord.) |
| Pré-impressão | Américo Jesus |
| Fabricação | Alexander Maeda |
| Impressão | Forma Certa |

Dados Internacionais de Catalogação na Publicação (CIP)
(Câmara Brasileira do Livro, SP, Brasil)

Minorelli, Caroline Torres
    Convergências história : ensino fundamental : anos finais : 7º ano / Caroline Torres Minorelli, Charles Hokiti Fukushigue Chiba. — 2. ed. — São Paulo : Edições SM, 2018.

    Bibliografia.
    ISBN 978-85-418-2154-4 (aluno)
    ISBN 978-85-418-2158-2 (professor)

    1. História (Ensino fundamental) I. Chiba, Charles Hokiti Fukushigue. II. Título.

18-20887          CDD-372.89

Índices para catálogo sistemático:

1. História : Ensino fundamental 372.89
Maria Alice Ferreira - Bibliotecária - CRB-8/7964

2ª edição, 2018
4ª Impressão, 2023

SM Educação
Rua Tenente Lycurgo Lopes da Cruz, 55
Água Branca  05036-120  São Paulo  SP  Brasil
Tel. 11 2111-7400
atendimento@grupo-sm.com
www.grupo-sm.com/br

## Cara aluna, caro aluno,

Tudo o que conhecemos tem história: as construções, os aparelhos que utilizamos no dia a dia, nossos direitos e deveres, nossos hábitos e costumes, nossos valores, nossas famílias, as outras pessoas, entre outros exemplos.

A História existe para nos auxiliar a compreender, por exemplo, como o mundo atual se formou e quais são os nossos vínculos com os nossos antepassados. Dessa maneira, podemos entender as mudanças e as permanências que ocorreram na nossa sociedade ao longo do tempo, nos ajudando a fazer escolhas mais conscientes para a construção de um futuro melhor.

Portanto, esta coleção foi produzida para auxiliar você no estudo da História. Nela, você vai encontrar uma grande variedade de imagens, textos, atividades e outros recursos que o ajudarão a descobrir mais sobre nós, seres humanos, e sobre nossas relações com o tempo passado, presente e futuro.

**Bom ano e bons estudos!**

## Apresentação

# Conheça seu livro

Esta coleção apresenta assuntos interessantes e atuais, que o auxiliarão a desenvolver autonomia, criticidade, entre outras habilidades e competências importantes para a sua aprendizagem.

## Abertura de unidade

Essas páginas marcam o início de uma nova unidade. Elas apresentam uma imagem instigante, que se relaciona aos assuntos da unidade. Conheça os capítulos que você irá estudar e participe da conversa proposta pelo professor.

Embarcação tradicional chinesa, conhecida como junco, navega na baía de Hong Kong, na China. Foto de 2016.

**UNIDADE 2 — O Oriente: China e Japão**

Capítulos desta unidade
- Capítulo 3 - A formação do Império Chinês
- Capítulo 4 - A China imperial
- Capítulo 5 - A formação do Japão

**Iniciando rota**

1. Na foto, que elementos podem ser considerados antigos e quais podem ser considerados atuais?
2. Que aspectos culturais da China ou do Japão você conhece? Quais deles são atuais? Quais são antigos?
3. Em seu cotidiano, elementos antigos dividem espaço com elementos atuais? Converse com os colegas.

## Iniciando rota

Ao responder a essas questões, você vai saber mais sobre a imagem de abertura, relembrar os conhecimentos que já tem sobre o tema apresentado e se sentir estimulado a aprofundar-se nos assuntos da unidade.

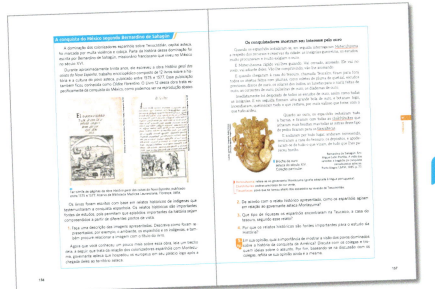

## Boxe informativo

Esse boxe apresenta temas atuais e informações que ampliam o assunto estudado.

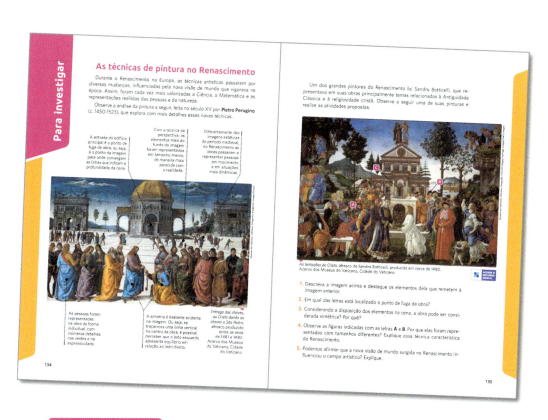

## Para investigar

Nessa seção, você vai ler e analisar, com o auxílio de um roteiro, diferentes fontes históricas, como documentos pessoais, trechos de cartas e diários, entre outras. A análise de fontes históricas pode revelar informações sobre o passado e auxiliar na compreensão do presente.

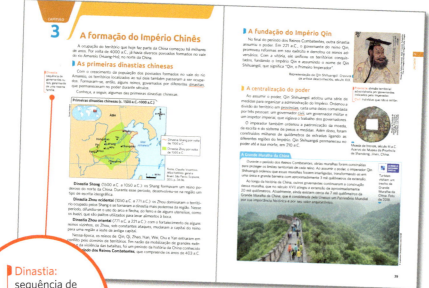

### Vocabulário

Algumas palavras menos conhecidas terão seus significados apresentados na página, para que você se familiarize com elas. Essas palavras estarão destacadas no texto.

### Boxe complementar

Esse boxe apresenta assuntos que complementam o tema estudado.

### Ícone pesquisa

Esse ícone marca as atividades em que você deverá fazer uma pesquisa.

### Ícone em grupo

Esse ícone marca as atividades que serão realizadas em duplas ou em grupos.

### Atividades

Nessa seção, são propostas atividades que irão auxiliá-lo a refletir, a organizar os conhecimentos e a conectar ideias.

### Ícone digital

Esse ícone remete a um objeto educacional digital.

### Verificando rota

Aqui você terá a oportunidade de avaliar sua aprendizagem por meio de perguntas que o farão refletir sobre os conhecimentos que você tinha antes de iniciar os estudos, comparando-os com o aprendizado adquirido ao longo da unidade.

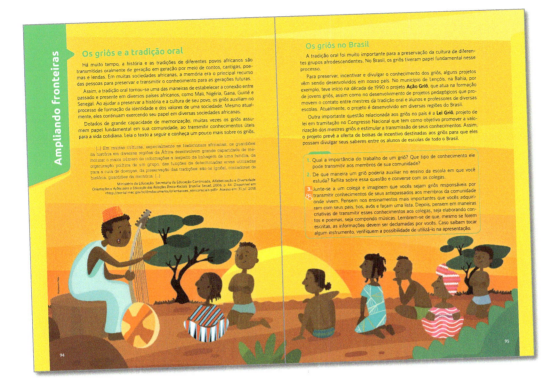

## Ampliando fronteiras

Nessa seção, você encontrará informações que o levarão a refletir criticamente sobre assuntos relevantes e a estabelecer relações entre diversos temas ou conteúdos. Os assuntos são propostos com base em temas contemporâneos, que contribuem para a sua formação cidadã e podem ser relacionados a outros componentes curriculares.

## ▶ Aprenda mais

Aproveite as sugestões de livros, filmes, sites, vídeos e dicas de visitas para aprender um pouco mais sobre o conteúdo estudado. Essas sugestões aparecerão ao final de cada um dos volumes.

# Sumário

## UNIDADE 1 — A Europa Moderna — 12

### CAPÍTULO 1 — Mudanças políticas e econômicas — 14
- O rompimento com o passado? — 14
- A formação dos Estados modernos na Europa — 16
- O absolutismo europeu — 18
- O mercantilismo — 20
- ▶ Atividades — 22

### CAPÍTULO 2 — A expansão marítima europeia — 24
- As explorações marítimas — 24
- As navegações portuguesas e espanholas — 26
- O dia a dia em alto-mar — 28
- Os europeus depois da expansão marítima — 30
- ▶ Atividades — 32
- ▶ Verificando rota — 33
- ▶ Ampliando fronteiras
  - O consumo e a obsolescência programada — 34

## UNIDADE 2 — O Oriente: China e Japão — 36

### CAPÍTULO 3 — A formação do Império Chinês — 38
- As primeiras dinastias chinesas — 38
- A fundação do Império Qin — 39
- A dinastia Han — 40
- Taoismo e confucionismo — 42
- ▶ Atividades — 46

### CAPÍTULO 4 — A China imperial — 48
- O Império enfraquecido — 48
- A reunificação do Império — 48
- A sociedade imperial — 50
- Cultura e tecnologia — 52
- ▶ Atividades — 54

### CAPÍTULO 5 — A formação do Japão — 56
- Reinos e impérios — 56
- Períodos da história do Japão — 57
- A sociedade na época do xogunato — 58
- A religiosidade — 60
- O contato com o Ocidente — 61
- ▶ Atividades — 64
- ▶ Verificando rota — 65
- ▶ Ampliando fronteiras
  - Livro: do papiro ao digital — 66

Daniela Constantinescu/Shutterstock.com/ID/BR

# UNIDADE 3 — Os povos da África ............ 68

## CAPÍTULO 6 — Conhecer a história da África ............ 70
- Sociedades e culturas da África ............ 71
- A diversidade do continente africano ............ 72
- ▌ Atividades ............ 82

## CAPÍTULO 7 — Reinos e impérios da África ............ 84
- As sociedades do Sahel ............ 84
- Os reinos iorubás ............ 88
- Os povos bantos ............ 89
- ▌ Para investigar
  A arte iorubá: os relevos de Benin ............ 90
- ▌ Atividades ............ 92
- ▌ Verificando rota ............ 93
- ▌ Ampliando fronteiras
  Os griôs e a tradição oral ............ 94

# UNIDADE 4 — A América antes da chegada dos europeus ............ 96

## CAPÍTULO 8 — Maias, astecas e incas ............ 98
- Os maias ............ 99
- Os astecas ............ 102
- Os incas ............ 104
- ▌ Atividades ............ 108

## CAPÍTULO 9 — Os indígenas do Brasil ............ 110
- Uma diversidade de povos ............ 110
- Os povos Tupi-Guarani ............ 112
- Os indígenas e a divisão do trabalho ............ 114
- As moradias indígenas ............ 116
- As religiosidades indígenas ............ 118
- ▌ Atividades ............ 122
- ▌ Verificando rota ............ 123
- ▌ Ampliando fronteiras
  A pintura corporal indígena ............ 124

## UNIDADE 5 — Cultura e religiosidade na Europa Moderna ........ 126

**CAPÍTULO 10 — O Renascimento europeu** ........ 128
- Uma época de transição ........ 128
- A visão de mundo renascentista ........ 130
- A difusão do Renascimento ........ 133
- ▌ **Para investigar**
  As técnicas de pintura no Renascimento ........ 134
- ▌ **Atividades** ........ 136

**CAPÍTULO 11 — As Reformas religiosas e a reação da Igreja católica** ........ 138
- A crise da Igreja católica ........ 138
- A Reforma protestante ........ 140
- A Contrarreforma ........ 142
- ▌ **Atividades** ........ 146
- ▌ **Verificando rota** ........ 147
- ▌ **Ampliando fronteiras**
  Caça às bruxas ........ 148

## UNIDADE 6 — A colonização da América ........ 150

**CAPÍTULO 12 — A América espanhola** ........ 152
- Contatos entre europeus e indígenas ........ 152
- A queda e a conquista do Estado Asteca ........ 152
- A conquista do Império Inca ........ 153
- A administração das colônias ........ 154
- Os povos indígenas na atualidade ........ 158
- ▌ **Para investigar**
  As representações da conquista ........ 160
- ▌ **Atividades** ........ 162

**CAPÍTULO 13 — A América portuguesa** ........ 164
- A chegada dos portugueses ao litoral do Brasil ........ 164
- A colonização do território ........ 166
- O Governo-Geral ........ 168
- As relações entre indígenas e portugueses ........ 169
- ▌ **Atividades** ........ 170

**CAPÍTULO 14 — A colonização da América do Norte** ........ 172
- Ingleses e franceses na América ........ 172
- A colonização inglesa ........ 174
- Os povos indígenas ........ 174
- Novas tentativas de colonização ........ 175
- As Treze Colônias ........ 176
- ▌ **Atividades** ........ 178
- ▌ **Verificando rota** ........ 179
- ▌ **Ampliando fronteiras**
  Os estudos naturalistas ........ 180

## UNIDADE 7 — O Brasil colonial .......... 182

### CAPÍTULO 15 — A escravidão e a produção de açúcar .......... 184
- Uma atividade lucrativa .......... 185
- O engenho açucareiro .......... 187
- A resistência à escravidão .......... 190
- A sociedade colonial .......... 194
- ▶ Atividades .......... 196

### CAPÍTULO 16 — Os holandeses no Brasil .......... 198
- A ocupação do Nordeste .......... 199
- A expulsão dos holandeses .......... 201
- ▶ Atividades .......... 204
- ▶ Verificando rota .......... 205
- ▶ Ampliando fronteiras
  - As comunidades quilombolas .......... 206

## UNIDADE 8 — A expansão do território colonial .......... 208

### CAPÍTULO 17 — Rumo ao interior da Colônia .......... 210
- A importância da pecuária na Colônia .......... 211
- A exploração das drogas do sertão .......... 212
- Jesuítas e indígenas .......... 212
- A capitania de São Vicente e a expansão do território .......... 214
- ▶ Atividades .......... 220

### CAPÍTULO 18 — A descoberta de ouro no Brasil .......... 222
- Em busca do ouro .......... 222
- O controle da extração de metais .......... 223
- O trabalho nas minas .......... 224
- A vida nas vilas e nas cidades .......... 226
- O estilo Barroco e a religião católica .......... 227
- ▶ Para investigar
  - A riqueza do Barroco brasileiro .......... 228
- Resistência, cultura e identidade .......... 230
- ▶ Atividades .......... 232
- ▶ Verificando rota .......... 233
- ▶ Ampliando fronteiras
  - Os povos tradicionais e os recursos naturais .......... 234

▶ Aprenda mais .......... 236
▶ Referências bibliográficas .......... 239

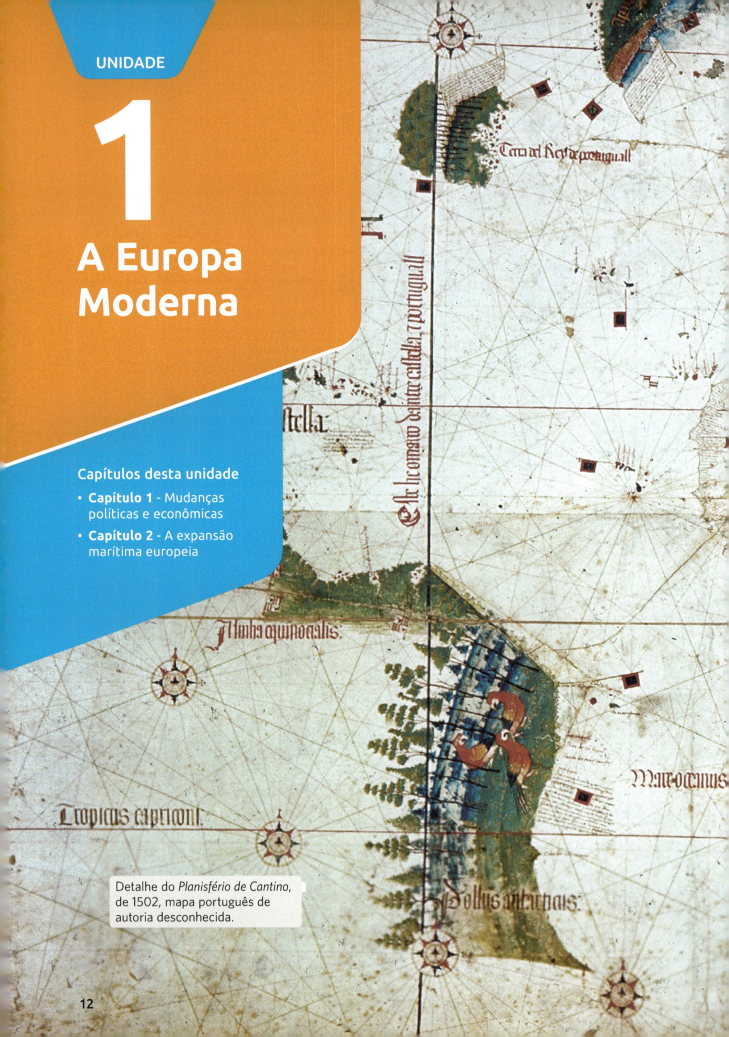

# UNIDADE 1
# A Europa Moderna

**Capítulos desta unidade**
- **Capítulo 1** - Mudanças políticas e econômicas
- **Capítulo 2** - A expansão marítima europeia

Detalhe do *Planisfério de Cantino*, de 1502, mapa português de autoria desconhecida.

**Iniciando rota**

1. Quando foi produzido o mapa apresentado? Que continentes você consegue identificar nele?

2. Como você acha que foi possível ao cartógrafo ter conhecimento desses territórios para produzir esse mapa?

3. Atualmente, que recursos podemos utilizar para nos orientar no espaço? Você os utiliza em seu cotidiano? Como?

CAPÍTULO 1

# Mudanças políticas e econômicas

Entre os séculos XIV e XVII, ocorreram diversas mudanças políticas, econômicas e sociais que influenciaram o modo de vida das sociedades ocidentais. Transformações nos campos da filosofia, das artes e da religião foram tão importantes nessa época que marcaram o início do que muitos pensadores europeus da época chamaram de Idade Moderna.

## O rompimento com o passado?

Nesse período, as mudanças teriam sido tão significativas que o novo período poderia ser caracterizado por uma ruptura com o passado. Para o historiador francês Jacques Le Goff, a ideia de modernidade surge a partir do sentimento de ruptura com o período anterior, no caso, aquele que foi chamado pelos intelectuais do século XVIII de Idade Média. Leia o texto a seguir.

> [...] Os homens do século XVI julgavam estar vivendo em um mundo novo (moderno), embora o passado greco-romano devesse ser respeitado na construção desse novo mundo e do novo homem, liberto do "obscurantismo" medieval. Nesse sentido, a Era Moderna é de fato moderna, ao menos para os que nela viveram. [...]
>
> Kalina Vanderlei Silva e Maciel Henrique Silva.
> *Dicionário de conceitos históricos*. São Paulo: Contexto, 2009. p. 297.

Essas mudanças ocorridas entre os séculos XIV e XVI tiveram a sua expressão em diversos fenômenos e fatos históricos que influenciaram o modo de vida das sociedades ocidentais, como o Renascimento cultural, o Humanismo e a Reforma Protestante, que serão tratados a partir desta unidade.

Conhecer como ocorreram essas transformações ajuda a compreender diversas questões que fazem parte de nosso cotidiano atualmente.

## Uma era de reis

De maneira geral, enquanto na Idade Média o poder político em grande parte da Europa ficava fragmentado na mão de diversos senhores feudais, na Idade Moderna esse poder passou a ser concentrado na figura dos reis. Ao longo dos anos, diversos territórios se unificaram, formando os Estados modernos, como Portugal, Espanha e França.

Retrato do rei inglês Henrique VIII pintado por Hans Holbein, o Jovem, em 1540. Óleo sobre tela. Acervo da Galeria Nacional de Arte Antiga, Roma, Itália.

14

## As Grandes Navegações

Com a organização desses Estados modernos, iniciou-se uma nova fase do expansionismo europeu, marcada pelo desenvolvimento e emprego de tecnologias e técnicas de navegação e pela busca de novos caminhos marítimos de comércio da Europa com outros continentes.

Essa época ficou conhecida na Europa como a "Era das Grandes Navegações", quando os europeus passaram a travar contato com outras civilizações e iniciar o processo de colonização de outros continentes.

Detalhe de gravura produzida por Theodore de Bry, no século XVI, que representa as embarcações no porto de Lisboa, Portugal. Acervo do Serviço Histórico da Marinha, Vincennes, França.

## Humanismo e Renascimento

A Idade Moderna também é caracterizada pelas mudanças de visão de mundo dos europeus. Novas perspectivas sobre a sociedade, a natureza e a arte, por exemplo, foram lançadas a partir do movimento que ficou conhecido como Humanismo.

O Humanismo favoreceu uma nova maneira de pensar, ao privilegiar os seres humanos, sua natureza e suas capacidades, em detrimento da visão religiosa do mundo, muito marcante durante a Idade Média.

O Humanismo influenciou o surgimento de movimentos como o Renascimento Cultural, que trouxe grandes mudanças no campo da Filosofia, das Ciências e, principalmente, nas Artes, resgatando valores estéticos e morais de pensadores da Antiguidade Clássica.

## Religiosidade

No âmbito da religiosidade, a Idade Moderna foi marcada pelas Reformas Protestantes e a formação de novas doutrinas religiosas que foram criadas a partir da crítica ao poder e aos abusos da Igreja católica.

Nessa época, a Igreja católica também reagiu, promovendo a chamada Contrarreforma, que consistia na reafirmação de seus dogmas, na criação de novas ordens religiosas e na promoção da catequese nas terras colonizadas pelos europeus nos outros continentes.

# A formação dos Estados modernos na Europa

No final da Idade Média, entre os séculos XI e XV, começaram a se formar os primeiros Estados nacionais modernos. Apesar de ter sido um processo diferente em cada região, de modo geral esses Estados caracterizaram-se pela gradativa centralização do poder nas mãos dos reis.

A burguesia, que desde o final da Idade Média estava em ascensão, apoiava essa centralização para que, dessa maneira, os reis pudessem promover reformas que beneficiassem o comércio.

Parte da nobreza, enfraquecida com a crise do sistema feudal, também passou a apoiar o poder dos reis em busca de benefícios, como a manutenção de privilégios, a isenção de pagamento de impostos e o recebimento de pensões.

O apoio da burguesia e de parte da nobreza, o crescimento do comércio e o consequente aumento na arrecadação de impostos fizeram, assim, que os monarcas europeus se tornassem cada vez mais poderosos.

## O Reino de Portugal

Durante o século VIII, grande parte da península Ibérica foi dominada por povos muçulmanos. Entre os séculos XI e XII, os reinos cristãos localizados na região norte da península organizaram expedições para conquistar o território ocupado pelos muçulmanos, dando início à formação do Reino de Portugal.

No século XI, os reinos de Leão e Castela estavam entre os principais desses reinos cristãos. O rei Afonso VI, de Leão e Castela, para recompensar o nobre Henrique de Borgonha por sua participação vitoriosa nas batalhas contra os muçulmanos, ofereceu-lhe o Condado Portucalense, além do casamento com sua filha.

> **Condado:** território cuja administração é concedida a um conde, título de nobreza.

Anos depois, o filho de Henrique de Borgonha, Afonso Henriques, após romper com os reinos de Leão e Castela e passar a enfrentá-los, tornou o Condado Portucalense um reino independente, o Reino de Portugal. Depois da criação do reino, os portugueses expandiram seu território ao guerrear contra os muçulmanos e dominar as áreas por eles ocupadas.

No final do século XIV, a dinastia de Avis assumiu o trono português, ampliando a centralização do poder nas mãos do rei e consolidando o Reino de Portugal como o primeiro Estado moderno da Europa.

Representação do rei Afonso Henriques em manuscrito do século XII.

## A monarquia espanhola

Antes da formação da monarquia espanhola, no início do século XV, o território da península Ibérica era composto por uma mistura de povos e culturas, que formavam diversos reinos independente,s como Castela, Leão, Catalunha, Galícia, Astúrias, Aragão e Navarra.

Ao sul desses territórios cristãos independentes, havia os territórios dominados pelos árabes do império muçulmano. Veja o mapa ao lado.

Fonte: Hermann Kinder e Werner Hilgemann. *The Penguin Atlas of World History*. Londres: Penguin, 2003. v. 1. p. 186.

A península Ibérica em 1210

### O processo de unificação

Com o casamento dos reis católicos Isabel de Castela e Fernando de Aragão, em 1469, os dois reinos católicos mais influentes da região uniram-se.

ACESSE O RECURSO DIGITAL

Os reis católicos representados em pintura de artista anônimo, século XV. Acervo do Convento dos Agustinos, Ávila, Espanha.

Os reinos de Castela e Aragão passaram a canalizar seus esforços para as chamadas guerras de Reconquista, que consistiam na expulsão dos muçulmanos da península Ibérica. Ao mesmo tempo, esses reinos buscavam dominar os demais reinos da região, por meio de conquistas bélicas e alianças políticas, para assim formar um reino único, com poderes centralizados.

Em 1492, os muçulmanos foram expulsos da região sul da península, com a tomada do reino de Granada.

Contando com o apoio da Igreja católica, os reinos foram unificados e expandiram-se, tanto na Europa, com a conquista de territórios na península Itálica, como em outros continentes, com o financiamento de viagens ultramarinas em busca de riquezas em outros continentes.

# O absolutismo europeu

A formação dos Estados modernos europeus, no século XV, foi marcada pelo surgimento de um novo sistema político: o absolutismo.

Nos Estados absolutistas, o poder era exercido por um monarca, que centralizava todas as decisões em si, não podendo ser contestado. A não contestação se dava pelo fato de que a Igreja católica afirmava que o rei governava por vontade divina e, com isso, legitimava a autoridade do monarca.

A sociedade absolutista era dividida em grupos sociais classificados de acordo com o nascimento das pessoas.

Assim, havia rígida separação entre as pessoas que nasciam e pertenciam à nobreza e ao clero e a maioria da população, formada por burgueses, trabalhadores urbanos e camponeses.

Jean Nocret. Luís XIV, rei da França, c. 1653. Óleo sobre tela. Acervo do Palácio de Versalhes, França. Na imagem vemos o monarca, quando criança, sendo coroado por Niké, a deusa da vitória.

## Teóricos do absolutismo

Para consolidar seu poder, além do apoio da Igreja, a monarquia absolutista também contava com o apoio de alguns pensadores, que desenvolveram teorias para justificar o poder máximo nas mãos do rei.

### Nicolau Maquiavel (1469-1527)

Nicolau Maquiavel foi um teórico muito influente do período. Escreveu livros de conselhos aos governantes, em que defendia que todo governante deveria adotar uma moral política, seguindo os exemplos de grandes líderes da história.

O pensador defendia que o monarca deveria ter duas características primordiais: capacidade de escolher a melhor estratégia para governar mantendo-se no poder e ousadia para tomar decisões corretas no momento certo.

Sua principal obra foi *O príncipe*, publicada em 1532, que, além de ser considerada um manual de instruções para o ato de bem governar, é um pequeno tratado sobre como conquistar territórios e mantê-los sob controle.

Os pensamentos de Maquiavel causaram grande impacto na época e foram usados para desenvolver uma nova ciência: a teoria política.

## Jean Bodin (1530-1596)

Jean Bodin foi um jurista, professor e membro do parlamento francês. Defendia a ideia do caráter divino dos reis, assim como sustentava que a obediência absoluta dos súditos ao rei era uma obrigação suprema.

Em sua principal obra, *Da república*, publicada em 1576, o autor defende a origem divina do monarca e seu poder incontestável e os princípios que regem o direito sobre a propriedade privada.

## Thomas Hobbes (1588-1679)

Thomas Hobbes era um matemático, teórico político e filósofo inglês. Ele acreditava que os seres humanos eram naturalmente egoístas e, por isso, promoviam guerras para adquirir vantagens. Sua principal obra foi *Leviatã*, publicada em 1651. Para Hobbes, a solução para evitar que as sociedades não se transformassem em um caos seria a criação de um contrato social em que cada indivíduo abriria mão de parte dos seus interesses para que todos pudessem conviver em paz.

Para garantir o cumprimento desse contrato, seria necessário um soberano, comparado à figura mítica do Leviatã, a quem as partes concederiam o poder de regular os conflitos sociais. Esse soberano deveria ter total poder e liberdade, a obediência inquestionável de seus súditos, representaria o próprio Estado e seu poder estaria acima da lei.

Frontispício da primeira edição de *Leviatã*, de Thomas Hobbes, 1651.

## Jacques Bossuet (1627-1704)

Bispo e teólogo francês, Jacques Bossuet defendia que o monarca havia sido escolhido por Deus para ser seu representante, portanto não deveria justificar seus atos aos homens, prestando contas somente a Deus.

Em seu livro póstumo, *Política tirada da Sagrada Escritura*, de 1708, defendeu, além da teoria do direito divino, a ideia de que o povo devia obediência absoluta ao rei, abdicando, assim, de todos os seus direitos. Com isso, o autor buscava justificar o poder do rei Luís XIV, da França.

## O mercantilismo

No século XV, durante a formação das monarquias modernas, o sistema comercial voltou-se para as atividades manufatureiras e de compra e venda, com o objetivo de enriquecer o Estado e reforçar seu poder. Às diferentes ideias e práticas econômicas adotadas pelas monarquias absolutistas, dá-se o nome de mercantilismo.

> [...]
>
> As teorias e práticas mercantilistas estão inseridas no contexto da transição do Feudalismo para o Capitalismo, possuindo ainda características marcantes das estruturas econômicas feudais e já diversos fatores que serão mais tarde identificados com características capitalistas, não sendo nenhum dos dois sistemas, no entanto.
>
> O termo *mercantilismo* define os aspectos econômicos desse processo de transição. Se o mercantilismo tem sua contraparte política no Estado absoluto, no campo social tem relação com a estrutura social comumente conhecida como sociedade do Antigo Regime. Ou seja, a estrutura social estamental, ainda baseada na sociedade de ordens do medievo, porém com novos elementos, dos quais a burguesia é o principal fator de diferenciação. [...]
>
> Kalina Vanderlei Silva e Maciel Henrique Silva. *Dicionário de conceitos históricos*. São Paulo: Contexto, 2009. p. 283.

Conheça a seguir algumas das principais características do mercantilismo.

**Intervenção do Estado na economia** – Isso significa que as regras comerciais eram determinadas exclusivamente pelo Estado.

**Monopólio comercial** – O Estado comprava e vendia produtos tendo apenas um parceiro econômico. A metrópole restringia as relações comerciais das colônias, obrigando-as a comprar seus produtos a altos preços e a vender os produtos extraídos delas a preços baixos.

**Balança comercial favorável** – O principal motivo da intervenção do Estado era garantir uma balança de pagamentos favorável, ou seja, situação em que um país deveria exportar mais do que importar. Para isso, o Estado determinava a cobrança de elevadas taxas sobre os produtos importados.

**Metalismo** – A riqueza era medida pela quantidade de metais preciosos acumulados, pois eles eram um meio de obter terras, custear exércitos, navios de guerra e mercantes, obter alimentos e produtos do Oriente e fazer a manutenção das cortes.

Alonso Sánchez Coello. *Vista de Sevilha*, século XVI. Óleo sobre tela. Acervo do Museu da América, Madri, Espanha. Essa pintura representa o movimentado porto da cidade espanhola de Sevilha, onde atracavam embarcações vindas de diferentes lugares do mundo.

## A transição para o capitalismo

Você provavelmente já ouviu falar do conceito de capitalismo ou capitalista, seja nas aulas de História, de Geografia, ou seja em redes sociais e na mídia.

Existem diferentes definições para capitalismo, entre elas a que afirma que o capitalismo é um sistema econômico que promove as trocas comerciais visando o lucro. Foi a partir do mercantilismo que esse sistema econômico se desenvolveu. Por exemplo, no século XVI, quase 60% da população europeia pereceu em decorrência da Peste Bubônica. A alta mortalidade foi acompanhada de uma crise na produção de alimentos e de mercadorias. Essa situação favoreceu o surgimento de uma nova categoria de mercadores, que viajavam para reinos distantes em busca de produtos que pudessem suprir a necessidade de determinadas comunidades, lucrando com a venda desses produtos.

Os principais fatores que favoreceram essa transição para o capitalismo foram o surgimento da propriedade privada dos meios de produção e a produção de bens e mercadorias excedentes, para serem comercializados visando o lucro, e não para consumo próprio.

Na Inglaterra, no século XVIII, o capitalismo começou a se consolidar. Nesse período, a Inglaterra tornou-se uma nação industrial. Com grande potencial de produção, os britânicos passaram a procurar mais mercados consumidores e muita mão de obra (preferencialmente barata) para produzir suas mercadorias.

Gravura produzida por William Hogarth no século XVIII representando indústria de tecelagem na Inglaterra.

Atualmente, nesse sistema, a indústria e o lucro são geralmente controlados pelos donos dos meios de produção, os capitalistas, que administram as indústrias, as empresas, as grandes corporações, etc.

Já a grande parte da população, que não é dona dos meios de produção, vende sua força de trabalho em troca de uma remuneração, ou salário. Com essa remuneração, os trabalhadores obtêm renda para seu sustento, consumindo produtos que são fruto do trabalho de outras pessoas e gerando lucro para as empresas.

### A mais-valia

O lucro, de acordo com o filósofo alemão Karl Marx, ocorre porque os donos dos meios de produção, (chamados burgueses) recebem um valor maior pelo produto final do que o valor empregado em sua produção. Ou seja, o custo empregado na obtenção da matéria-prima, na manutenção dos meios de produção e na remuneração daqueles que manuseiam as máquinas e produzem as mercadorias de fato, os trabalhadores (também chamados operários) é menor do que o valor pelo qual o produto final é comercializado.

Essa diferença entre o que se paga para o operário produzir e o que o burguês lucra com a comercialização do produto final ficou conhecida como mais-valia.

# Atividades

## ▌Organizando o conhecimento

**1.** Entre os séculos XIV e XVI, dois Estados consolidaram-se por meio de um conflito religioso, em que cristãos expulsaram muçulmanos do território que ocupavam na península Ibérica. Que Estados foram esses?

**2.** Quais eram os interesses da burguesia em apoiar o fortalecimento dos reis durante o período de formação dos Estados modernos na Europa?

**3.** Quais eram os interesses de parte da nobreza em apoiar a centralização do poder nas mãos dos reis durante o período de formação dos Estados modernos na Europa?

**4.** Nos Estados absolutistas, por que a autoridade do monarca não podia ser contestada?

**5.** Quem é o autor da obra *O Príncipe*, de 1532? Quais as características dessa obra?

**6.** Qual política econômica foi fundamental para o desenvolvimento dos Estados nacionais europeus? Quais as principais características dessa política econômica?

## ▌Conectando ideias

**7.** Leia o texto a seguir e, depois, responda às questões.

> [...]
>
> O surgimento do Absolutismo se deu com a unificação dos Estados nacionais na Europa ocidental no início da Idade Moderna, e foi realizada com a centralização de territórios, criação de burocracias, ou seja, centralização de poder nas mãos dos soberanos. Essa centralização aconteceu, no entanto, após uma série de conflitos específicos. Durante a Idade Média, os monarcas feudais dividiam o poder com os grandes senhores de terra, mas com a formação dos Estados nacionais iniciou-se um processo de diminuição do poder desses senhores. Tal processo foi possibilitado pelo crescente poder econômico da burguesia, uma camada social nascente que, sem possuir poder político, apoiou-se no rei para combater a nobreza. [...]
>
> Kalina Vanderlei Silva e Maciel Henrique Silva. *Dicionário de conceitos históricos*. São Paulo: Contexto, 2009. p. 11.

**a)** A que forma de governo o trecho citado se refere?

**b)** Quais as características dessa forma de governo, de acordo com o texto?

**c)** Quais foram os principais pensadores que buscaram justificar a centralização de poder nas mãos dos reis.

8. Os monarcas absolutistas foram amplamente representados em pinturas e esculturas, e essas representações eram repletas de significados. Entre os símbolos do poder absoluto dos reis estavam a coroa, a espada, o cetro e o manto real. A coroa simbolizava a graça de Deus; a espada simbolizava a bravura do rei; o cetro, ou bastão de comando, simbolizava a autoridade do monarca e o manto real simbolizava a origem nobre do rei.

Observe as imagens a seguir, que representam dois monarcas absolutistas.

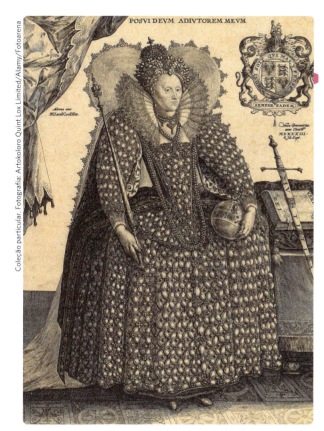

Representação da rainha Elizabeth I, que governou a Inglaterra entre 1558 e 1603. Gravura de Crispijn van de Passe, século XVII.

Representação do rei Luís XIV, que governou a França entre 1643 e 1715. Óleo sobre tela de Hyacinthe Rigaud, 1701. Acervo do Museu do Louvre, Paris, França.

a) Quais reis absolutistas foram representados nas imagens?

b) Quais símbolos do poder real absoluto aparecem nas imagens?

c) O que cada um desses símbolos representava?

23

## CAPÍTULO 2

# A expansão marítima europeia

A partir do século XV, quando os europeus, principalmente os portugueses e os espanhóis, começaram a se aventurar em longas viagens marítimas, teve início um período de **expansão marítima**, que vários historiadores denominaram Grandes Navegações.

## As explorações marítimas

As explorações marítimas realizadas pelos europeus tinham como objetivo encontrar riquezas e novas rotas comerciais para o Oriente. Entre as riquezas estavam os metais preciosos, como o ouro e a prata, e as especiarias.

Os portugueses foram um dos primeiros a empreender grandes viagens marítimas, descobrindo novas rotas de comércio e conquistando terras distantes antes pouco conhecidas pelos europeus.

No início do século XVI, o conhecimento sobre as regiões do mundo ainda era bastante restrito. Observe o mapa ao lado, produzido em 1512 por Jerônimo Marini.

Os fatores que propiciaram esse pioneirismo de Portugal foram: sua posição geográfica privilegiada, com o oceano Atlântico fazendo fronteira a sul e a oeste do território, a centralização do poder nas mãos de um rei e os interesses comerciais.

> [...] Enquanto a maior parte da Europa se encontrava, no século XV, dividida em várias pequenas regiões rivais entre si, Portugal já era um reino unificado desde o século XII, o que possibilitou seu crescimento e desenvolvimento. Esses antecedentes do reino português, somados ao aprimoramento dos instrumentos de navegação e ao fato de existir uma população portuária enriquecida e com desejo de expandir seu comércio, permitiram aos portugueses empreender grandes viagens pelo oceano. [...]
>
> Wanessa de Souza. *As Grandes Navegações e o descobrimento do Brasil*. p. 2. Disponível em: <http://www.fafich.ufmg.br/pae/apoio/asgrandesnavegacoes eodescobrimentodobrasil.pdf>. Acesso em: 31 ago. 2018.

## As riquezas do Oriente

Na Europa, antes das explorações marítimas, a maior parte das atividades comerciais era feita por rotas terrestres ou por rotas marítimas curtas. Os produtos que geravam mais riquezas para os mercadores eram as especiarias, trazidas do Oriente em grandes caravanas por comerciantes indianos e chineses. Com esse comércio sendo controlado por mercadores árabes e da península Itálica, era preciso buscar alternativas para chegar às riquezas do Oriente. Apesar de todos os perigos, as viagens marítimas seriam uma opção mais e lucrativa.

Detalhe do Atlas Catalão, publicado em cerca de 1375, representando comerciantes em caravana pelo Oriente.

### As especiarias

Especiarias são tipos de plantas ou ervas aromáticas, como cravo, noz-moscada, pimenta, canela e açafrão. Elas eram usadas como condimento, mas também ajudavam a preservar alguns tipos de alimentos, além de serem usadas na cura e prevenção de doenças, graças a suas propriedades medicinais.

Atualmente, elas são muito comuns em nosso dia a dia, mas no século XV eram mais raras e muito valiosas.

A pimenta-do-reino já era conhecida pelos europeus antes do século XV. Na época das Grandes Navegações, 60 kg dela custavam cerca de 52 g de ouro. Foto de grãos de pimenta-do-reino.

O cravo-da-índia era usado como aromatizante, tempero e para fins medicinais graças a suas propriedades antissépticas. No século XVI, 1 kg de cravo-da-índia custava cerca de 7 g de ouro. Foto de cravos-da-índia.

A canela, além de temperar e aromatizar alimentos, era usada pelos europeus para curar resfriados. No início do século XVII, 1 kg de canela chegou a custar 10 g de ouro. Foto de canela em pau.

25

## As navegações portuguesas e espanholas

Como vimos, a partir do século XV, os portugueses empenharam-se em realizar viagens marítimas para outros continentes. Assim, em 1415, conquistaram a cidade de Ceuta, no norte da África, que até então era controlada por muçulmanos. Isso foi muito importante, pois a cidade possuía inúmeras riquezas, além de posição geográfica privilegiada. Após essa conquista, os portugueses continuaram a explorar o litoral africano, instalando entrepostos comerciais em outras regiões, como na ilha da Madeira, em 1419, e em Açores, no ano de 1427.

## A rota para as Índias

Os europeus buscavam, na época, novas rotas marítimas que levassem às riquezas do Oriente. Em 1453, os turco-otomanos conquistaram Constantinopla, capital do Império Bizantino, o que dificultou o comércio dos europeus no mar Mediterrâneo e impulsionou essa busca de novas rotas para as Índias, como era chamada a região do Oriente onde se localizam os atuais países da Índia, da China e do Japão.

Assim, no ano de 1498, o navegador português Vasco da Gama chegou a Calicute, na Índia, contornando o continente africano. Foi a primeira de muitas outras expedições realizadas pelos portugueses.

### Instrumentos e técnicas de navegação

Foram necessários muitos conhecimentos e várias técnicas para o empreendimento das viagens marítimas europeias nos séculos XV e XVI. Para enfrentar os desafios de mares pouco conhecidos, os exploradores baseavam-se nos relatos deixados por outros viajantes e também em experiências adquiridas em viagens anteriores. Além disso, foram utilizados diversos instrumentos de navegação que auxiliavam na orientação até o destino desejado. Veja a seguir a importância de alguns desses instrumentos.

- **Bússola**: de origem chinesa, e levada para a Europa pelos árabes, é um instrumento que aponta para o meridiano magnético da Terra, determinando assim a direção dos pontos cardeais.
- **Astrolábio**: instrumento que mede a distância entre as estrelas e o horizonte, permitindo aos navegadores localizar-se e calcular o espaço percorrido.
- **Cartas e portulanos**: também conhecidas como cartas náuticas ou cartas de navegação, traziam representações cartográficas das áreas costeiras, de modo semelhante a um mapa terrestre.

Além desses equipamentos, viagens marítimas a longas distâncias foram possibilitadas pelo uso das **caravelas**, que começaram a ser construídas pelos portugueses na década de 1440. Esse tipo de embarcação era resistente para enfrentar as correntes marítimas e as tempestades em alto-mar. Ademais, impulsionadas por velas triangulares, as caravelas eram mais leves e velozes que outras embarcações da época.

Astrolábio do século XIV. Acervo do Museu do Louvre, Paris, França.

## A chegada dos espanhóis à América

No final do século XV, os espanhóis também empreenderam grandes viagens marítimas com o objetivo de chegar ao Oriente.

Em 1492, uma expedição financiada pela Coroa espanhola permitiu que o navegador genovês Cristóvão Colombo chegasse a terras pouco conhecidas. Influenciado pelas ideias renascentistas, Colombo acreditava que a Terra fosse redonda e, por isso, seria possível alcançar as Índias navegando na direção oeste, sentido oposto ao que já havia sido feito. Foi utilizando essa rota que, em outubro de 1492, Colombo chegou ao continente que mais tarde seria chamado de América, especificamente na região do Caribe. Pensando ter alcançado as Índias, Colombo passou a se referir aos habitantes dessas terras como índios, como estudaremos na unidade **4**.

Gravura produzida por Theodore de Bry (1528-1598), em cerca de 1594, publicada em sua coleção *Grandes Viagens*. Essa imagem representa a chegada de Colombo à América.

O mapa abaixo mostra as principais rotas marítimas percorridas pelos portugueses e pelos espanhóis no período da expansão marítima europeia.

**Principais rotas da expansão marítima europeia (séculos XV-XVI)**

- Bartolomeu Dias (Portugal)
- Vasco da Gama (Portugal)
- Pedro Álvares Cabral (Portugal)
- Cristóvão Colombo (Espanha)
- Fernão de Magalhães e Sebastião Elcano (Espanha)

Fonte: José Jobson de A. Arruda. *Atlas histórico básico*. São Paulo: Ática, 2002. p. 19.

> De acordo com o mapa, qual rota espanhola chegou à América? Qual das rotas levou os portugueses até o território onde hoje é o Brasil?

27

## O dia a dia em alto-mar

Havia grande número de pessoas empenhadas nas viagens marítimas, quer fossem aventureiros, quer fossem religiosos ou degredados. Os motivos podiam ser tanto a busca de riquezas, de aventuras e de oportunidades em terras desconhecidas, quanto as pessoas serem forçadas a deslocar-se do lugar de origem. Essas viagens marítimas podiam durar meses, anos ou não chegar ao destino, o que ocorria com bastante frequência. Leia os textos e observe a imagem a seguir para conhecer o dia a dia das pessoas nesses longos trajetos.

### A tripulação

O número de pessoas em uma caravela ou nau variava muito. Na época da expansão marítima, uma caravela podia levar de 25 a 30 pessoas, no entanto, algumas embarcações maiores, como as naus, podiam alojar mais de 100 pessoas.

O **capitão** era o chefe da embarcação e quem tomava as principais decisões durante a viagem. O **escrivão** era o encarregado de controlar a distribuição de víveres e de registrar os acontecimentos da viagem. O **piloto** era encarregado do rumo do navio. Ele utilizava vários instrumentos para determinar as rotas em alto-mar, como a bússola e o astrolábio.

Os **marinheiros** formavam o maior grupo de tripulantes nas embarcações. Eles executavam diferentes tarefas, como manobrar e recolher as velas, limpar o convés, cozinhar e carregar cargas. Havia também os **carpinteiros** e os **calafetadores**, responsáveis pela manutenção e pela revisão da embarcação. O **homem do leme** cuidava do manejo do leme de acordo com as ordens do capitão e do piloto, e os **grumetes** eram aprendizes, geralmente com idades entre 12 e 15 anos.

> **Degredado:** pessoa que sofreu a pena de degredo, exílio, expulsão, como punição por ter cometido um crime grave.
> **Nau:** tipo de embarcação de grande porte, muito utilizada até o século XV.
> **Víveres:** mantimentos destinados à alimentação.

Esta ilustração é uma representação artística contemporânea feita com base em estudos históricos. Fonte de pesquisa: Tony Allan (Dir.). *Viagens de descobrimento*. Tradução de Pedro Maia Soares. Rio de Janeiro: Time-Life/Abril Livros, 1996. p. 16-21. (Coleção História em Revista).

28

## Fome e sede

Os alimentos disponíveis a bordo das embarcações, no início das viagens, eram carne vermelha, peixe seco, lentilhas, cebolas, azeite, banha, frutas frescas e secas, biscoitos, queijo, mel, vinho, água e outros. No entanto, por causa da longa duração das viagens, era comum que esses alimentos se deteriorassem ou acabassem, levando ao racionamento de víveres.

Para evitar problemas como a fome e a sede, em casos de escassez, muitos viajantes comiam alimentos estragados, ratos, insetos, solas de sapato, água podre e vinho avinagrado.

Em situações assim, geralmente os melhores alimentos, ricos em vitaminas, eram reservados aos oficiais e às pessoas com mais privilégios na embarcação, gerando muitas vezes tensões, motins e insubordinação dos marinheiros contra o capitão.

## Um perigo constante

Após vários dias em alto-mar, era muito comum que a falta de higiene e a má alimentação fizessem a tripulação e os passageiros serem acometidos por doenças.

A doença mais comum nas embarcações era o escorbuto, ocasionado pela falta de vitamina C (ou ácido ascórbico) no organismo, cujos principais sintomas são sangramento nas gengivas, perda dos dentes e inchaço e dores nas pernas.

Com a desidratação causada pela falta de água e pela ingestão de alimentos estragados, de ratos, de insetos, etc., muitos viajantes tinham febre alta, delírios e muitos acabavam morrendo.

### Os oceanos Atlântico e Pacífico

O tipo de viagem e as condições de navegação dependiam muito do oceano que estava sendo navegado. O oceano Atlântico, com águas agitadas, possui várias ilhas. Os navegantes sabiam da existência dessas ilhas e faziam paradas para abastecimento dos navios com alimentos e água doce.

O oceano Pacífico, por sua vez, possui águas mais calmas, porém havia poucas ilhas nas rotas dos navegantes europeus. Isso dificultava a realização de longas viagens que dependiam do abastecimento das embarcações.

## Os europeus depois da expansão marítima

A expansão marítima contribuiu para que os europeus estabelecessem contato com diferentes regiões do mundo e continentes pouco conhecidos pelos europeus, como a América, a África e a Ásia. Assim, além das riquezas proporcionadas pela expansão marítima e do contato com terras distantes, o conhecimento de novos povos e de novas culturas proporcionou profundas mudanças no modo de vida e concepção de mundo dos europeus.

Leia o texto a seguir sobre o legado do continente americano aos europeus.

Gravura representando variedades de milho de origem americana, publicada em 1836 no livro *História natural, agrícola e econômica do milho*, de Matthieu Bonafous.

[...] Além do ouro, da prata e das pedras preciosas, os produtos coloniais também ganharam espaço naquele continente e alteraram a vida da cristandade. A começar pelo estômago: para se ter uma ideia da contribuição americana, dois dos quatro principais vegetais consumidos no mundo têm suas origens na região. A batata — injustamente chamada de "inglesa" — é originária dos Andes peruanos, onde já era cultivada havia cerca de 7 000 anos para alimentação humana. Foi levada pelos colonizadores europeus primeiramente como curiosidade, mas logo se espalhou e se tornou uma das bases da alimentação mundial. O milho, por sua vez, era cultivado inicialmente na América Central, e quando os europeus chegaram, entre os séculos XV e XVI, já era consumido em todo o continente americano. Devido à facilidade de adaptação e às muitas variedades, tornou-se elemento indispensável na dieta humana.

Rodrigo Elias. Homem à vista. *Revista de História da Biblioteca Nacional*, Rio de Janeiro, Sabin, ano 7, n. 8, 1º set. 2012. s. p.

Representação de indígenas da América plantando milho e feijão. Xilogravura de Théodore de Bry, século XVI, colorida no século XIX.

As populações nativas das terras recém-descobertas também tiveram grande alteração no seu modo de vida e considerável redução no número de pessoas, provocada pelas guerras contra os europeus e pelas doenças trazidas por eles.

# O Tratado de Tordesilhas

Como vimos, a expedição de Colombo chegou à América em 1492. Assim, a notícia da localização do continente espalhou-se na Europa, dando início a uma disputa entre o rei da Espanha e o de Portugal pelo domínio delas.

Uma tentativa de resolver essa questão foi por meio do **Tratado de Tordesilhas**, assinado em 1494 pelos dois reis, estabelecendo uma linha imaginária localizada 370 léguas (cerca de 2 mil quilômetros) a oeste das ilhas de Cabo Verde. Portugal obteve a soberania das terras situadas a leste da linha de Tordesilhas, e as terras a oeste seriam da Espanha. Veja a representação dessa linha no mapa ao lado.

Fonte: Synerio Sampaio Goes Filho. *Navegantes, bandeirantes, diplomatas*: um ensaio sobre a formação das fronteiras do Brasil. São Paulo: Martins Fontes, 1999. p. 45.

## Tratado de Tordesilhas (século XV)

## Conflitos após o Tratado de Tordesilhas

Mesmo após a divisão do mundo entre as duas potências mundiais ter sido consolidada pelo Tratado de Tordesilhas, ainda ocorreram conflitos entre Portugal e Espanha.

Um dos principais pontos de disputa dizia respeito à posse das Ilhas Molucas, na atual Indonésia. Nesse local se produzia grande quantidade de especiarias, fato que interessava economicamente a ambas as nações. A Coroa espanhola, no entanto, tomou posse dessas ilhas ocupando-as militarmente, e alegando que as ilhas se localizavam no seu lado da linha de Tordesilhas.

Além desses conflitos, outras nações europeias nem sequer reconheciam o Tratado. Leia o texto a seguir.

[...] França, Inglaterra e Holanda – que tinham saído atrasadas na corrida ultramarina – passaram a contestar a validade jurídica do tratado firmado em Tordesilhas. A crítica mais devastadoramente irônica foi feita pelo rei Francisco I, da França: "Gostaria de ver a cláusula do testamento de Adão que me afastou da partilha do mundo", disse o monarca. Com essa frase, deixou claro que não pretendia reconhecer a soberania de Portugal sobre o recém-descoberto Brasil.

Eduardo Bueno. *O testamento de Adão rasgado em Tordesilhas.* Disponível em: <http://revistaepoca.globo.com/Revista/Epoca/0,,EMI170084-15518,00.html>. Acesso em: 31 ago. 2018.

# Atividades

## Organizando o conhecimento

1. Quais eram os principais objetivos dos europeus com a expansão marítima?

2. Quais dificuldades a tripulação costumava enfrentar durante o período de viagem nas embarcações?

3. Quais foram as principais consequências das viagens marítimas para o contexto histórico europeu?

## Conectando ideias

4. No início da expansão marítima europeia, o oceano Atlântico representava o desconhecido e era visto com temor pelos marinheiros. Para compreender melhor o imaginário europeu dessa época, leia o texto e analise a gravura. Depois, responda às questões.

> [...] Espaço do incógnito e da aventura, espaço do medo, [o Atlântico] é também o espaço onde o homem se encontra com ele próprio, na superação do obstáculo, no esforço, na viagem. [...]
>
> É neste quadro complexo do imaginário atlântico que o maravilhoso tem lugar. Não tanto o maravilhoso da riqueza (que só se desenvolverá num segundo momento), quanto o maravilhoso do fantástico e do monstruoso. [...]
>
> O relato da viagem de São Brandão faz uma descrição das serpentes atlânticas, apresentando-as como seres temíveis: "Com o fogo que lança, abrasa como a boca de um forno, com uma chama tão alta e tão ardente que os [marinheiros] faz temer pela morte. O seu corpo é excessivo, e solta mugidos com maior força que quinze [touros] juntos. Só perante a ameaça dos seus dentes, teriam fugido até mil e quinhentos guerreiros. As ondas que desloca são tão altas que não necessita de mais nada para provocar uma tempestade".
>
> Luís Adão da Fonseca. O imaginário dos navegantes portugueses dos séculos 15 e 16. *Estud. av.*, v. 6, n. 16, 1992. p. 45-46. Disponível em: <www.scielo.br/scielo.php?script=sci_arttext&pid=S0103-40141992000300004&lng=en&nrm=iso>. Acesso em: 5 out. 2018.

Representação de seres mitológicos e monstros marinhos em detalhe do mapa *Carta Marina*, produzido por Olaus Magnus e publicado em 1572.

a) Explique o sentido que a palavra "maravilhoso" apresenta no texto.

b) Como São Brandão descreve a criatura marítima?

c) Comente sobre o imaginário europeu da época.

5. Entre os séculos XV e XVIII, a costa americana foi alvo de piratas, que tinham como objetivo atacar primeiro os navios espanhóis, depois os de outras nações, em busca de tesouros como ouro e prata, que eram explorados das colônias e exportados para as metrópoles. Sobre esse assunto, leia o texto a seguir e responda às questões.

> O auge da pirataria, na forma como a conhecemos, começou pouco depois da descoberta do Novo Continente, a América. Em 1494, o papa Clemente VI havia dividido o novo continente entre Portugal e Espanha, o que, claro, não agradou às outras nações europeias, que queriam uma parte do ouro que os espanhóis traziam da civilização asteca. Assim a parte da costa americana que ia da América do Sul na altura do Caribe até o norte da Flórida era visada por causa de seus portos, que abrigavam os galeões espanhóis, os mesmos que embarcavam os tesouros encontrados para a Europa. Claro, as nações que visavam esses tesouros começaram a atacar navios e tomar o prêmio para si mesmas.
>
> É nesse momento que surgem os corsários, que podem ser considerados os primeiros piratas legais da História (pelo menos para os governos que queriam dividir o botim). [...]
>
> Sérgio Pereira Couto. *A história secreta dos piratas*. São Paulo: Universo dos Livros, 2006.

a) O que motivou a pirataria na época das Grandes Navegações?

b) O que os piratas buscavam e por qual motivo?

**Verificando rota**

Por qual assunto desta unidade você mais se interessou? Elabore um questionário no caderno sobre os temas estudados. Junte-se a um colega e leia as perguntas do seu questionário para que ele as responda oralmente. Depois, responda às questões que ele preparou para você. Após essa atividade, reflita sobre as seguintes questões:

• Você teve alguma dúvida ao estudar os conteúdos da unidade? Qual?

• Sobre qual dos temas abordados na unidade você gostaria de aprofundar seus conhecimentos? Por quê?

• Em sua opinião, esse tema é importante para entendermos o mundo em que vivemos? Por quê?

• Você já conhecia as utilidades das especiarias? Quais? O que você aprendeu sobre elas? Quais você costuma usar no dia a dia?

## Ampliando fronteiras

# O consumo e a obsolescência programada

Nos dias atuais, a busca por novos caminhos e maneiras de realizar o comércio entre as diferentes partes do mundo continua.

Desde a invenção das primeiras máquinas industriais, entre os séculos XVIII e XIX, a fabricação de bens de consumo aumentou consideravelmente, criando a necessidade de um mercado consumidor cada vez maior. Ou seja, quanto maior a produção de bens, maior a necessidade de consumidores e, portanto, maior o lucro obtido na comercialização desses bens.

Graças ao desenvolvimento dos meios de comunicação em massa e da publicidade, atualmente se produz e se comercializa uma grande quantidade de produtos e serviços dos mais diversos tipos, sejam eles de primeira necessidade ou supérfluos.

Veja a seguir algumas características do ciclo de produção de eletrônicos no Brasil.

1. Na atividade mineradora, muitas árvores são derrubadas para a escavação e a extração de minérios usados na fabricação de equipamentos eletrônicos. Cerca de 50 mil espécies de árvores são extintas por ano.

3. No Brasil, há mais celulares do que habitantes. De acordo com estudos realizados pela FGV (Fundação Getúlio Vargas) divulgados em 2018, são 220 milhões de celulares e cerca de 208 milhões de habitantes.

2. O crescimento da produção gera maior gasto de energia para produzir e para transportar os produtos, assim como pode gerar aumento da poluição.

Raul Aguiar

# Obsolescência programada

Um dos fenômenos contemporâneos dessa lógica de consumo é chamado de obsolescência programada (ou obsolescência planejada).

Ela consiste na obsolescência prévia, já estabelecida durante a fabricação do produto. Isso significa, por exemplo, que um produto que poderia ser feito para durar dez anos é fabricado para ter uma vida útil de apenas dois anos. Assim, ao fim de dois anos o consumidor é "obrigado" a adquirir um novo produto. Isso pode ser percebido principalmente em produtos eletrônicos, como celulares, computadores e *tablets*. Dessa maneira, as grandes indústrias continuam ampliando sua produção e seus lucros.

### Tipos de obsolescência programada

- **Obsolescência de função**: ocorre quando um produto se torna ultrapassado e é superado por outro, que aparentemente funciona melhor.
- **Obsolescência de qualidade**: quando um produto se desgasta ou quebra em determinado período não muito longo.
- **Obsolescência de desejabilidade**: quando um produto ainda em perfeito funcionamento, mas seu estilo, aparência ou *design* parecem ultrapassados para o consumidor, que passa a se desinteressar pelo produto que possui e busca adquirir um novo, mais moderno e atual.

**4** De acordo com dados do *Global E-wasteMonitor*, em 2016, foram geradas 44,7 milhões de toneladas de lixo eletrônico. Desse total, apenas 20% foi reciclado.

Os produtos eletrônicos descartados incorretamente são nocivos ao meio ambiente e à saúde das pessoas, pois apresentam em sua composição substâncias químicas tóxicas.

**5** Ao adquirir um aparelho novo, muitas vezes não sabemos o que fazer com o antigo, descartando-o incorretamente.

1. Você já substituiu algum produto que ainda tinha um bom funcionamento? Que produto foi esse? O que levou à substituição? O que você fez com o "antigo"?

2. Em sua opinião, os produtos que você usa cotidianamente têm uma vida útil satisfatória? O que você poderia fazer para prolongar o tempo de uso desses produtos?

3. No caso do descarte dos produtos eletrônicos, o que cada um pode fazer para reduzir a quantidade de lixo eletrônico que é gerado a cada dia? Faça uma pesquisa em *sites* e escolha um produto (celulares, lâmpadas, aparelhos de TV, componentes de computador, impressoras, etc.). Depois, apresente aos colegas o modo adequado de descartar esse produto e, juntos, reflitam se cotidianamente vocês contribuem ou não para a redução de resíduos, e o que podem fazer para melhorar suas atitudes.

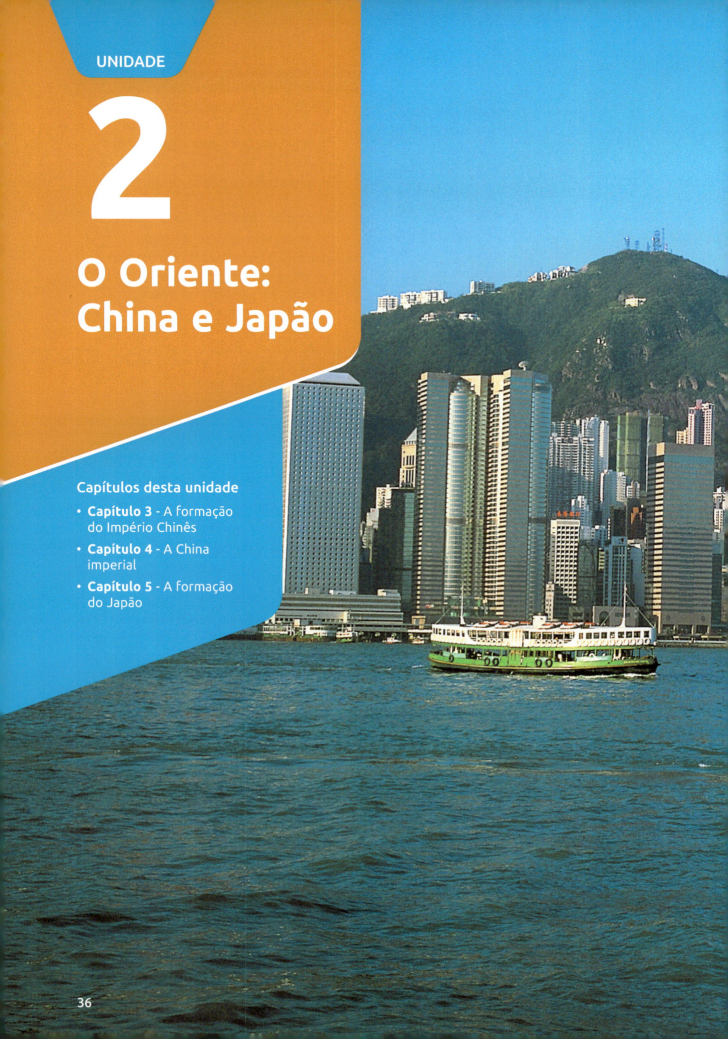

UNIDADE 2

# O Oriente: China e Japão

**Capítulos desta unidade**
- **Capítulo 3** - A formação do Império Chinês
- **Capítulo 4** - A China imperial
- **Capítulo 5** - A formação do Japão

**Iniciando rota**

1. Na foto, que elementos podem ser considerados antigos e quais podem ser considerados atuais?

2. Que aspectos culturais da China ou do Japão você conhece? Quais deles são atuais? Quais são antigos?

3. Em seu cotidiano, elementos antigos dividem espaço com elementos atuais? Converse com os colegas.

Embarcação tradicional chinesa, conhecida como junco, navega na baía de Hong Kong, na China. Foto de 2016.

37

## CAPÍTULO 3

# A formação do Império Chinês

A ocupação do território que hoje faz parte da China começou há milhares de anos. Por volta de 4000 a.C., já havia diversos povoados formados no vale do rio Amarelo (Huang-Ho), no norte da China.

## As primeiras dinastias chinesas

Com o crescimento da população dos povoados formados no vale do rio Amarelo, os territórios localizados ao sul dele também passaram a ser ocupados. Formaram-se, então, alguns reinos, governados por diferentes dinastias, que permaneceram no poder durante séculos.

Conheça, a seguir, algumas das primeiras dinastias chinesas.

> **Dinastia:** sequência de governantes ou reis, geralmente de uma mesma família.

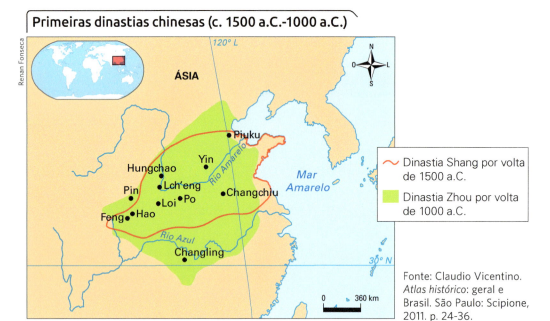

Fonte: Claudio Vicentino. *Atlas histórico*: geral e Brasil. São Paulo: Scipione, 2011. p. 24-36.

**Dinastia Shang** (1500 a.C. a 1050 a.C.): os Shang formavam um reino poderoso do norte da China. Durante esse período, desenvolveu-se na região um tipo de escrita ideográfica.

**Dinastia Zhou ocidental** (1050 a.C. a 771 a.C.): os Zhou dominaram o território ocupado pelos Shang e se tornaram a dinastia mais poderosa da região. Nesse período, difundiu-se o uso do arco e flecha, do ferro e de alguns utensílios, como os *kuaizi*, que são palitos utilizados para levar alimentos à boca.

**Dinastia Zhou oriental** (771 a.C. a 221 a.C.): com o fortalecimento de alguns reinos vizinhos, os Zhou, sob constantes ataques, mudaram a capital do reino para uma região a leste da antiga capital.

Nessa época, os reinos de Qin, Qi, Zhao, Han, Wei, Chu e Yan entraram em conflito pelo domínio de territórios. Em razão da mobilização de grandes exércitos e da violência das batalhas, foi um período da história da China conhecido como **período dos Reinos Combatentes**, que compreende os anos de 403 a.C. a 221 a.C.

## A fundação do Império Qin

No final do período dos Reinos Combatentes, outra dinastia assumiu o poder. Em 221 a.C., o governante do reino Qin, promoveu reformas em seu exército e derrotou os reinos adversários. Com a vitória, ele unificou os territórios conquistados, fundando o Império Qin e assumindo o nome de Qin Shihuangdi, que significa "Qin, o Primeiro Imperador".

Representação de Qin Shihuangdi. Gravura de artista desconhecido, século XIX.

## A centralização do poder

> **Província:** divisão territorial administrada por governantes indicados pelo imperador.
> **Civil:** indivíduo que não é militar.

Ao assumir o poder, Qin Shihuangdi adotou uma série de medidas para organizar a administração do Império. Ordenou a divisão do território em províncias, cada uma delas comandada por três pessoas: um governador civil, um governador militar e um inspetor imperial, que vigiava o trabalho dos governadores.

O imperador também ordenou a padronização da moeda, da escrita e do sistema de pesos e medidas. Além disso, foram construídos milhares de quilômetros de estradas ligando as diferentes regiões do Império. Qin Shihuangdi permaneceu no poder até a sua morte, em 210 a.C.

Moeda de bronze, século III a.C. Acervo do Museu da Província de Shandong, Jinan, China.

### A Grande Muralha da China

Durante o período dos Reinos Combatentes, várias muralhas foram construídas para proteger os limites territoriais de cada reino. Ao assumir o poder, o imperador Qin Shihuangdi ordenou que essas muralhas fossem interligadas, transformando-as em uma única e grande barreira com aproximadamente 3 mil quilômetros de extensão.

Ao longo da história da China, outros governantes continuaram a construção dessa muralha, que no século XVII atingiu a extensão de aproximadamente 20 mil quilômetros. Atualmente, ainda existem cerca de 7 mil quilômetros da Grande Muralha da China, que é considerada pela Unesco um Patrimônio Mundial por sua importância histórica e por seu valor arquitetônico.

**ACESSE O RECURSO DIGITAL**

Turistas visitam um trecho da Grande Muralha da China. Foto de 2018.

## A dinastia Han

Após a morte do imperador Qin Shihuangdi, houve um período de instabilidade e de revoltas, até que Liu Bang promoveu campanhas militares e restabeleceu o Império e iniciou outra dinastia, chamada Han. O período dessa dinastia, entre os anos de 206 a.C. e 220 d.C., considerado o mais longo da história da China, foi marcado pela consolidação do Império e de seu sistema administrativo.

## A vida no campo

A maioria da população vivia no campo, dedicando-se às atividades agrícolas, à caça, à pesca e à criação de animais. Os campos cultiváveis geralmente pertenciam aos ricos proprietários de terra. Os camponeses pagavam a eles altos impostos para poder morar e praticar a agricultura nesses espaços.

Na região sul do Império, o cultivo de arroz era uma das principais atividades agrícolas. O arroz era a base da alimentação dos chineses, tanto dos ricos como dos pobres. Era um alimento nutritivo e fácil de preparar e de estocar.

**Aterro:** obra que consiste em transformar uma área alagada em um terreno firme por meio da colocação de camadas de terra.

O arroz era cultivado em aterros localizados nas encostas dos morros.

O rio fornecia a água para a irrigação dos arrozais, além de peixes para a alimentação da população.

Esta ilustração é uma representação artística contemporânea produzida com base em estudos históricos. Fonte de pesquisa: Edward H. Schafer. *China Antiga*. Tradução de Maria de Lourdes Campos Campello. Rio de Janeiro: Livraria José Olympio, 1986. p. 44. (Biblioteca de História universal-Life). Stewart Ross. *China Antiga*. Tradução de Érico Assis. São Paulo: Companhia das Letrinhas, 2009. p. 10-11. (Histórias da antiguidade).

As moradias da maioria dos camponeses eram muito simples, geralmente construídas com paredes de barro com tábuas de madeira e teto de palha e bambu.

Homens e mulheres, membros de uma mesma família, trabalhavam juntos na lavoura.

Bois e vacas eram utilizados para puxar arados ou para transportar a colheita.

Hugo Araújo

# A vida na cidade

Durante o período Han, uma das cidades mais importantes da China foi Changan, a capital do Império e onde se localizava o palácio do imperador. Era uma cidade cercada por muros de até 16 metros de espessura, com doze portões de entrada e saída, vigiados por guardas armados.

Na cidade, havia doze ruas principais, que eram mais largas. Nesses locais, comerciantes ofereciam seus produtos em barracas e artistas ambulantes faziam suas apresentações.

Esta ilustração é uma representação artística contemporânea produzida com base em estudos históricos. Fonte de pesquisa: Zhang Zeduan. *Ao longo do rio durante o festival de Qingming*. Pintura panorâmica em rolo de pergaminho, 25,5 cm x 525 cm. Museu do palácio de Pequim.

| A maioria das moradias e dos estabelecimentos comerciais era construída em madeira e taipa. Era muito comum a ocorrência de incêndios em épocas de tempo seco.

| As moradias das pessoas mais ricas costumavam ser maiores e mais espaçosas. Quase todas possuíam um pátio interno, a céu aberto, que era o principal espaço de convivência dos moradores.

| Nas escolas, as crianças de famílias mais ricas estudavam disciplinas como Música, Geografia e Caligrafia. Muitas crianças tinham aulas em casa com professores particulares.

] **Taipa:** processo de construção de paredes em que é utilizado barro amassado para preencher armações de madeira ou bambu.

| Nos estabelecimentos comerciais, eram vendidos diversos produtos, como alimentos, tecidos, pequenos animais e artesanato. Muitos produtos comercializados eram trazidos de outras partes do mundo.

Hugo Araújo

## Taoismo e confucionismo

Nos séculos VI a.C. e V a.C., dois pensadores influenciaram a religiosidade e a filosofia chinesas: Lao Tsé e Confúcio. Esses pensadores difundiram ideias que até os dias atuais fazem parte do cotidiano de muitas pessoas.

Lao Tsé e Confúcio viveram no período dos Reinos Combatentes, época marcada pela violência, pelas guerras, por graves crises políticas e econômicas, e por uma grande desigualdade social. Diante dessa situação, esses pensadores pregavam filosofias que buscavam apontar caminhos para superar as dificuldades presentes na sociedade chinesa.

### Lao Tsé

Lao Tsé afirmava que era necessário que o governo fosse realmente bom e justo para a população. Por isso, ele pregava a ideia de uma vida simples e em contato com a natureza.

O meio pelo qual as pessoas poderiam realizar esse retorno seria o *tao*, palavra chinesa que em português significa "o caminho".

Representação de Lao Tsé. Gravura de artista desconhecido, século XIX. O pensador teve grande relevância para a sociedade chinesa ao longo de diferentes períodos históricos.

### O *yin* e o *yang*

Os seguidores do *tao* são conhecidos como taoistas. Para eles, tudo o que existe possui uma energia vital compartilhada por todos, denominada *chi*. Essa energia vital é feita de duas forças opostas e complementares: o *yin* (escuro, frio, negativo) e o *yang* (claro, quente, positivo). Por meio do *tao*, seria possível buscar o equilíbrio entre essas duas forças.

Observe com atenção o símbolo representado ao lado e leia o texto a seguir, que aborda a questão do equilíbrio entre o *yin* e o *yang*.

Símbolo do *yin* e *yang*.

> [...] Cada elemento possui um pouco do outro. Assim, o positivo tem um pouco do negativo, o masculino um pouco do feminino, o quente um pouco do frio...
> 
> Quando esse equilíbrio se rompe, surge a desordem, a confusão, a destruição das formas e a doença. Recuperar a saúde [...] é recuperar o equilíbrio, o *tao*. [...]
> 
> Murilo Cisalpino. *Religiões*. São Paulo: Scipione, 2004. p. 38.

> Relacione o texto com o símbolo representado acima. O que o autor quis dizer com a frase "Cada elemento possui um pouco do outro."?

## Confúcio

Para Confúcio, a felicidade e o bem-estar das pessoas só poderiam ser alcançados por meio da obediência a algumas regras fundamentais.

Ele acreditava que tanto os governantes como o povo deviam seguir um código de conduta que visava à boa convivência em sociedade. Valores e regras, como respeito aos pais e aos antepassados, senso de justiça e honradez, seriam responsáveis por uma convivência mais harmoniosa entre as pessoas.

Assim, todos deveriam buscar o aperfeiçoamento pessoal por meio da educação. Um governante deveria ser bem instruído e qualificado para governar com honestidade e de acordo com as necessidades do povo, caso contrário, era dever de outros intelectuais corrigi-lo ou substituí-lo.

### Confucionismo e educação

Para Confúcio, a educação deveria estar ao alcance de todos, independentemente da condição social. Por meio da educação, as pessoas poderiam compreender a importância do respeito em relação ao outro. Essa preocupação influenciou os chineses por séculos. Até hoje, diversos valores e condutas relacionados às ideias do confucionismo ainda são valorizados na educação chinesa.

Alunos celebram o início das aulas no Templo Confucionista de Nanjing, China. Foto de 2018.

43

## Artes marciais chinesas

Uma grande variedade de estilos de artes marciais se desenvolveu na China desde a Antiguidade. Acredita-se que as técnicas marciais chinesas foram desenvolvidas para a defesa contra ataques inimigos. Ao longo do tempo, elas foram aprimoradas, e os treinos passaram a incluir ensinamentos filosóficos, valorizando a conduta moral de seus praticantes e a preservação da saúde.

As artes marciais chinesas recebem o nome de **wushu**. Elas foram difundidas por diversos países e, no Brasil, são conhecidas como **kung fu**. Observe as imagens e leia os textos a seguir para conhecer um pouco mais sobre as artes marciais chinesas.

> **Marcial:** relativo à guerra.
> **Conduta moral:** nesse caso, conjunto de regras e comportamentos que devem ser seguidos pelos praticantes.

Serpente cascavel.

### Observação da natureza

Diversas técnicas dos estilos de *kung fu* foram desenvolvidas por meio da observação da natureza. Animais como o tigre, a garça e a serpente, por exemplo, auxiliaram na criação de movimentos que utilizam força, agilidade e precisão.

### O *kung fu shaolin*

Um dos estilos mais conhecidos de *kung fu* foi desenvolvido dentro de um antigo templo budista, o Templo Shaolin. Os monges budistas treinavam *kung fu* com o objetivo de defender o templo. Além disso, a prática dessa luta também contribuía para a saúde do corpo e da mente.

O *kung fu shaolin* tem como principais características a agilidade e a força física de seus praticantes.

Garoto praticando *kung fu* em instituto de artes marciais *shaolin*, em Ji'an, China. Foto de 2017.

### Artes marciais taoistas

Alguns estilos de artes marciais foram influenciados pela filosofia taoista. Suas práticas dedicam maior atenção às técnicas de respiração, circulação e equilíbrio das energias do corpo.

Entre os estilos mais conhecidos dessas artes marciais está o *tai chi chuan*.

Praticantes de *tai chi chuan* na cidade de Yangzhou, província de Jiangsu, na China. Foto de 2016.

### A popularização do *kung fu*

A partir da década de 1960, o *kung fu* passou a ser difundido com maior intensidade em outras regiões do mundo. Muitos filmes e séries de televisão, por exemplo, ajudaram a divulgar as artes marciais chinesas.

Atualmente, milhares de pessoas de diferentes países praticam algum estilo de *kung fu*. Sua prática é procurada principalmente em razão dos benefícios à saúde que ela pode proporcionar.

### As escolas tradicionais de *kung fu*

Parte do que conhecemos atualmente sobre as artes marciais chinesas se deve às escolas tradicionais de *kung fu*.

Um dos aspectos fundamentais do *kung fu* ensinados nas escolas tradicionais é a formação de indivíduos que sigam uma filosofia de vida e uma conduta moral baseadas em princípios como a não violência, a autodefesa e a defesa do próximo, além da busca por aperfeiçoamento pessoal, tanto físico como mental.

Mestre Po Ping, personagem principal da animação *Kung Fu Panda*, dirigida por Mark Osborne e John Stevenson, 2008.

Em escolas tradicionais de *kung fu* são ensinados outros aspectos da cultura chinesa, como a Dança do Leão. Seus praticantes acreditam que ela traz sorte e felicidade às pessoas. Ao lado, apresentação da Dança do Leão no município do Rio de Janeiro (RJ). Foto de 2018.

45

# Atividades

### ▌Organizando o conhecimento

**1.** Explique o que foi o período dos Reinos Combatentes na história da China.

**2.** Cite algumas transformações ocorridas na China durante o governo do imperador Qin Shihuangdi.

**3.** De acordo com a filosofia taoista, explique o que são o *tao*, o *yin* e o *yang*.

**4.** Cite alguns princípios do confucionismo.

**5.** Quais eram as principais atividades desenvolvidas pela população rural chinesa durante o período da dinastia Han?

**6.** Durante a dinastia Han, qual era a base da alimentação chinesa para aqueles que viviam no campo?

**7.** Quais eram as principais características das moradias urbanas na China durante a dinastia Han?

**8.** Cite uma característica comum entre as filosofias de Lao Tsé e de Confúcio.

### ▌Conectando ideias

**9.** Leia o texto abaixo e, depois, responda às questões.

> [...]
>
> A filosofia de Confúcio se baseia no conceito de *ren*, termo que pode ser traduzido por "benevolência" ou "humanismo". Para ele, um sábio deve medir suas ações tendo em vista o bem da humanidade – tanto as gerações presentes quanto as futuras. Esse apelo ao altruísmo universal se resume na máxima cunhada pelo mestre 400 anos antes de Jesus Cristo: "Não faças aos outros o que não desejes que te façam". Outro conceito essencial do confucionismo é o *li*, que pode ser traduzido como "ordenamento social". Confúcio acreditava que só poderia haver harmonia entre os homens se cada indivíduo seguisse à risca as normas de sua sociedade – incluindo respeito à hierarquia e etiqueta.
>
> [...]
>
> José Francisco Botelho. A fé que move a China. *Superinteressante*. Disponível em: <https://super.abril.com.br/historia/a-fe-que-move-a-china/>. Acesso em: 20 set. 2018.

**a)** Explique o que significam os conceitos de *ren* e *li*, nos quais a filosofia confucionista se baseia.

**b)** Como Confúcio interpreta a prática desses conceitos?

**c)** Qual é a frase de autoria de Confúcio que resume seu apelo ao altruísmo universal?

**d)** De que maneira Confúcio idealiza a harmonia entre os seres humanos?

**10.** Leia o texto abaixo, que trata do comércio estabelecido na chamada Rota da Seda, na época da dinastia Han, entre os chineses e outros povos. Depois, analise o mapa e responda às questões.

[...] Logo começou-se a ouvir o ruído das caravanas que atravessavam a região entre a montanhas do Tibete e os desertos do norte, passavam pelas cidades mais tarde conhecidas com Tashkent e Samarcanda e chegavam à Pártia, onde as mercadorias chinesas eram negociadas com persas, e levadas para o Mediterrâneo. A seda era o produto chinês mais cobiçado. Missões comerciais patrocinadas pelo governo exportavam seda bruta e tecidos prontos. As caravanas levavam também ouro, canela e peles e traziam vinho, especiarias, linho, cavalos, roupas de lã e alimentos exóticos, como romãs, favas e gergelim. [...]

Henry Woodhead (Dir.). *Impérios em ascensão*: 400 a.C.-200 d.C. Tradução de Pedro Paulo Poppovic. Rio de Janeiro: Cidade Cultural, 1990. p. 149. (Coleção História em Revista).

**A Rota da Seda (cerca do ano 100)**

Fonte: Wang Tao. *Explorando a China*. São Paulo: Ática, 1996. p. 14.

a) De acordo com o texto, quais eram os principais produtos transportados pelas caravanas da Rota da Seda?

b) Conforme o mapa, por quais regiões passava a Rota da Seda?

c) Segundo o mapa, a maior parte dos caminhos da Rota da Seda era terrestre. Havia, porém, um trecho marítimo. Identifique esse trecho e escreva o nome do mar que ele atravessava.

d) Cite o nome de duas cidades da Europa que recebiam produtos da Rota da Seda.

# CAPÍTULO 4

# A China imperial

No capítulo anterior, você estudou alguns aspectos da história da China e tomou conhecimento de que o Império Chinês se formou em 221 a.C. sob o comando de Qin Shihuangdi, o primeiro imperador. Com a morte dele, teve início a **dinastia Han**, que permaneceu no poder entre 206 a.C. e 220 d.C.. Durante esse período, o Império Chinês expandiu-se e deu início a uma época de grande prosperidade econômica e social.

## O Império enfraquecido

No Império Chinês, nem todos desfrutavam de prosperidade econômica e social – os camponeses, que constituíam grande parte da população, enfrentavam condições de vida muito precárias.

Assim, por volta do século II, os camponeses passaram a organizar diversas revoltas que enfraqueceram o Império e levaram à queda da dinastia Han no ano de 220.

Os séculos seguintes foram marcados por uma série de guerras e conflitos, causando a fragmentação do Império. A China, então, dividiu-se em vários reinos independentes.

## A reunificação do Império

Em 581, o general Yang Jian, da região norte, conquistou o poder e reunificou o Império, fundando a **dinastia Sui**, que governou entre os anos de 581 e 618.

Uma sucessão de campanhas militares malsucedidas, aliadas a uma crise econômica, levou a revoltas populares, que enfraqueceram a autoridade do imperador. Assim, em 618, um general da família Tang depôs o imperador e assumiu o trono, dando início a uma nova dinastia no poder.

O Império Chinês durante a reunificação (séculos VI-VIII)

Máxima extensão da dinastia Tang

Fonte: Jeremy Black. *World History Atlas*. Londres: Dorling Kindersley, 2005. p. 262.

## Dinastia Tang (618-907)

Esse período foi marcado pela expansão territorial do Império e por grande desenvolvimento no campo das artes, como a dança, a poesia, a pintura e a escultura. Durante a **dinastia Tang** a China foi governada por uma mulher reconhecidamente hábil e talentosa que reinou entre os anos de 690 e 705, a imperatriz Wu Zetian.

## Dinastia Song (960-1279)

Durante a **dinastia Song**, houve intenso florescimento cultural, principalmente nas áreas da Ciência, da Filosofia e da Arte. Houve também a difusão das técnicas de impressão de livros com tipos feitos de madeira, permitindo a reprodução de obras de forma mais rápida e barata. Além disso, com a produção de aço, foram desenvolvidos novos materiais bélicos. Substituindo o ferro fundido por esse material, as armas tornaram-se mais leves e resistentes.

## Dinastia Yuan (1279-1368)

Em 1215, Gêngis Khan, líder do Império Mongol, formado a partir de 1206 na atual Mongólia, expandiu seus territórios e conquistou a região norte da China. Em 1279, seu neto, Kublai Khan, conquistou a região sul e fundou a **dinastia Yuan**.

Entre 1279 e 1368, portanto, o Império Chinês foi dominado pelos mongóis, intensificando seu contato com os povos europeus.

Estátua de cerâmica feita durante a dinastia Tang que representa uma mulher da elite chinesa. Acervo do Museu de Xangai, China.

Estátua contemporânea representando Kublai Khan e soldados do Império Chinês, Mongólia Interior, China. Foto de 2015.

## Dinastia Ming (1368-1644)

Durante a **dinastia Ming**, o Império passou por um período de enriquecimento, alcançado por meio do comércio com outros povos, de estabilidade social e de grande aumento populacional.

Para evitar possíveis invasões estrangeiras, como a dos mongóis, o Império foi fortemente militarizado. Foram criados um exército e uma marinha permanentes.

**Tipos:** nesse sentido, são blocos de madeira com gravações em relevo que permitem sua reprodução por meio da impressão.

# A sociedade imperial

A sociedade chinesa na época imperial era dividida entre os membros da nobreza, os mercadores, os artesãos e os camponeses.

Embora houvesse uma hierarquia social estabelecida, a existência de concursos públicos (vigentes desde a época dos Han) possibilitava certa mobilidade e que pessoas de diferentes condições sociais pudessem aspirar a cargos no governo. Caso fossem admitidas mediante aprovação no exame aplicado, essas pessoas obtinham prestígio e melhores condições de vida. Entretanto, o ingresso nesses cargos era difícil e, geralmente, só as camadas mais abastadas da sociedade tinham acesso a eles.

## Os grupos sociais

A **nobreza** era composta de grandes proprietários de terras e de membros da corte imperial, os quais ocupavam cargos administrativos e públicos, como conselheiros, generais e tesoureiros. Muitos desses membros da corte eram familiares do imperador.

Os **mercadores** formavam um grupo social muito rico. Com as prósperas relações comerciais com outros reinos e impérios na Europa e na Ásia, eles comercializavam produtos de luxo, como seda, perfumes e porcelana, e especiarias, como gengibre, pimenta e gergelim.

Já os **artesãos** reuniam-se em oficinas, onde produziam diversos objetos, como utensílios domésticos, armas, joias e instrumentos musicais.

Os **camponeses** formavam a camada social mais pobre e mais numerosa do Império. Em geral, famílias inteiras de camponeses trabalhavam para os nobres proprietários de terras, cultivando vários produtos, principalmente painço, chá e arroz, em troca de moradia e proteção. Além disso, cada família recebia um pedaço de terra para cultivar produtos para seu próprio sustento.

> **Painço:** tipo de cereal semelhante ao milho. Rico em nutrientes, é também conhecido como milho-miúdo ou milho-da-itália.

50

## O cotidiano

Muitos elementos do cotidiano da população chinesa eram diferentes entre as camadas sociais do Império. A seguir, veremos alguns aspectos comuns do cotidiano, como o vestuário e a alimentação.

### Vestuário

As peças básicas do vestuário chinês eram a túnica, o manto, a calça e o chapéu, conforme pode ser observado na representação ao lado.

As pessoas mais ricas usavam roupas de tecido como o algodão e a seda. Mulheres e homens costumavam usar joias para se enfeitar.

Já as pessoas mais pobres, como os camponeses, vestiam-se com tecidos mais simples. O uso de calças e de cintos de couro também era comum entre elas.

### Alimentação

De modo geral, a base da alimentação no norte da China era o painço, de fácil cultivo na região, de clima seco e frio. No sul, cujo clima é mais quente e úmido, o arroz era o alimento básico.

O consumo de chá começou a se tornar popular no norte do país, especialmente entre a elite, durante a dinastia Tang. Ao longo do tempo, o chá também passou a ser consumido em outras regiões da China e por outras camadas sociais, tornando-se um costume entre a população chinesa.

Membro da elite chinesa na época da dinastia Ming. Estátua de terracota feita por volta do ano de 1600. Acervo particular.

Esta ilustração é uma representação artística contemporânea feita com base em estudos históricos. Fonte de pesquisa: Zhang Zeduan. *Ao longo do rio durante o festival de Qingming*. Pintura panorâmica em rolo de pergaminho, 25,5 cm x 525 cm. Museu do palácio de Pequim.

ACESSE O RECURSO DIGITAL

# Cultura e tecnologia

Ao longo da história da China, diversos exploradores, mercadores e monges chineses trilharam caminhos para outras partes da Ásia, como a Ásia Central e o Oriente Médio, estabelecendo trocas culturais e comerciais com outros povos. Durante a dinastia Tang, essas trocas intensificaram-se, transformando profundamente a sociedade chinesa.

Alguns exemplos dessas influências culturais são o budismo, a astronomia e a cosmologia. Na literatura, a China recebeu influências de contos populares de origem indiana, persa e europeia, assim como de elementos da cultura greco-romana.

Estados da Ásia Central, como o que corresponde ao Camboja atual, influenciaram a dança, a música e também o modo de se vestir dos chineses. Além disso, especiarias e temperos de diversas partes do mundo enriqueceram a culinária da China naquele período, como a pimenta indiana.

> **Cosmologia:** ciência que estuda a estrutura, a composição e o desenvolvimento do Universo.

## Confucionismo e budismo na época imperial

No século XII, houve uma revalorização dos princípios de Confúcio, nos quais estava estabelecido o caminho para a evolução moral de cada indivíduo, o que resultaria em uma evolução coletiva. Assim, o confucionismo transformou a cultura chinesa, e os efeitos dessa filosofia podem ser sentidos no país até a atualidade.

O budismo, por sua vez, é uma religião que surgiu na Índia, na mesma época em que viveu Confúcio. Seu criador foi Sidarta Gautama, o Buda, o qual acreditava que todos os seres humanos poderiam alcançar o estado de iluminação. Ele estabeleceu alguns preceitos, como o desapego a bens materiais e a compaixão. O budismo espalhou-se por várias regiões da Ásia e depois para todo o mundo. Muitos monges budistas levam uma vida isolada, em contato com a natureza, e executam suas tarefas com grande disciplina.

Atualmente, existem milhões de seguidores do budismo no mundo. Na foto, monges budistas no monastério Kumbum, localizado na província de Qinghai, China. Foto de 2017.

52

## Invenções

Durante o período Tang, a China esteve em plena efervescência criativa. O papel, por exemplo, criado no século II durante a dinastia Han, passou a ser muito utilizado.

Outras inovações dessa época foram desenvolvidas com base em técnicas de fundição de ferro, com a criação de ferramentas, de chaves e de fechaduras, entre outros utensílios. A pólvora, obtida no ano de 850, foi inicialmente usada para a fabricação de fogos de artifício. Mais tarde, tornou possível a concepção das armas de fogo, que mudariam radicalmente as formas de guerrear.

Houve ainda o aprimoramento da bússola, inventada no século IV a.C., e da porcelana, um dos objetos mais comercializados pela China por longo período.

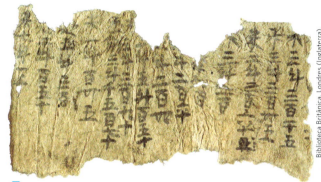

Fragmento de papel utilizado na época da dinastia Tang, por volta do século VII. Acervo da Biblioteca Britânica, em Londres, Inglaterra.

## Conquistas marítimas

O terceiro imperador da dinastia Ming, Hongwu (1328-1398), resolveu adotar uma política que tinha a intenção de estender as fronteiras da China e efetuar trocas comerciais e culturais por meio da realização de expedições marítimas.

Com a ciência náutica em pleno aperfeiçoamento, o imperador designou seu conselheiro, Zheng He, ao cargo de comandante dessas expedições. Partindo de portos no sul da China, foram realizadas sete expedições, sendo a primeira no ano de 1405, ou seja, quase um século antes de os europeus chegarem às Américas, em 1492 e a última, em 1432.

As viagens davam-se em **juncos**, embarcações até cinco vezes maiores que as caravelas usadas pelos europeus. Sabe-se que as jornadas comandadas por Zheng He chegaram até a região do atual Quênia, na África, parando por vários portos e comercializando os mais diversos produtos. As viagens serviam também para estabelecer relações diplomáticas com outros povos.

Com a morte do imperador, não houve continuidade das grandes expedições marítimas, e a China entrou em um período de isolamento, limitando o comércio com os estrangeiros.

> **Ciência náutica:** ciência relacionada à navegação que reúne os conhecimentos necessários para a condução de embarcações pelas águas.

Maquete de junco chinês. Acervo do Museu Marítimo de Vancouver, Canadá. Foto de 2015.

# Atividades

## Organizando o conhecimento

1. Como viviam os camponeses na época da fragmentação do Império Chinês com o fim da dinastia Han?

2. De que maneira estava organizada a sociedade imperial chinesa?

3. Cite algumas influências que a cultura chinesa recebeu de outros povos e de que maneira elas ocorreram.

4. Cite dois exemplos de invenções chinesas e comente a importância de cada uma delas.

5. Quais eram os principais objetivos das expedições marítimas ocorridas durante a dinastia Ming?

## Conectando ideias

6. Observe as fontes históricas a seguir e, depois, responda às questões.

Pintura em tecido do século XIII representando Imperador Taizu (927-976) junto a outros governantes e ministros jogando o *cuju*, um tipo de jogo com bola.

Vaso de porcelana chinês produzido durante a dinastia Ming.

Retrato do professor Fu Sheng produzido pelo pintor Wang Wei (701-761), no século XVIII.

Carimbo de nota promissória do ano de 1287.

a) Em que período da história da China cada fonte histórica acima foi produzida?

b) Identifique o tipo de cada uma das fontes apresentadas.

c) Quais informações essas fontes históricas podem nos fornecer sobre a época em que foram produzidas?

**7.** O texto a seguir aborda algumas alternativas de entretenimento da população chinesa durante o século IX. Leia-o e, depois, responda às questões.

> Senhoras e cavaleiros chineses de classe social elevada, servidos por um corpo de criados e escravos, passavam o seu tempo livre em vários divertimentos. Apreciavam esportes, jogos de salão, música, dança, os grandes festivais da estação e os cerimoniais que marcavam tais ocasiões, como o ano novo — ou o aniversário do rei. O povo mais humilde participava de algumas dessas diversões. A caça, por exemplo, era um esporte franqueado a todos. Uma caça real era um grande acontecimento, com batedores, cães, leopardos e águias. Mas mesmo um homem menos nobre podia apreciar um dia nas planícies com um falcão coreano treinado, e o homem do povo poderia ir à floresta com seu açor na esperança de adicionar uma lebre ou um faisão à panela da família.
>
> Havia outros esportes movimentados, inclusive um tipo de futebol que tinha sido popular desde a antiguidade e era considerado como um útil exercício militar. Nos tempos Tang, imperadores, cortesãos, intelectuais e mesmo senhoras apreciavam o jogo de polo, que tinha sido introduzido, não havia muito, das terras iranianas. [...]
>
> Entre os esportes menos movimentados estavam os jogos de mesa e de salão, alguns dos quais eram remotamente aparentados do moderno "*Parcheesi*", loto e gamão. [...]
>
> Edward H. Schafer. *China Antiga*. Tradução de Maria de Lourdes Campos Campello. Rio de Janeiro: José Olympio Editora, 1973. p. 41.

> **Açor:** espécie de ave de rapina muito utilizada para auxiliar caçadores.
>
> ***Parcheesi*:** jogo de tabuleiro jogado por até quatro pessoas, também conhecido como ludo real.

a) O texto trata de alternativas de entretenimento de qual camada social da China imperial?

b) De acordo com o texto, que atividades eram praticadas como forma de entretenimento na China do século IX? Qual dessas atividades foi representada na imagem ao lado?

c) Quais formas de entretenimento mais chamaram sua atenção? Por quê?

d) Você ou alguém de sua família costuma praticar alguma dessas atividades como entretenimento? Converse com seus pais ou responsáveis e depois compartilhe sua resposta com os colegas de sala.

Representação de mulher movendo uma peça em um jogo de tabuleiro. Detalhe de pintura em seda do século VII, durante a dinastia Tang, encontrada nos túmulos de Astana, em Xinjiang, na China.

## CAPÍTULO 5

# A formação do Japão

Há diversas teorias que buscam explicações sobre os primeiros habitantes do arquipélago que hoje forma o Japão. Baseando-se em estudos arqueológicos, uma dessas teorias defende que a região começou a ser povoada há cerca de 30 mil anos por povos originários da península coreana. Acredita-se que os primeiros registros da cultura japonesa foram produzidos há aproximadamente 6 mil anos, e entre eles estão utensílios domésticos de barro, como potes e vasos cilíndricos, da cultura conhecida como Jomon.

Por volta de 300 a.C., teria havido uma segunda onda migratória de pessoas originárias do norte da China, que se fixaram nas ilhas do atual Japão. Conhecidas como Yayoi, essas pessoas formavam grupos sedentários que cultivavam arroz, criavam animais e conheciam técnicas de metalurgia. Aos poucos, a cultura Yayoi tornou-se predominante na região, superando a Jomon.

O Japão no século III

Fonte: Jeremy Black. *World History Atlas*. Londres: Dorling Kindersley, 2005. p. 264.

Vaso feito pelos Yayoi, por volta do ano 200. Acervo do Museu Nacional de Tóquio, Japão.

### O período Asuka

Entre os anos 552 e 710, a cultura japonesa passou por transformações, sobretudo em decorrência das influências culturais de outros povos, como os coreanos e os chineses. Entre os historiadores, esse período é conhecido como período Asuka, cujo nome faz referência à região denominada Asuka, localizada ao sul da província de Nara.

**Arquipélago:** conjunto de ilhas.

## Reinos e impérios

A cultura Yayoi prevaleceu por cerca de seiscentos anos. Nesse período, as comunidades que se desenvolveram no arquipélago japonês estavam organizadas em clãs. Cada um deles tinha um chefe, mulher ou homem, que procurava expandir seus territórios à medida que o número de membros crescia. Para ampliar seus domínios, alguns chefes estabeleceram alianças entre os clãs, possibilitando a formação de diversos reinos.

Entre os séculos IV e V, originou-se o Reino de Yamato, governado pelo rei Ojin. Esse reino expandiu-se, formando um império. Nos dois séculos seguintes, no chamado **período Asuka**, o Império Yamato cresceu e recebeu diversas influências de outras culturas. Os chineses, por exemplo, introduziram a escrita ideográfica (do japonês, *kanji*) e o confucionismo. Além disso, monges coreanos difundiram a religião budista.

# Períodos da história do Japão

A história do país que hoje conhecemos como Japão costuma ser dividida em períodos marcados por intenso desenvolvimento cultural e intelectual. Conheça a seguir alguns desses períodos.

## Período Nara (710-794)

No ano de 710, estabeleceu-se a primeira capital fixa do Japão, em Nara, considerada também o primeiro centro urbano do Império. Entre os anos de 710 e 794, durante o **período Nara**, houve intenso desenvolvimento nas áreas da arquitetura, das artes e da literatura.

Além disso, com o aprimoramento da escrita japonesa, nesse período foi produzida grande quantidade de registros documentais, como éditos e ordens do governo, além de poemas dedicados a temas como o amor e a natureza.

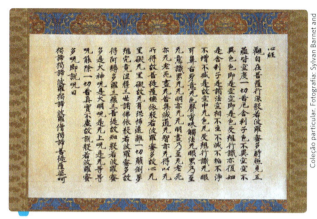

Poema japonês escrito em 755, durante o período Nara.

**Édito:** publicação de uma lei, de uma ordem judicial.

## Período Heian (794-1185)

O **período Heian** foi marcado pelo surgimento da figura do **samurai** (do japonês, "aquele que serve"). Os samurais inicialmente eram guerreiros encarregados de proteger a propriedade de seus senhores e de cobrar impostos.

Com o aperfeiçoamento de seus métodos de luta, ao longo dos anos, os samurais passaram a compor um novo grupo da sociedade, unido por um código de ética chamado *bushido*.

## A ascensão dos xoguns (1185-1867)

A partir do século XII, desenvolveu-se um sistema de governo chamado **xogunato**, também conhecido como *bakufu*. Esse sistema de governo foi possibilitado por causa do enfraquecimento do poder imperial ao mesmo tempo que os chefes dos clãs e também grandes proprietários de terras fortaleciam-se e disputavam o poder entre si.

Após uma série de conflitos, Yoritomo Minamoto, chefe de um clã guerreiro, recebeu o título de **xogum** (do japonês, comandante do exército) e tornou-se o supremo comandante militar do Japão.

No xogunato, o imperador permanecia apenas com o poder formal, sendo o governo exercido pelo xogum e auxiliado por um exército de guerreiros.

Esse período de ascensão dos xoguns costuma ser dividido em três: **período Kamakura** (1185 a 1333), **período Muromachi** (1333 a 1603) e **período Edo** (1603 a 1867).

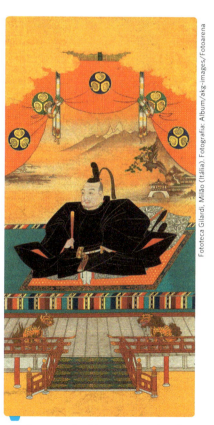

Pintura em tecido representando Tokugawa Ieyasu, que se tornou xogum em 1603, dando início ao período Edo. Autoria desconhecida, século XVIII.

57

# A sociedade na época do xogunato

Nos anos em que vigorou o sistema de xogunato, houve pouca possibilidade de mobilidade social. Conheça a seguir alguns aspectos da sociedade do Japão dessa época.

## O poder do imperador

Desde o estabelecimento do Império Yamato, o imperador, ou *tenno* ("imperador celeste", em japonês), exerceu grande autoridade. Naquela época, acreditava-se que o *tenno* era herdeiro dos deuses e que seu poder era transmitido aos descendentes. Como tal, a autoridade dele se impunha sobre os seres humanos e sobre a terra, cabendo a ele garantir o bem-estar de seus súditos.

## O xogum

Como vimos anteriormente, o xogum era o supremo comandante militar do Japão e, embora devesse lealdade ao imperador, na prática era ele quem exercia o poder político.

Durante o período Kamakura, o xogum Yoritomo Minamoto governou o Império apoiado por um exército de guerreiros samurais. Ele reprimiu grupos rebeldes e tornou o título de xogum permanente e hereditário.

Para consolidar seu poder, Minamoto criou cargos como o dos *shugo*, autoridades militares responsáveis pela manutenção da ordem, e dos *jito*, cobradores de impostos, que atuavam em diversas regiões do Império.

Imagem que representa Takeda Shingen, que foi *daimio* no século XVI. Xilogravura do artista japonês Utagawa Kuniyoshi, feita no século XIX.

## O *daimio*

Os *daimio* eram senhores das terras e subordinados ao xogum. Apesar de eles administrarem essas terras, era o xogum quem possuía plenos poderes sobre elas, podendo remanejá-las, desapropriá-las, aumentar ou diminuir sua extensão. Dessa forma, o xogum garantia a lealdade dos *daimio*, submetendo-os ao seu poder.

No período Edo, uma maneira de exercer controle do xogum sobre o *daimio* era o sistema *sankin kotai* (traduzido do japonês, "presença alternada"). Nesse sistema, o *daimio* era obrigado a passar quatro meses do ano na capital, Edo, e oito meses nas terras por ele administradas. Quando voltava a essas terras, a família dele permanecia na capital, sob vigilância das autoridades. Além disso, o *daimio* devia ao xogum o pagamento de impostos e a lealdade política e militar.

## Os samurais

Os samurais serviam aos *daimio*, protegendo suas terras em épocas de conflitos e cobrando impostos dos camponeses.

Eles recebiam o *koku*, gratificação equivalente à quantidade de arroz suficiente para alimentar uma pessoa por um ano.

Durante o período de domínio dos xoguns, os samurais formavam um grupo privilegiado na sociedade. No período Edo, época marcada pela paz interna no Japão, muitos samurais passaram a dedicar-se também a outras atividades, como ao comércio e ao ensino de artes marciais.

Traje de samurai do século XVIII. Acervo da Torre de Londres, Inglaterra.

## Os camponeses

A agricultura era a base da economia japonesa na época dos xoguns. O arroz era o principal produto cultivado e, apesar do grande valor comercial, os camponeses que o produziam formavam uma das camadas mais pobres e numerosas da população na época do Império.

Trabalhando nas terras dos *daimio*, eles estavam sujeitos à cobrança de altos impostos em troca de moradia e proteção. Para garantir a produção agrícola destinada ao pagamento dos impostos, os camponeses uniam suas famílias formando comunidades, lideradas por chefes escolhidos entre eles.

Esses chefes eram responsáveis pela organização e pelo controle da produção agrícola e pelo pagamento dos impostos devidos.

Xilogravura que representa camponeses cultivando a terra, feita pelo artista japonês Katsushika Hokusai, no ano de 1830.

## Os comerciantes

Por volta do século XVII, houve grande desenvolvimento econômico no Japão, acelerando o processo de urbanização de diversas cidades do Império. Nesse contexto, as atividades comerciais passaram a ser um meio importante de garantir boas condições de vida entre as camadas trabalhadoras da sociedade.

Muitos comerciantes enriqueceram e ascenderam socialmente. Nesse período, surgiram muitas casas comerciais e armazéns, que vendiam produtos como roupas, alimentos e artigos de luxo.

## A religiosidade

A religiosidade foi um aspecto importante da cultura e da sociedade japonesa na época dos xoguns. Conheça a seguir algumas características das duas principais religiões da época: o xintoísmo e o budismo.

### O xintoísmo

Como vimos, os japoneses acreditavam que o imperador era o herdeiro dos deuses. Essa maneira de pensar originou-se no xintoísmo, crença religiosa que provavelmente se desenvolveu no Japão por volta de 300 a.C.

O xintoísmo é baseado no culto aos deuses, à natureza e aos ancestrais. De acordo com essa religião, o Universo é regido por forças naturais em constante transformação. Seus princípios visam à harmonia dos seres humanos com a natureza e, para isso, seus seguidores realizam orações e oferendas a fim de manter o equilíbrio das forças do Universo e pedir boas colheitas, proteção e paz.

*Torii*, portal símbolo do xintoísmo, na cidade de Nikko, no Japão. Foto de 2016.

### O budismo

> **Zen:** palavra de origem sânscrita cujo significado está relacionado à meditação e à contemplação.
>
> **Frugalidade:** qualidade de quem possui hábitos simples, modestos.

O budismo foi difundido no Japão por monges coreanos no século VI e, ao longo do tempo, foi adquirindo características próprias, diferenciando-se das formas de budismo praticadas pelos indianos e pelos chineses.

O budismo que se desenvolveu no Japão ficou conhecido como zen-budismo, agregando elementos do xintoísmo, como o culto aos antepassados e alguns ritos funerários.

De acordo com alguns estudiosos, o zen-budismo tornou-se popular no Japão por causa de sua simplicidade em relação ao xintoísmo e aos outros tipos de budismo praticados na Ásia. Leia o texto a seguir, que trata desse aspecto.

Estátua do Buda Amitaba no templo de Kamakura, no Japão. Foto de 2018.

[...] No plano da religião, correntes do zen-budismo são introduzidas no Japão entre os séculos XII e XIII. Sua aceitação no meio samurai foi decisiva para a sua divulgação. Os samurais valorizavam a simplicidade, a frugalidade, e o zen-budismo ensinava exatamente esses valores. O contraste entre as seitas budistas disseminadas até então entre os nobres da corte era visível. Ali as cerimônias eram pomposas. Para o samurai, ao contrário, bastava um lugar silencioso para que pudesse praticar a sua religião. [...]

Célia Sakurai. *Os japoneses*. São Paulo: Contexto, 2014. p. 86.

**1** Quais são os valores ensinados pelo zen-budismo?

**2** Em sua opinião, esses valores influenciaram o modo de vida dos japoneses?

## O contato com o Ocidente

Em 1543, os japoneses entraram em contato com a cultura ocidental em razão da chegada de comerciantes portugueses à ilha de Tanegashima, situada no arquipélago de Osumi, na região sul do Japão.

Anos mais tarde, missionários jesuítas introduziram a religião cristã católica no Império, conquistando grande número de seguidores entre as várias camadas da sociedade.

Crucifixo de bronze feito por cristãos japoneses por volta do ano de 1800. No centro dessa peça, há uma representação de Buda. Acervo da Sociedade para as Missões Estrangeiras de Paris, França.

Além disso, o contato com a cultura ocidental também foi responsável pela introdução de novos hábitos entre a população, como o consumo do tabaco e o uso de armas de fogo, que passaram a substituir armas tradicionais como o arco e a flecha e as espadas.

## A política de isolamento

O contato com o Ocidente, no entanto, gerou muita instabilidade, com a ocorrência de disputas entre as esferas de influência religiosa, como a da Igreja católica e da Igreja protestante. O monoteísmo cristão, ao questionar a ideia de divindade do imperador, ameaçava o poder e a estabilidade política e social do Império.

Assim, no século XVI, as pessoas convertidas ao cristianismo passaram a ser perseguidas, e as que resistiam eram presas e condenadas à morte.

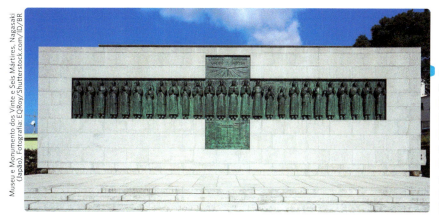

Monumento aos 26 mártires perseguidos pelas autoridades japonesas e crucificados na cidade de Nagasaki, em 1597. Foto de 2017.

Comerciantes e missionários europeus passaram a sofrer sanções até serem expulsos do Império. Com exceção de poucos comerciantes holandeses, não foi permitida a entrada de estrangeiros no território e, a partir de 1637, nenhum japonês podia sair dos domínios do Império, e quem estivesse fora deles não podia retornar. Esse isolamento permaneceu até o final do século XIX, quando o sistema de xogunato terminou no Japão e o poder imperial foi restaurado. Desse momento em diante, o país passou por um processo de mudanças políticas e de modernização.

## O *bushido*, código de conduta dos samurais

Entre os samurais, existia um rigoroso código de conduta que recebia o nome de *bushido* (traduzido do japonês, "caminho do guerreiro"). Como nunca chegou a ser escrito integralmente, o conhecimento sobre esse código preservou-se por meio da oralidade e de obras de samurais, que descreveram alguns dos aspectos relacionados ao *bushido* entre os séculos XVI e XVIII.

As bases do *bushido* são o equilíbrio, a disciplina e a lealdade, e ao samurai caberia a busca por um caminho de honra, de sabedoria e de coragem. De acordo com esse código, tais virtudes poderiam ser alcançadas por meio da vitória sobre seus adversários, e também sobre si mesmo, combinando esforço físico e espiritual para superar os próprios limites.

### Influência religiosa

Alguns ensinamentos religiosos tiveram influência sobre o *bushido*. Segundo o budismo, a vida se refaz por meio da reencarnação, e a morte deve ser compreendida como uma transição para outra vida, e não como o fim. Apropriando-se desses preceitos, o *bushido* afirmava que a morte não deveria ser temida pelos samurais.

Já o xintoísmo ensina que tudo o que as pessoas possuem no presente é por causa do trabalho de seus ancestrais e, para honrá-los e agradecer-lhes, elas devem adotar uma conduta rígida. Esse modo de portar-se foi incorporado ao *bushido*, além de valores como a gratidão e a lealdade do samurai ao seu senhor.

> **Reencarnação:** crença na vida após a morte.

Grupo de samurais fotografado no final do século XIX.

## A honra samurai

Perder a honra ao ser desleal com seu senhor ou permanecer vivo após ser derrotado em uma batalha eram motivo de grande vergonha para os samurais e seus familiares. A má conduta de um samurai podia implicar consequências para todos da família, como a perda de terras e a descontinuidade da passagem da condição de samurai para seus herdeiros.

## O Estado japonês e o *bushido*

Atualmente, os samurais são considerados um dos símbolos mais representativos da cultura japonesa. Diversos filmes, animações, quadrinhos e jogos de *videogame* fazem referência a eles. Além disso, em diferentes momentos da história do país, o Estado fez uso da imagem dos samurais para obter algum tipo de apoio da população.

Durante o século XIX, o Estado japonês procurou formar uma identidade nacional, com o objetivo de fazer com que a população adotasse alguns valores considerados importantes para o governo, como a lealdade ao imperador. Para isso, fez uso da figura do samurai e de sua conduta honrada, transformando-o numa espécie de herói. Por meio desse recurso, o governo do Japão conseguiu que parte da população acreditasse que todo japonês pudesse se enxergar na condição de samurai, sendo disciplinado com o que o Estado acreditava ser um bem comum.

Samurai Jack, personagem de um desenho animado estadunidense que fez bastante sucesso no Japão e também no Brasil.

63

# Atividades

## Organizando o conhecimento

1. Quais foram as influências de outros povos sobre os japoneses durante o chamado período Asuka?

2. Destaque os acontecimentos de cada período da história do Japão citados neste capítulo que mais chamaram sua atenção, justificando suas escolhas.

3. Explique quem eram os samurais, os xoguns e os *daimio*.

4. O que os princípios do xintoísmo recomendam?

5. Por que o zen-budismo se tornou popular no Japão?

## Conectando ideias

6. O quimono é uma vestimenta tradicional no Japão. Ainda hoje, embora com menor frequência, é possível encontrar japoneses utilizando quimonos, principalmente em algumas cerimônias religiosas. Leia o texto a seguir, que aborda algumas características do quimono.

> São quatro os elementos que definem um quimono: o uso dos padrões geométricos de tecidos costurados com o mínimo corte para constituir a parte principal (*mihaba*); uma frente em que um lado sobrepõe ao outro (*okumi*), criando um efeito de "envelopamento"; uma gola em forma de faixa (*eri*); e mangas com uma largura proporcional à dos braços (*sode*).
>
> Hermano Silva. Sofisticação na moda. *História Viva*: Japão. São Paulo: Duetto, 2008. p. 75.

Com o quimono, são usados outros acessórios. Em seu caderno, associe as letras indicadas na imagem às legendas a seguir.

I **Kosode** – peça de roupa que cobre grande parte do corpo.

II **Geta** – tamancos altos de madeira usados para andar nas ruas com lama.

III **Haori** – casaco usado sobre o *kosode* para se proteger do frio.

IV **Obi** – tira ou faixa amarrada na cintura.

Organizem-se em grupos e pesquisem sobre a vestimenta tradicional no Japão para verificar os tipos de quimonos encontrados na atualidade, seus usos no cotidiano e os acessórios utilizados por homens e mulheres.

Mulher vestindo quimono tradicional, em Quioto, Japão. Foto de 2016.

**7.** O texto a seguir é um trecho de um antigo mito japonês que explica, entre outras questões, como surgiu o território do Japão e seus habitantes. Leia-o e depois responda às questões.

> [...]
>
> Conta a lenda que, antes de tudo, havia um céu muito azul salpicado de nuvens brancas onde viviam os deuses. Estes se pareciam com os homens, embora fossem mais poderosos, maiores, mais fortes, mais ligeiros e mais bonitos. Locomoviam-se como pássaros, voando sem a necessidade de colocar os pés no chão.
>
> Sobre o mar, não havia qualquer ilha e a terra propriamente dita ainda não existia. Num dia qualquer, os deuses tomaram a decisão de criar o mundo, confiando a execução da tarefa a dois jovens deuses: Izanagi e Izanami.
>
> [...] "Casem-se e seus descendentes serão os mais belos de todas as criaturas", teriam dito os deuses aos jovens que, então, partiram felizes.
>
> Ao chegar a um lugar muito bonito em forma de um imenso semicírculo — o arco-íris — pararam na parte mais alta. Izanami levava consigo uma espada de ouro e com ela começou a remexer a água do mar imenso logo abaixo deles. E eis que ocorre um milagre: quando retira a espada do mar, a espuma que havia se grudado nela escorreu, voltando ao mar, solidificando-se ao atingir a água, formando então a terra. As duas divindades desceram para lá e, felizes, resolveram ficar.
>
> [...] Entre os filhos do casal estão as ilhas japonesas com seu solo, rochas, montanhas, rios, pinheiros, cerejeiras e seus habitantes, animais e seres humanos. [...]
>
> Célia Sakurai. *Os japoneses*. São Paulo: Contexto, 2014. p. 49-50.

a) Segundo o mito, o que existia no início de tudo?
b) Como eram os deuses? Quem foram os responsáveis pela criação da Terra?
c) De que maneira essa criação ocorreu?
d) Quem são os filhos de Izanagi e Izanami?
e) Produza um desenho para representar o trecho desse mito. Depois, apresente-o para os colegas e fale sobre os elementos que você escolheu representar.

Quais temas desta unidade mais chamaram sua atenção? Faça um breve resumo dos capítulos e depois compare seu texto com o de um colega. O que vocês podem perceber de semelhanças e diferenças nos textos produzidos? Para finalizar, procure responder:
- Qual é a importância de estudarmos os temas desta unidade?
- Em sua opinião, foi importante conversar com seu colega sobre a unidade? Por quê?
- Sobre qual assunto você gostaria de aprofundar seus estudos? Justifique sua resposta.
- Em sua opinião, qual é a importância de conhecer a história de civilizações como a da China e a do Japão?
- Você consegue perceber características das culturas japonesa e chinesa inseridas na cultura brasileira?

## Ampliando fronteiras

# Livro: do papiro ao digital

Os livros nem sempre tiveram o formato que conhecemos atualmente. Há cerca de 2 mil anos, por exemplo, os livros dos antigos romanos eram escritos em rolos de papiro. Foi somente na Idade Média, na Europa, que foram confeccionados os primeiros livros encadernados, como conhecemos hoje. Eles podiam ser feitos de papiro, de pergaminho ou de papel, uma invenção chinesa do século II, introduzida na Europa por volta do ano 1000. Esses livros eram escritos e ilustrados à mão, um a um, e cada exemplar podia demorar meses, ou até mesmo anos, para ser produzido.

Na China, no século IX, foi desenvolvido um processo que facilitou a reprodução de livros. Naquela época, foram impressos os primeiros exemplares da obra *O sutra do diamante*, pela técnica de xilogravura. Essa técnica consiste em talhar em relevo uma peça de madeira com os caracteres que serão impressos na folha de papel, como um carimbo.

Já em 1041, os chineses passaram a entalhar os caracteres separadamente. Depois, com esses caracteres, eles montavam o texto que seria impresso. Esse foi o princípio utilizado posteriormente pelo alemão Johannes Gutenberg para criar sua prensa de tipos móveis, que revolucionou a impressão de livros na Europa durante o século XV.

## Os livros e a revolução digital

Atualmente, os livros não estão mais apenas nas estantes, em seu formato tradicional em papel. Com a revolução tecnológica ocorrida nos séculos XX e XXI, foram surgindo outros meios de produção, de registro e de propagação do conhecimento. Entre essas inovações estão os livros digitais, os chamados *e-books*, que ganham cada vez mais popularidade entre os leitores. Os livros estão também na tela de computadores, nos *smartphones* e em outros dispositivos eletrônicos feitos especialmente para a leitura.

> **Papiro:** planta cujas tiras do caule eram usadas para produzir um tipo de folha. O papiro também podia ser usado na fabricação de pequenas embarcações e na confecção de diversos objetos, como sandálias, cordas e redes.
>
> **Pergaminho:** tipo de suporte para escrita feito com pele de animal, como cabra ou carneiro.

Waldomiro Neto

Por causa dessas mudanças e da velocidade com que elas ocorrem, há algum tempo existe um debate sobre o futuro do livro impresso. Alguns acreditam que o livro, como o conhecemos, será extinto. No entanto, há os que defendem que o livro no formato tradicional não vai acabar e coexistirá com os livros digitais.

De acordo com diversos estudos e pesquisas, como as realizadas pela American University, em Washington, em 2016, e Juliane M. dos Reis, da Universidade Federal do Rio Grande do Sul (UFRGS), em 2016, os defensores do livro digital afirmam que ele democratizaria o acesso à leitura, pois sua produção é menos custosa, e que ele seria mais prático por economizar espaço e por poder ser acessado de qualquer parte do mundo. Entre os benefícios do livro digital também estaria a diminuição de danos ambientais, já que, teoricamente, a derrubada de árvores para a produção de papel seria reduzida.

Defensores do livro impresso afirmam que a leitura no papel é muito mais confortável e que ele é mais durável. Argumentam, ainda, que a extinção do livro impresso poderia resultar em um monopólio da informação, que poderia ser praticado por empresas da internet.

Argumentos à parte, o fato é que o livro continua sendo uma importante ferramenta para a transmissão de conhecimentos e para a preservação da cultura. Portanto, essa é uma discussão necessária e atual, que nos faz refletir sobre o presente — e, também, sobre como será nosso futuro.

> **Monopólio:** privilégio que uma empresa possui para controlar e explorar determinado serviço ou produto.

1. Com base na leitura do texto, explique qual é a relação entre a impressão de textos na China e o desenvolvimento da prensa de tipos móveis, de Gutenberg, na Europa.

2. Em sua opinião, qual será o destino do livro impresso e do livro digital? Você acredita que esses dois formatos podem conviver no futuro? Debata com os colegas, apresentando seus argumentos para toda a sala.

3. Forme uma dupla com um colega e façam a leitura de um texto impresso. Depois, leiam o mesmo texto em um suporte digital, como em um *tablet*, em um *smartphone* ou mesmo na tela de um computador. Em seguida, troquem ideias sobre essas leituras, procurando identificar as vantagens e as desvantagens de cada suporte. Por fim, registrem o que vocês descobriram por meio dessa experiência.

67

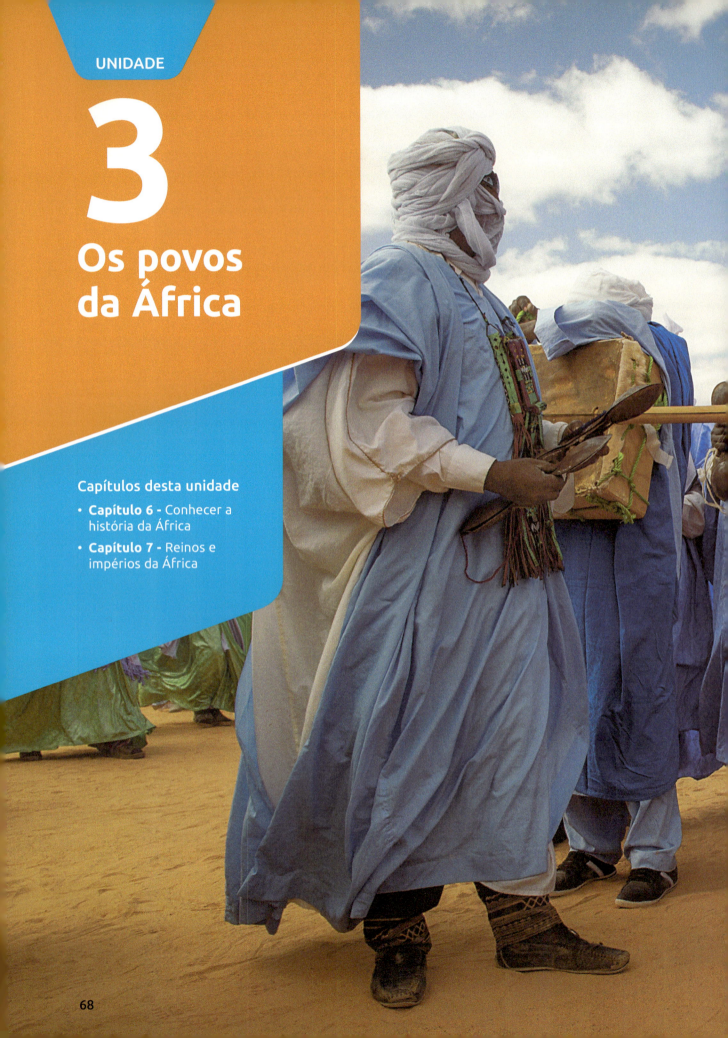

UNIDADE

# 3
## Os povos da África

Capítulos desta unidade
- **Capítulo 6 -** Conhecer a história da África
- **Capítulo 7 -** Reinos e impérios da África

Músicos *imuhagh* (também conhecidos como tuaregues), grupo nômade do norte da África, tocando instrumentos tradicionais durante um festival de música, na Líbia. Foto de 2016.

## Iniciando rota

1. Descreva as pessoas retratadas na foto. Quais elementos indicam que se trata de um grupo musical?

2. Em sua opinião, a música é importante para esse grupo tradicional da África? Justifique.

3. Você conhece grupos que, como esse, buscam preservar suas tradições culturais, como a música? Comente com os colegas.

CAPÍTULO

# 6

# Conhecer a história da África

Você sabe quanto a herança étnica e cultural africana é importante para nós? De acordo com um ponto de vista sociocultural, o Brasil pode ser definido como um país de grande diversidade cultural em termos religiosos, artísticos, musicais, culinários, entre tantos outros aspectos. Diversas características físicas de muitos brasileiros e vários costumes que fazem parte do nosso dia a dia foram herdados dos africanos. Entre o século XVI e o século XIX, foram trazidos para o Brasil milhões de africanos por meio do tráfico atlântico (como estudaremos mais adiante). Esses povos africanos, de diferentes culturas, foram importantes agentes formadores do que chamamos hoje de povo brasileiro.

Muitos alimentos de nossa culinária, alguns ritmos musicais, inúmeras palavras de nosso vocabulário, técnicas e tecnologias, costumes e também expressões religiosas, são de origem africana. Portanto, estudar a história desses povos é também conhecer mais a história do Brasil.

Além disso, ao saber mais sobre algumas sociedades africanas do passado e a permanência de muitos de seus costumes no presente, é possível compreender melhor a riqueza étnica e cultural do continente africano.

Observe a foto abaixo.

> Você já presenciou ou participou de alguma manifestação cultural de origem africana? Conte para os colegas.

# Sociedades e culturas da África

Ao longo do tempo, os povos africanos desenvolveram uma grande diversidade de culturas e de conhecimentos, como a metalurgia, o artesanato, a música, entre outros.

Muitos desses conhecimentos foram trazidos para o Brasil pelos africanos. Esses conhecimentos se transformaram com o passar do tempo, muitas vezes ganhando novos significados de acordo com o contexto histórico vivido.

Na foto, vista da capital da Angola, Luanda, em 2018. Essa região, colonizada pelos portugueses a partir do século XVI, era um dos pontos de partida de africanos que foram trazidos para o Brasil. Atualmente, Luanda é um importante centro econômico do país.

Sobre esse assunto, leia, a seguir, o texto da historiadora brasileira Marina de Mello e Souza.

> [...] Perceber a variedade das sociedades africanas pode nos ensinar a conviver com a pluralidade que nos compõe, sem atribuir hierarquias aos diferentes grupos culturais. Pode nos ajudar a vencer preconceitos herdados de tempos passados e construir um futuro no qual existam condições de vida mais igualitárias.
>
> Marina de Mello e Souza. *África e Brasil africano.* São Paulo: Ática, 2007. p. 169.

Assim, por meio do estudo da história da África, podemos aprender a valorizar a diversidade e a riqueza da cultura africana, além de promover valores como o respeito, a tolerância e a solidariedade.

Muitas manifestações culturais de nosso país são de origem africana. A foto ao lado retrata uma apresentação de capoeira no Quilombo do Campinho, Paraty (RJ). Foto de 2016.

# A diversidade do continente africano

A África é o terceiro maior continente do planeta em extensão territorial, com aproximadamente 30 milhões de quilômetros quadrados, o que equivale a cerca de quatro vezes o tamanho do Brasil. Tem uma grande diversidade de povos, de diferentes etnias, culturas, línguas e religiosidades por todo o seu território.

O continente africano é banhado pelo oceano Índico e pelo oceano Atlântico e possui também enorme diversidade natural.

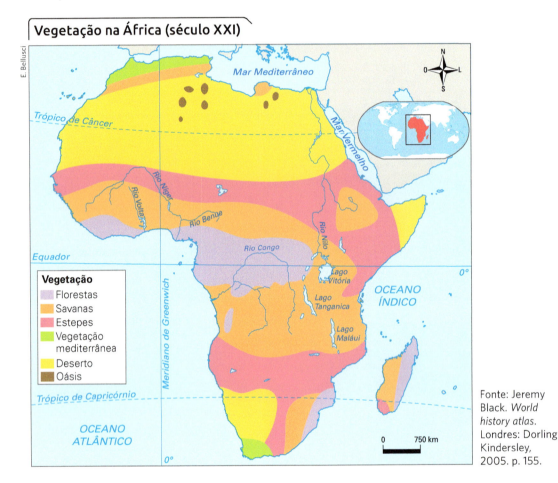

Fonte: Jeremy Black. *World history atlas*. Londres: Dorling Kindersley, 2005. p. 155.

Nesse continente, desde a Antiguidade, rios como o Nilo, o Congo e o Níger foram importantes para o desenvolvimento da agricultura, para a formação de cidades e reinos e também para a circulação de pessoas e de mercadorias.

O deserto do Saara, ao norte do continente, era habitado por diversas sociedades nômades, seminômades e sedentárias, que se dedicavam a atividades agrícolas, pastoris e de comércio. Pelo Saara passavam diversas caravanas levando viajantes e produtos de diferentes povos do continente que realizavam trocas comerciais e culturais entre as regiões ao norte e ao sul do deserto.

Há mais de 2 500 anos, nas regiões de savanas e florestas, ao sul do Saara, na chamada África Subsaariana, desenvolveram-se sociedades formadas por caçadores, coletores e sedentários que criaram técnicas agrícolas e metalúrgicas. Os conhecimentos de metalurgia possibilitaram a confecção de diferentes tipos de instrumentos, como armas e objetos de ferro, de cobre e de ouro.

> **Savana:** tipo de vegetação predominante em algumas regiões da África e da América do Sul, composta basicamente de plantas rasteiras, árvores de portes variados e pequenos arbustos.

72

## Formas de organização social e política

As sociedades africanas adotaram, ao longo de sua história, diversas formas de organização social e política, com a existência desde pequenas comunidades reunidas em aldeias até grandes impérios formados por vários reinos.

Em diversas sociedades africanas, como os zulus, o membro mais experiente da aldeia era considerado o chefe, pois possuía conhecimentos e condições de manter a justiça e o bem-estar da comunidade. Cabiam ao chefe responsabilidades como julgar crimes e atribuir castigos em decorrência deles, distribuir terras às famílias e liderar os guerreiros em épocas de guerra, como as de expansão. A maioria das sociedades africanas baseava-se na fidelidade a esse chefe e nas relações de parentesco. Por meio dos casamentos, por exemplo, determinada aldeia poderia aliar-se a outra.

*Chefe Zulu.* Óleo sobre tela de Carl Rudolph Sohn, de 1882. Acervo da Coleção Real, Londres, Inglaterra.

Quando ocorriam guerras, era comum que as aldeias se aliassem, formando confederações. Nessa forma de organização, as decisões eram tomadas por um grupo de representantes das aldeias que se reuniam em um conselho.

Algumas sociedades constituíam reinos, sob a responsabilidade de um chefe com mais poder (o rei) e com autoridade sobre os demais chefes. Nos reinos, havia uma capital onde se concentravam a administração e o centro comercial, com grande circulação de pessoas e de mercadorias.

> **Confederação:** associação ou união de pessoas ou grupos em defesa de interesses comuns.

Representação de caravana de comerciantes chegando à cidade de Tombuctu, então capital do Império Mali. Gravura extraída do jornal *Le Tour du Monde*, de 1860.

## O comércio e a relação entre os povos

As trocas comerciais foram muito importantes no cotidiano dos povos africanos desde a Antiguidade, pois possibilitavam acesso a diversos tipos de mercadorias, mesmo as que só eram produzidas em regiões mais distantes. As comunidades ribeirinhas, que viviam próximas às margens de rios, podiam trocar peixes por grãos produzidos nas savanas; os habitantes das florestas, por sua vez, podiam oferecer tubérculos e receber animais criados nos planaltos. Produtos como ouro, noz-de-cola e marfim podiam ser trocados por sal, tecidos, escravos, entre outras mercadorias.

O comércio era feito tanto a curta como a longa distância. No comércio a curta distância, geralmente eram realizadas trocas nas regiões vizinhas entre aldeias e cidades próximas. O transporte das mercadorias era feito a pé ou no lombo de burros e camelos.

O comércio a longa distância era realizado por meio das rotas fluviais, ou seja, por rios, ou pelo deserto, em caravanas de camelos, introduzidos na África a partir do século III. As rotas de comércio que atravessavam o Saara ficaram conhecidas como **rotas transaarianas**. Nesse tipo de comércio, que chegava a ser realizado até mesmo com regiões da Europa e da Ásia, circulavam mercadorias mais sofisticadas e caras, como joias, seda, perfumes, artefatos de porcelana e outros.

Diversos comerciantes árabes utilizavam essas rotas, ao lado representação de caravana de mercadores árabes, miniatura do manuscrito Maqamat de Al-Hariri, século XIII. Acervo da Biblioteca Nacional da França, Paris.

> **Tubérculo:** neste sentido, tipo de caule arredondado ou alongado que se desenvolve abaixo da superfície do solo, como a batata e a cenoura.
>
> **Planalto:** forma de relevo que apresenta superfícies elevadas e planas, com poucas ondulações.
>
> **Noz-de-cola:** fruto de uma planta nativa da África com gosto amargo que provoca sensação de bem-estar por causa de sua ação estimulante. No Brasil, é conhecida como obi ou orobó.

O uso de camelos para transportar produtos em caravanas é comum até os dias de hoje em algumas regiões da África. Na foto, caravana utilizando camelos para transportar blocos de sal, na Etiópia, em 2016.

# A escravidão na África antes do século XV

A escravidão é uma prática muito antiga na história da humanidade e foi praticada de diversas maneiras por vários povos em lugares e épocas diferentes.

Em muitas sociedades africanas, por exemplo, as pessoas eram escravizadas nas seguintes situações: como prisioneiras de guerra, quando cumpriam penas por determinados crimes ou por não quitar suas dívidas. Leia o texto a seguir, que aborda esse assunto.

> [...]
> Até o século XV, uma das principais características das sociedades africanas ao sul do Saara era a configuração de estruturas sociais fundamentadas na etnia e nos laços de dependência, entre os quais figuravam o parentesco e a escravidão. A comunidade era o principal elemento de garantia da coesão social: elementos que ameaçassem a harmonia ou rompessem com a lealdade ao seu grupo de parentesco podiam ser expulsos e, consequentemente, escravizados. Na África, os escravos eram obtidos de várias maneiras: através do aprisionamento de "estrangeiros", em guerras, sequestros ou compra, tanto de indivíduos expulsos de suas comunidades – acusados de praticar feitiçaria, por exemplo – quanto de membros de comunidades cuja sobrevivência estava ameaçada pela fome; ou através de sanções aplicadas a membros da própria comunidade de origem por crimes cometidos, como adultério e assassinato, e pelo não pagamento de dívidas. De qualquer forma, não importando qual fosse a forma de escravidão, os cativos sempre eram transformados em estrangeiros, sendo excluídos de seus grupos de parentesco originais e sendo incorporados à sua nova condição de dependentes. Embora os escravos não tivessem estabilidade nas comunidades que os aprisionaram, podiam tornar-se parte das comunidades nas quais eram inseridos, podendo participar da estrutura familiar e exercer funções econômicas.
> [...]
>
> Hebe Maria Mattos e Keila Grinberg. As relações Brasil – África no Contexto do Atlântico Sul. Em: Beluce Belucci (Coord.). *Introdução à história da África e da cultura afro-brasileira*. Rio de Janeiro: UCAM, CEAA: CCBB, 2003. p. 32-33.

De modo geral, nas sociedades africanas, a escravização de pessoas era também uma forma de aumentar o número de súditos de um reino, disponibilizando, assim, mão de obra para a realização de obras públicas, ou para fortalecer os exércitos, por exemplo.

Ao ser escravizada, a pessoa devia se sujeitar ao seu senhor e, por causa dessa relação de sujeição, podia ser obrigada a trabalhar para ele. Muitas vezes, o escravizado era vendido ou trocado pelo seu dono.

As pessoas escravizadas costumavam trabalhar na agricultura, na mineração ou prestar serviços domésticos. Alguns chegavam a se tornar militares, funcionários públicos ou comerciantes, conseguindo, em certos casos, acumular riquezas.

Representação de escravos carregando membros da elite do Congo. Gravura de Antonio Sasso extraída da obra *Costumes antigos e modernos de todos os povos do mundo*, publicada no século XIX.

## O conceito de escravidão

A prática da escravidão é histórica, portanto, sofreu mudanças ao longo do tempo e de acordo com o lugar onde era praticada.

No entanto, de forma geral, podemos definir a escravidão como uma condição em que um indivíduo (ao ser escravizado) se torna propriedade de outra pessoa. O dono do escravizado passa a ter controle sobre como e onde o escravo mora e o que faz, por exemplo. Uma vez que esse indivíduo escravizado se torna propriedade, ele perde o direito de controlar a própria vida, perdendo, assim, sua liberdade e sua dignidade.

A seguir, vamos conhecer um pouco mais sobre como era a escravidão na Antiguidade e na Idade Média.

### A escravidão antiga

Na África Antiga, em reinos como do Egito e de Cuxe, era comum que prisioneiros de guerra fossem escravizados e obrigados a trabalhar na agricultura, na construção, no exército ou em atividades em que eram necessários conhecimentos mais técnicos, como na administração de cidades ou na produção artesanal.

Grécia e Roma, civilizações consideradas as fundadoras da cultura ocidental, também tinham escravos. Nessas duas sociedades, por exemplo, um indivíduo se tornava escravo se fosse prisioneiro de guerra ou se tivesse contraído uma dívida e não tivesse como pagá-la.

Mosaico romano do século II representando escravizado servindo outras pessoas. Acervo do Museu Nacional do Bardo, Túnis, Tunísia.

### A escravidão e a servidão medieval

Durante a Idade Média na Europa Ocidental (século V ao século XV), já havia bem menos escravos. Eles moravam em áreas mais afastadas dos castelos dos nobres a quem pertenciam e exerciam diversas atividades. Essa prática, no entanto, era pouco difundida. Os principais criados e trabalhadores rurais eram servos, ou seja, prestavam serviços e pagavam tributos aos nobres em troca de proteção e do uso das terras deles para trabalhar. Aos senhores feudais, o sistema servil era bem mais vantajoso que o escravista, pois gerava uma dívida de gratidão, o que resultava em menos revoltas.

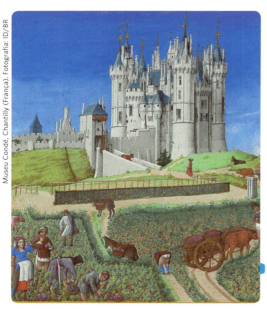

Detalhe de iluminura da obra *Riquíssimas horas do duque de Berry*, de irmãos Limbourg, século XV. Essa imagem representa servos trabalhando em um feudo no final da Idade Média.

## A escravidão moderna

No final da Idade Média, no entanto, os escravos voltaram a ser bastante procurados. Isso aconteceu porque as nações europeias estavam expandindo seus territórios, buscando novos locais onde conseguissem tanto matéria-prima como mão de obra para a produção de mercadorias. Nesse período, os escravos passaram a se tornar importantes mercadorias e instaurou-se uma grande rede de tráfico de pessoas que vigorou entre os séculos XV e XIX, tendo marcado profundamente a história da humanidade.

A escravidão moderna – como costuma ser chamada a escravidão praticada nesse período – foi muito cruel. Milhões de pessoas foram capturadas na África, separadas de suas famílias e transportadas para lugares distantes, em porões de embarcações (conhecidas como navios negreiros) que cruzavam primeiro o oceano Índico, depois o oceano Atlântico.

Foi dessa forma que, por mais de trezentos anos, o Brasil recebeu pessoas escravizadas. Ao chegarem aqui, os africanos escravizados viviam em condições miseráveis, sofriam maus-tratos e eram obrigados a trabalhar incansavelmente. Caso se negassem ou resistissem (o que ocorria permanentemente), sofriam pesados castigos físicos e psicológicos.

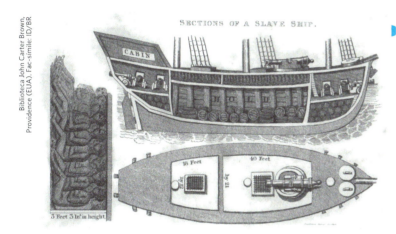

Gravura do navio negreiro *Veloz* produzida pelo inglês Robert Walsh, no século XIX. Acervo da Biblioteca John Carter Brown, Providence, Estados Unidos. Durante os séculos em que aconteceu o tráfico marítimo de africanos escravizados, várias embarcações foram usadas para essa função. Elas podiam ser de diferentes tipos e tamanhos, algumas construídas objetivando esse comércio e outras adaptadas para esse tipo de transporte.

Infelizmente, a escravidão existe ainda hoje. Ela não tem mais as mesmas características de séculos ou milênios atrás, pois há leis internacionais que impedem uma pessoa de ser proprietária de outra. Mas as leis também reconhecem que há outras formas de escravizar uma pessoa: impedindo que ela exerça seu direito de ir e vir, ameaçando fazer uso da força, exercendo pressão psicológica, entre outras. A luta para impedir que as pessoas sejam exploradas é constante.

1. Analise a imagem acima. Você consegue localizar as diferentes partes da embarcação? Onde as pessoas escravizadas estão alojadas? Descreva suas impressões sobre esse tipo de transporte e acomodação.

2. Você se lembra de algum caso ou denúncia que tenha sido divulgado recentemente na mídia sobre trabalhadores em situação semelhante à escravidão no Brasil atualmente? Se sim, onde ocorreu? O que podemos fazer para combater esse tipo de crime? Converse com os colegas.

## As expressões religiosas africanas

Assim como as línguas e as etnias, as expressões religiosas do continente africano são bastante diversas. Em algumas regiões, o islamismo é predominante e, em outras, o cristianismo. Mas há várias outras crenças e religiões antigas, que são chamadas de "tradicionais".

Essa variedade de crenças demonstra a importância da religião, da divindade e do sagrado no modo de vida das sociedades africanas. Uma característica que aproxima as chamadas religiões tradicionais é a relação que diferentes grupos africanos estabelecem entre o mundo natural (concreto, no qual vivemos) e o sobrenatural (das divindades, do sagrado).

O mundo sobrenatural era habitado pelos espíritos dos antepassados e por uma grande diversidade de deuses. Esses seres sobrenaturais controlavam as forças da natureza e outros aspectos que interferiam no mundo dos seres humanos.

Assim, do ponto de vista religioso, diversos acontecimentos do cotidiano, como doenças, colheitas ruins e desastres naturais, eram considerados consequência de algum desequilíbrio causado por ações humanas inadequadas, como desrespeitar as leis divinas e não realizar oferendas aos deuses.

Para retomar o equilíbrio, a atuação do sacerdote era muito importante. Era ele o responsável pela mediação entre o mundo dos seres humanos e o mundo das divindades, pois conseguia se comunicar com o sobrenatural por meio de rituais específicos.

As máscaras eram, e ainda são, parte importante da religiosidade africana. Nos rituais, elas são utilizadas para estabelecer uma ligação entre os seres humanos e o mundo das divindades e dos ancestrais. Acima, máscara produzida em Camarões, no início do século XX. Acervo do Museu Metropolitano de Arte, Nova York, Estados Unidos.

**Etnia:** grupo de pessoas que compartilham elementos culturais e acreditam possuir uma origem cultural comum.

Máscara de origem iorubá, proveniente da região da Nigéria. Peça produzida no século XX. Acervo particular.

Máscara *ngil*, da etnia fang, proveniente da região do Gabão. Peça produzida no final do século XIX. Acervo do Museu de Israel, Jerusalém.

Máscara da região dos Camarões que representa um elefante. Peça feita de tecidos e contas, no século XX. Acervo particular.

# O islamismo na África

O islamismo (também conhecido como islã ou islão) é uma religião monoteísta, criada e difundida pelo profeta Maomé, e se baseia na crença de um único deus, Alá. O islamismo teve origem no século VII, na península Arábica, Oriente Médio, e atualmente é a segunda maior religião do mundo em número de seguidores, que são chamados muçulmanos.

Ainda no século VII, houve intensa expansão do islamismo para regiões da Ásia e da África, chegando até a Europa por volta do século VIII. Veja o mapa abaixo.

**Sahel:** região situada ao sul do deserto do Saara que tem vegetação conhecida como estepe ou de transição, por estar entre as regiões áridas do deserto e a região de floresta tropical, com terras mais férteis.

Fonte: Hermann Kinder e Werner Hilgemann. *The Penguin Atlas of World History*. Londres: Penguin Books, 2003. p. 134.

## Intercâmbio comercial e cultural

Na África, essa religião foi introduzida pelos árabes, em decorrência da expansão islâmica no norte do continente, nos séculos VII e VIII. O islamismo se difundiu e influenciou diversos povos, principalmente por causa da circulação e trocas de mercadorias que ocorriam nas rotas transaarianas.

Essas trocas comerciais promoveram também um intenso intercâmbio cultural entre as sociedades africanas. Assim, muitos reinos e impérios africanos passaram a seguir o islamismo.

Impérios como o do Mali (que será estudado no próximo capítulo) formaram grandes centros de difusão muçulmana, com mesquitas, bibliotecas e universidades.

Sociedades nômades do deserto, como a dos *imuhagh* (tuaregues), também foram islamizadas. Eles desempenharam papel significativo no comércio da região e foram um dos principais difusores do islamismo na região do Sahel. Com o tempo, a cultura islâmica das sociedades africanas foi transformando-se e adquirindo características próprias.

Mesquita de Jené, localizada no atual Mali. Foto de 2016.

## A música *imuhagh*

Assim como para outros povos, entre os tuaregues, a música está bastante presente no cotidiano e em diversas comemorações, como festas de aniversário, casamentos e celebrações religiosas. A música tuaregue tradicional é, em grande parte, apenas vocal, cantada na língua tamaxeque e passada de geração para geração. No entanto, há também músicas executadas por meio de instrumentos típicos da cultura tuaregue, como o *anzad*, o *tende* e o *téhardent*.

**Tamaxeque:** língua falada pelos *imuhagh*

**Cabaça:** fruto que, pela presença de uma casca firme e resistente, é utilizado para produzir diversos utensílios.

### Anzad

Instrumento formado por uma única corda presa a uma caixa de ressonância, geralmente feita com uma cabaça e com madeira. A maneira de tocar *anzad* é semelhante à de um violino, utilizando um arco de madeira com fios de crina de cavalo presos nas extremidades. O instrumento é tradicionalmente tocado apenas por mulheres.

Mulher tuaregue tocando *anzad*, na Argélia, em 2016.

### Tende

Espécie de tambor tocado para acompanhar outros instrumentos. Em algumas celebrações e cerimônias, mulheres e homens dançam ao som do *tende* e acompanham seu ritmo batendo palmas e cantando.

Mulheres tuaregues tocam um *tende* e cantam. Cidade de Gadamés, na Líbia. Foto de 2012.

### Téhardent

O *téhardent* é um instrumento de três cordas semelhante a um violão. Não é utilizado em cerimônias religiosas, mas sim para tocar canções populares, cantadas por mulheres ou homens como forma de entretenimento.

Na foto, músico *imuhagh* toca um *téhardent* em Túnis, na Tunísia, em 2008.

- Qual dos três instrumentos musicais *imuhagh* mais chamou sua atenção? Por quê?

## Música e política

A partir do final da década de 1970, surgiram grupos musicais *imuhagh* que passaram a utilizar a música para reivindicar melhores condições de vida para seu povo. Um dos mais famosos desses grupos é o Tinariwen (traduzido do tamaxeque, "desertos").

O grupo está em atividade até hoje e, por meio de suas composições, reivindica maior autonomia e liberdade para os *imuhagh*, por causa das perseguições e da repressão ainda sofridas na África.

Um dos diferenciais do Tinariwen é a utilização de instrumentos tradicionais da cultura *imuhagh* misturados a instrumentos modernos, como a guitarra e o contrabaixo elétricos. O grupo mescla ainda diversos gêneros musicais, como o *blues* e o *jazz*, à música tradicional *imuhagh*.

Apresentação do Tinariwen em Edimburgo, Escócia. Foto de 2017.

81

## Atividades

### ▌Organizando o conhecimento

**1.** Leia novamente as páginas **70** e **71** e produza um texto explicando a importância do estudo da história da África.

**2.** Descreva alguns aspectos geográficos do continente africano.

**3.** Quais foram os tipos de organização das sociedades africanas desenvolvidos ao longo do período estudado neste capítulo?

**4.** Explique quais eram as condições em que uma pessoa poderia ser escravizada nas sociedades africanas.

**5.** Escreva um texto no caderno explicando as principais diferenças entre os conceitos de escravidão antiga, servidão medieval e escravidão moderna.

**6.** Quais são as reivindicações presentes na música composta por alguns grupos tuaregues a partir do final da década de 1970?

### ▌Conectando ideias

**7.** As máscaras africanas são manifestações artísticas que apresentam diversos significados relacionados ao contexto cultural da sociedade que a produziu. Sobre o tema, leia o texto a seguir e observe as imagens apresentadas na página **78**. Depois, responda às questões.

> [...] Para nós, máscara é coisa de bandido ou é parte da fantasia de carnaval, numa festa, num espetáculo teatral. Para muitos povos africanos, no entanto, as máscaras têm uma função quase sagrada, pois eles as veem como intermediários entre o mundo dos vivos e o mundo dos deuses e dos mortos.
>
> Com frequência as máscaras representam uma divindade, um ancestral (legendário ou histórico), um animal (mítico ou real), um herói, um espírito. [...]
>
> Hildegard Feist. *Arte africana*. São Paulo: Moderna, 2010. p. 24-25.

**a)** Escolha duas das máscaras apresentadas na página **78** e descreva-as.

**b)** Como as máscaras estão relacionadas às expressões religiosas dos povos africanos? Explique com base no texto acima e no que você estudou neste capítulo.

**c)** Você conhece ou já participou de algum evento que utilize algum tipo de máscara? Se sim, descreva o tipo de máscara e comente com os colegas como foi sua experiência.

82

8. Analise a imagem e, com base nas informações do capítulo, responda às questões.

Óleo sobre tela do artista francês Jean-Joseph Bellel, produzido em 1859. Acervo do Museu Fabre, Montpellier, França.

a) Você consegue identificar essa paisagem? Comente sobre ela.
b) Qual era a importância do comércio realizado nas rotas transaarianas?
c) Qual religião teve sua difusão diretamente influenciada pelo comércio estabelecido na região representada na imagem acima? Explique.

9. Uma das riquezas naturais do continente africano é sua biodiversidade. Muitos animais são característicos das regiões de savana e de floresta, como os elefantes. Na atualidade, a caça desses animais para a obtenção do marfim tem sido uma das grandes ameaças a essa diversidade. O marfim, retirado das presas dos elefantes, é um produto bastante valorizado em regiões da Ásia e dos Estados Unidos e é utilizado para a produção de mercadorias como joias, estatuetas e peças de artesanato. Leia o trecho de uma reportagem que aborda esse tema e, depois, responda às questões.

> **Biodiversidade:** conjunto de espécies de seres vivos existentes em determinada região.

### Comércio de marfim provocará extinção de elefantes na África

Jane Goodall, uma das maiores conservacionistas do mundo, fez um apelo apaixonado por uma proibição mundial à venda de marfim para evitar a extinção do elefante africano. [...] "Uma tragédia maciça está se desenrolando em algumas partes da África. Isto é desesperadamente sério, sem precedentes", disse Goodall. "Acreditamos que a Tanzânia perdeu a metade de seus elefantes nos últimos três anos [...]".

The Observer. Comércio de marfim provocará extinção de elefantes na África. *Carta Capital*, São Paulo, Confiança, 6 jun. 2015. Disponível em: <www.cartacapital.com.br/sustentabilidade/comercio-de-marfim-provocara-extincao-de-elefantes-na-africa>. Acesso em: 31 jul. 2018.

a) De acordo com o texto, qual foi o apelo feito pela conservacionista Jane Goodall?
b) Qual é o impacto do comércio de marfim ao continente africano?
c) Você concorda com o apelo de Jane Goodall? Por quê?

83

## CAPÍTULO 7

# Reinos e impérios da África

Como vimos no capítulo anterior, as sociedades africanas organizaram-se de diversas maneiras. Houve sociedades que formavam aldeias e outras que constituíram poderosos reinos e impérios. Neste capítulo, vamos conhecer um pouco mais sobre alguns desses reinos e impérios africanos que se destacaram, entre outros motivos, por sua complexidade, entre os séculos V e XV.

## As sociedades do Sahel

O Reino de Gana e o Império do Mali desenvolveram-se na região do Sahel, entre o deserto do Saara e a África Subsaariana.

Nessas sociedades, houve intenso comércio transaariano, que foi fundamental para a formação e para o desenvolvimento de importantes cidades, como Tombuctu, Jené e Gaô. Além do aspecto comercial, rios como o Senegal e o Níger foram determinantes para o desenvolvimento da agricultura local, pois as cheias propiciavam fertilidade para o solo. Veja no mapa a seguir as principais rotas transaarianas.

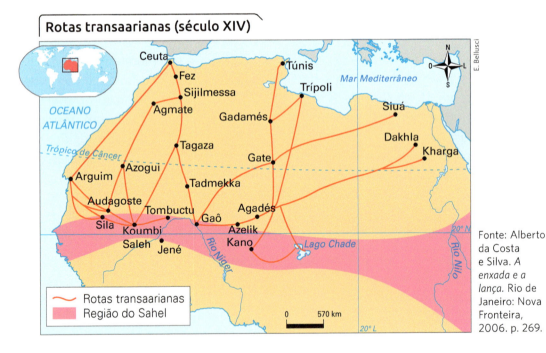

Fonte: Alberto da Costa e Silva. *A enxada e a lança*. Rio de Janeiro: Nova Fronteira, 2006. p. 269.

### Sociedades sudanesas

Os povos que viviam na região do Sahel foram genericamente chamados sudaneses, pois o território era conhecido como Sudan, que na língua árabe significa "negro", e Bilad al-Sudan, que significa "terra dos negros". Gana, Mali e Songai também são considerados reinos do Sudão.

Muitos especialistas usam o termo "antigo Sudão", mas é importante destacar que essa região não corresponde à área dos atuais países Sudão e Sudão do Sul.

## Gana

Um dos reinos do Sahel foi Gana, localizado ao sul do deserto do Saara. Formado pela junção de várias comunidades da etnia soninquê, o Reino de Gana consolidou-se a partir do século V e atingiu o apogeu a partir do século VIII, quando dominou os povos vizinhos e expandiu seu território.

O Reino de Gana era reconhecido na região por causa do controle econômico exercido por meio da tributação sobre os povos dominados. Grande parte da riqueza do império vinha da cobrança de tributos desses povos.

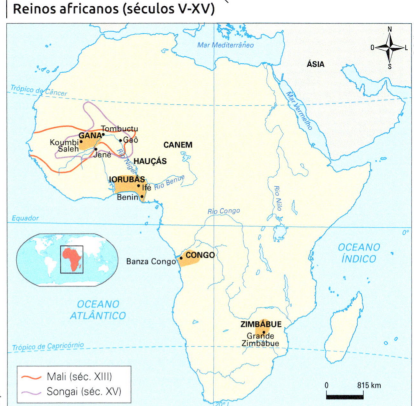

Reinos africanos (séculos V-XV)

Fonte: Jeremy Black. *World history atlas.* London: Dorling Kindersley, 2005. p. 62.

Além disso, de acordo com alguns relatos de cronistas e de viajantes da época, esse reino também era chamado "terra do ouro" por causa da grande quantidade desse metal extraída das minas da região.

O comércio de ouro e de outras mercadorias proporcionou grandes riquezas ao Reino de Gana. Leia o texto a seguir, que aborda os aspectos econômicos de Gana.

> A base econômica do poder [de Gana] era a tributação imposta a povos vencidos ou que reconheciam sua hegemonia, e a tributação imposta aos produtos que circulavam nos domínios sob sua influência. Além das atividades de subsistência associadas à agricultura, pesca e pecuária, um contínuo fluxo comercial articulava os negociantes saarianos e subsaarianos.
>
> Do Norte provinham o cobre, os búzios (muito apreciados e que recebiam o nome de cauris), tecidos de algodão e de seda, figos e o sal das minas de Tagaza e de Bilma. Eram trocados por marfim, escravos e ouro.
>
> José Rivair Macedo. *História da África.* São Paulo: Contexto, 2013. p. 54.

Por volta do século XI, o Reino de Gana sofreu invasões dos almorávidas, um povo islamizado do norte da África. A capital de Gana, Kumbi-Saleh, foi dominada por eles, e aos poucos o reino fragmentou-se, perdendo a posição de destaque que detinha na região. A partir de então, a sociedade do Mali começou a se fortalecer e a dominar as rotas de comércio, de maneira que em pouco tempo sua influência se estendeu por grande território.

85

## Mali

O Império do Mali foi formado no século XIII, com a incorporação de grande parte do Reino de Gana pelo líder **mandinga** Sundiata. Outras regiões próximas também passaram a fazer parte desse império, que se constituiu em uma faixa territorial entre o oceano Atlântico e o rio Níger (logo abaixo do Saara).

> **Os mandingas**
> 
> O Império do Mali era formado por grande diversidade de povos, sendo os mandingas (falantes do mandê) o principal deles.

As principais cidades do Império do Mali – como Tombuctu, Jené e Gaô – situavam-se em regiões estratégicas, por onde passavam as caravanas comerciais. Esse fator também fez com que a maioria das regiões que integravam o império se convertesse ao islamismo.

A agricultura de cereais e o comércio de ouro, de sal e de noz-de-cola eram as principais atividades desenvolvidas no Mali. Já a organização política tinha como base a divisão em províncias, administradas pelos *farin* (chefes locais).

O líder supremo do Mali era chamado *mansa*, e era ele quem chefiava as operações econômicas (como a cobrança de impostos e as trocas comerciais), os rituais religiosos e as campanhas militares. O principal desses líderes foi o *mansa* Musa I, que governou durante o auge do império, no período de 1307 até cerca de 1332. Ele foi responsável por uma grande expedição a Meca, a cidade sagrada do islamismo, no ano de 1324.

De acordo com relatos da época, nessa expedição, o *mansa* Musa teria viajado sob a proteção de inúmeros seguidores que vestiam roupas ornamentadas com ouro. Ao longo dessa expedição, o ouro também foi transportado como mercadoria, em lombos de camelos.

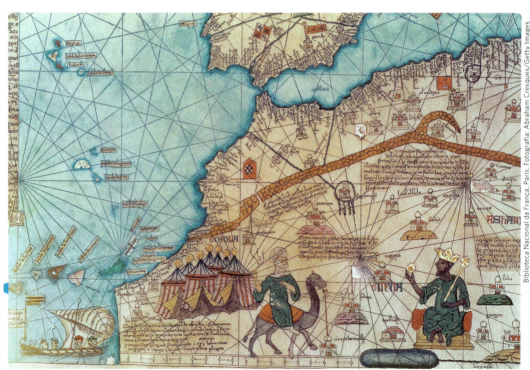

Representação do *mansa* Musa I (no canto direito da imagem). Detalhe do *Atlas catalão*, de 1375.

## A cultura do Mali

Desde sua fundação, o Império do Mali já estava integrado às tradições islâmicas, por isso, foram construídas diversas mesquitas na região.

Muitas mesquitas estavam associadas às instituições de ensino, bastante valorizadas naquela época. Locais como a mesquita de Sankore, em Tombuctu, eram ponto de encontro de intelectuais de diversas regiões árabes, que se reuniam para compartilhar conhecimentos.

O ensino era acessível apenas às camadas mais ricas da população e dividido em dois níveis: o elementar, em que se aprendiam a leitura e a recitação do Alcorão; e o superior, em que se aprendiam ciências como Matemática, Astronomia, Lógica, além de aspectos da cultura islâmica.

Assim como outros povos africanos, os mandingas tinham uma tradição marcada pelas narrativas orais. Dessa forma, no território Mali, algumas pessoas tinham a função de narrar histórias por meio de poesias e com acompanhamentos musicais. Eram os chamados **griôs**.

Os griôs existem até hoje e são bastante respeitados, pois têm a importante função de preservar e de difundir conhecimentos sobre o passado às novas gerações.

Foto de jovem griô, no município de Bamaco, no Mali, em 2016.

## Dominação Songai

Ao longo do século XV, conflitos locais e problemas de sucessão enfraqueceram o Império do Mali e permitiram que o povo Songai estabelecesse domínio na região do rio Níger.

No Império Songai existiam aldeias agrícolas compostas por cerca de duzentas pessoas, que entregavam mercadorias anualmente como forma de tributo ao governo. Mas, com a expansão das atividades comerciais, alguns núcleos urbanos se desenvolveram cada vez mais na região. Tombuctu, por exemplo, teria alcançado cerca de 80 mil habitantes no século XVI.

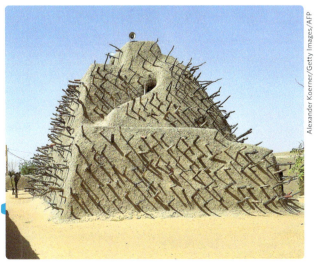

Os Songais eram governados sob um regime monárquico e centralizado. Na foto, de 2017, tumba do ásquia (líder Songai) Muhamed, que governou entre 1493 e 1528.

87

## Os reinos iorubás

Há milhares de anos, os povos da etnia iorubá ocuparam a região onde hoje ficam países como Nigéria, Togo e Benin. A partir do século VI, diversas cidades desenvolveram-se na região, constituindo os principais reinos iorubás, como Benin e Oyo.

A cidade de Ifé era uma das mais importantes e representava o centro espiritual e religioso dos iorubás. Em Ifé vivia o *oni*, rei supremo e chefe de todos os líderes locais, os *obás*.

Os iorubás, além de realizar atividades comerciais, também desenvolveram uma tradição artesanal de manipulação do ferro e de produção de inúmeras esculturas e relevos com metais.

A tradição oral desempenhava um papel de bastante destaque na expressão religiosa desse povo. De acordo com essa tradição, o mundo e tudo que existe teria sido criado por Olorum, também conhecido como Olodumaré.

Além de Olorum, os iorubás reconheciam e cultuavam uma grande quantidade de divindades, a quem denominavam orixás. Acredita-se que o culto aos orixás tenha se originado a partir do culto aos ancestrais, de forma que cada cidade iorubá considerava-se descendente de um orixá. Além disso, cada orixá poderia representar uma força ou um elemento da natureza, como a água, o fogo, os ventos e os relâmpagos.

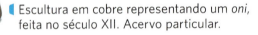

Escultura em cobre representando um *oni*, feita no século XII. Acervo particular.

### Iorubás no Brasil

Muitas pessoas da etnia iorubá foram trazidas ao Brasil a partir do século XVI em decorrência da escravidão. No Brasil, os iorubás passaram a ser chamados nagôs. A maioria dos nagôs desembarcou na Região Nordeste, principalmente no estado da Bahia, onde preservaram muitas de suas tradições, de suas crenças e de sua religião.

No século XIX, a religiosidade iorubá e a crença nos orixás deram origem ao candomblé, religião afro-brasileira que possui inúmeros seguidores.

> Em sua opinião, por que é importante conhecer e valorizar elementos da cultura afro-brasileira, como as tradições e crenças religiosas? Explique.

Escultura iorubá de madeira produzida no século XIX que representa Xangô, orixá relacionado à justiça, aos raios e aos trovões. Acervo do Museu de Arte Dallas, Estados Unidos.

## Os povos bantos

O termo "banto" refere-se a cerca de quatrocentos grupos étnicos africanos que se comunicam por meio de línguas de origem comum. Apesar de partilharem dessa mesma origem linguística, a religiosidade e as formas de organização política ou social desses grupos são bastante distintas.

Acredita-se que a origem do grupo linguístico banto ocorreu na região onde estão localizados os atuais países Camarões e Nigéria. Por motivos ainda desconhecidos, por volta do século I, parte da população dessa região começou a migrar para o leste e para o sul do continente africano, ocupando territórios desabitados ou dominando outros povos por meio de guerras. Surgiram então, nesses territórios, outras línguas que possuíam o banto como estrutura e, assim, são classificadas como línguas de origem banta.

ACESSE O RECURSO DIGITAL

## O Reino do Congo

Um dos mais importantes reinos bantos foi o Reino do Congo, fundado entre os séculos XIII e XIV. Esse reino ocupava o território onde atualmente se localizam partes de Angola, do Congo e da República Democrática do Congo.

O poder desse reino era fortemente centralizado nas mãos do rei, chamado *manicongo*, e era dividido em províncias administradas por governadores escolhidos pelo rei entre os membros das famílias aristocráticas ligadas a ele.

A capital do reino era M'Banza Congo, que entre os séculos XV e XVI tinha aproximadamente 100 mil habitantes. A cidade situava-se na confluência de várias rotas comerciais, de maneira que o comércio era sua principal atividade econômica. Nela, diversos produtos, como tecidos, metais, sal e marfim, eram comercializados nos mercados.

### Os portugueses e o Reino do Congo

Durante o século XV, os portugueses estabeleceram uma forte relação comercial com o Reino do Congo. Essa relação com os portugueses influenciou diversos aspectos da sociedade congolesa. Em 1489, o rei do Congo converteu-se ao catolicismo, difundindo o cristianismo em todo o reino.

Como vimos, a partir do século XVI, os portugueses trouxeram para o Brasil milhões de africanos escravizados, muitos deles de origem banta. Assim, várias manifestações culturais brasileiras têm origem africana, como o desfile do Congado, retratado na foto abaixo.

Foto de desfile do Congado de Santa Efigênia, em Ouro Preto (MG), no ano de 2015.

## Para investigar

# A arte iorubá: os relevos de Benin

A tradição de fabricar artefatos com metais, como bronze e latão, existe há milhares de anos no território africano. As placas em relevo são um exemplo desse tipo de arte e eram muito utilizadas pelos reinos iorubás.

No Reino de Benin, ao longo dos séculos XVI e XVII, diversas placas em relevo foram produzidas para adornar o palácio do *obá* e para demonstrar seu poder. O relevo a seguir, intitulado *Rei a cavalo com séquito*, foi produzido no século XVII, na região do Reino de Benin (na atual Nigéria), e apresenta o *obá* acompanhado de dois escudeiros e um criado.

O *obá* é a figura maior e em destaque no relevo. Ele se encontra sentado de lado sobre um cavalo. Sua vestimenta tradicional apresenta adornos e ele usa um colar de contas característico dos membros da elite iorubá.

O fundo dos relevos produzidos em Benin apresentava diversos elementos decorativos. Nesse caso, notam-se os adornos em formatos florais.

Os dois escudeiros do *obá* foram representados em tamanho intermediário, pois não têm a importância do *obá*, mas apresentam um *status* mais elevado que o dos criados.

Um criado, representado em tamanho menor que o das outras figuras, está conduzindo o cavalo do *obá*. Sua posição subalterna fica evidente, pois ele aparece abaixo dos pés do *obá*.

A

Museu Etnológico, Berlim (Alemanha). Fotografia: Werner Forman/UIG/Easypix

Esse relevo foi produzido com latão, embora muitos também fossem produzidos com bronze. As técnicas de fundição eram bem elaboradas e o molde de argila permitia criar detalhes no artefato. Acervo do Museu Etnológico, Berlim, Alemanha.

- Agora, veja a análise de outro relevo do Reino de Benin.

Observe que essa placa se encontra em bom estado de conservação e está completa. É comum encontrar peças como essa desgastadas com o passar do tempo, com rachaduras e lascadas.

A figura representa um guerreiro, com vestimenta típica e portando uma arma.

Placa de relevo do Reino de Benin, produzida entre os séculos XVI e XVII e que fazia parte dos adornos do palácio do *obá*. Acervo da Galeria Entwistle, Londres, Inglaterra.

1. Descreva a imagem ao lado.

2. Agora, compare o guerreiro representado na imagem **C** com o representado na **B** e cite semelhanças e diferenças entre eles.

3. Observe a vestimenta e os adornos corporais do *obá* representado na imagem **A**. Qual elemento em comum há entre essa figura e o guerreiro da imagem **C**? O que isso significa?

4. Em sua opinião, qual a relevância dos relevos de Benin como fontes históricas? Que informações podemos obter sobre o passado da sociedade que os produziu? Explique.

Placa de relevo do Reino de Benin, produzida entre os séculos XVI e XVII, que representa um guerreiro. Acervo do Museu Nacional de Etnologia, Leiden, Holanda.

# Atividades

## Organizando o conhecimento

1. O que eram as sociedades sudanesas?

2. Onde era a "terra do ouro"? Por que ela recebia esse nome?

3. Qual a relação entre o Império do Mali e o islamismo?

4. Escreva um pequeno texto comentando a presença e a influência da cultura iorubá no Brasil.

## Conectando ideias

5. O culto aos ancestrais é um elemento muito importante em diversas expressões religiosas africanas. Muitos contos e diversas narrativas orais abordam esses aspectos. Leia e interprete o trecho de um conto da região de Gana que narra a história da princesa Nyame e a relação de seu povo com o mundo sobrenatural. Depois, realize as atividades a seguir.

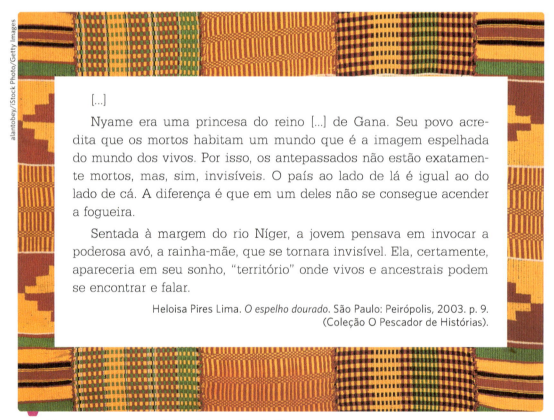

[...]

Nyame era uma princesa do reino [...] de Gana. Seu povo acredita que os mortos habitam um mundo que é a imagem espelhada do mundo dos vivos. Por isso, os antepassados não estão exatamente mortos, mas, sim, invisíveis. O país ao lado de lá é igual ao do lado de cá. A diferença é que em um deles não se consegue acender a fogueira.

Sentada à margem do rio Níger, a jovem pensava em invocar a poderosa avó, a rainha-mãe, que se tornara invisível. Ela, certamente, apareceria em seu sonho, "território" onde vivos e ancestrais podem se encontrar e falar.

Heloisa Pires Lima. *O espelho dourado*. São Paulo: Peirópolis, 2003. p. 9. (Coleção O Pescador de Histórias).

Tecido com estampa tradicional da região de Gana.

a) De que maneira a avó de Nyame atenderia ao seu chamado?

b) Em que sentido a palavra "território" foi utilizada no conto?

c) Qual é a crença do povo de Nyame em relação aos mortos?

6. Os orixás exercem importante papel na religiosidade iorubá e no candomblé, no Brasil. Cada orixá representa um elemento da natureza, um sentimento ou uma característica humana. Conheça a seguir alguns orixás e, no caderno, relacione cada descrição com a imagem correspondente.

[I] **Xangô**: deus dos trovões, dos raios e da justiça. Possui um instrumento chamado oxê, um machado com duas lâminas.

[II] **Iemanjá**: deusa dos mares, da limpeza e da fertilidade. Geralmente é representada com vestimentas nas cores azul e branca e com ornamentos com pedras do mar e conchas.

[III] **Oxóssi**: deus da caça e da fartura. Seu símbolo é o ofá (arco e flecha).

[IV] **Oyá** ou **Iansã**: deusa dos ventos, das tempestades e das paixões. Seu símbolo é o irukerê, instrumento feito da cauda de boi usado em rituais para afastar maus espíritos.

### Verificando rota

Como você resumiria cada capítulo estudado nesta unidade? Anote no caderno os temas que você considera mais importantes. Depois, compare suas anotações com as de um colega. Elas são parecidas ou muito diferentes? Para finalizar, procure responder aos seguintes questionamentos.

- O que você achou mais interessante na unidade que acabou de estudar?
- Você teve alguma dúvida ao estudar os conteúdos da unidade? Quais? Buscou solucioná-las com a ajuda do professor?
- Você buscou ampliar seus conhecimentos sobre algum tema estudado nesta unidade? Sobre qual(is)? Como?
- Você acredita que os temas estudados podem ajudar a compreender melhor a história das sociedades africanas e afro-brasileiras? Por quê?

## Ampliando fronteiras

## Os griôs e a tradição oral

Há muito tempo, a história e as tradições de diferentes povos africanos são transmitidas oralmente de geração em geração por meio de contos, cantigas, poemas e lendas. Em muitas sociedades africanas, a memória era o principal recurso das pessoas para preservar e transmitir o conhecimento para as gerações futuras.

Assim, a tradição oral tornou-se uma das maneiras de estabelecer a conexão entre passado e presente em diversos países africanos, como Mali, Nigéria, Gana, Guiné e Senegal. Ao ajudar a preservar a história e a cultura de seu povo, os griôs auxiliam no processo de formação da identidade e dos valores de uma sociedade. Mesmo atualmente, eles continuam exercendo seu papel em diversas sociedades africanas.

Dotados de grande capacidade de memorização, muitas vezes os griôs assumem papel fundamental em sua comunidade, ao transmitir conhecimentos úteis para a vida cotidiana. Leia o texto a seguir e conheça um pouco mais sobre os griôs.

> [...] Em muitas culturas, especialmente as tradicionais africanas, os guardiões da história em diversas regiões da África desenvolvem grande capacidade de memorizar o maior número de informações a respeito da linhagem de uma família, da organização política de um grupo, das funções de determinadas ervas utilizadas para a cura de doenças, da preservação das tradições: são os [griôs], contadores de história, guardiões da memória. [...]
>
> Ministério da Educação. Secretaria da Educação Continuada, Alfabetização e Diversidade. *Orientações e Ações para a Educação das Relações Étnico-Raciais*. Brasília: Secad, 2006. p. 44. Disponível em: <http://portal.mec.gov.br/dmdocuments/orientacoes_etnicoraciais.pdf>. Acesso em: 31 jul. 2018.

## Os griôs no Brasil

A tradição oral foi muito importante para a preservação da cultura de diferentes grupos afrodescendentes. No Brasil, os griôs tiveram papel fundamental nesse processo.

Para preservar, incentivar e divulgar o conhecimento dos griôs, alguns projetos vêm sendo desenvolvidos em nosso país. No município de Lençóis, na Bahia, por exemplo, teve início na década de 1990 o projeto **Ação Griô**, que atua na formação de jovens griôs, assim como no desenvolvimento de projetos pedagógicos que promovem o contato entre mestres da tradição oral e alunos e professores de diversas escolas. Atualmente, o projeto é desenvolvido em diversas regiões do Brasil.

Outra importante questão relacionada aos griôs no país é a **Lei Griô**, projeto de lei em tramitação no Congresso Nacional que tem como objetivo promover a valorização dos mestres griôs e estimular a transmissão de seus conhecimentos. Assim, o projeto prevê a oferta de bolsas de incentivo destinadas aos griôs para que eles possam divulgar seus saberes entre os alunos de escolas de todo o Brasil.

1. Qual a importância do trabalho de um griô? Que tipo de conhecimento ele pode transmitir aos membros de sua comunidade?

2. De que maneira um griô poderia auxiliar no ensino da escola em que você estuda? Reflita sobre essa questão e converse com os colegas.

3. Junte-se a um colega e imaginem que vocês sejam griôs responsáveis por transmitir conhecimentos de seus antepassados aos membros da comunidade onde vivem. Pensem nos ensinamentos mais importantes que vocês adquiriram com seus pais, tios, avós e façam uma lista. Depois, pensem em maneiras criativas de transmitir esses conhecimentos aos colegas, seja elaborando contos e poemas, seja compondo músicas. Lembrem-se de que, mesmo se forem escritas, as informações devem ser declamadas por vocês. Caso saibam tocar algum instrumento, verifiquem a possibilidade de utilizá-lo na apresentação.

UNIDADE

# 4
## A América antes da chegada dos europeus

**Capítulos desta unidade**
- **Capítulo 8** - Maias, astecas e incas
- **Capítulo 9** - Os indígenas do Brasil

**Iniciando rota**

1. Que tipo de construção está retratado na imagem? Com que material ela provavelmente foi construída? A utilização desse material foi importante para que essa construção resistisse até os dias atuais? Explique.

2. Você conhece alguma construção semelhante a essa? Que povo a construiu? Qual era a finalidade dela?

3. Em sua opinião, observar como são feitas construções como essa contribui para o estudo da História? Por quê?

Construções feitas pelos maias no século XII, localizadas na península de Iucatã, no México. Foto de 2016.

## CAPÍTULO 8

# Maias, astecas e incas

Como estudado no **6º** ano, a América começou a ser povoada há muito tempo, entre cerca de 11 mil e 50 mil anos. Diversos povos habitaram todo o continente ao longo do tempo, formando desde pequenos grupos e comunidades até sociedades bastante organizadas que chegaram a formar impérios. Veja no mapa os locais habitados por alguns desses povos.

Para conhecer esses povos, utilizamos vários tipos de fontes históricas, como os vestígios arqueológicos deixados por seus habitantes e também relatos de europeus, principalmente os que entraram em contato com o continente americano a partir do final do século XV.

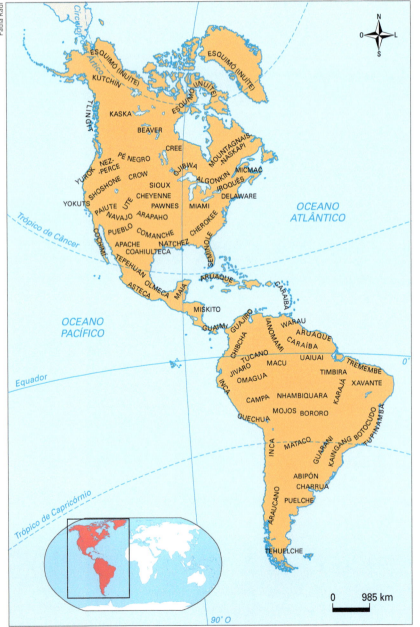

Povos da América (séculos X-XV)

Fonte: Gisele Girardi e Jussara Vaz Rosa. *Novo atlas geográfico do estudante*. São Paulo: FTD, 2005. p. 92.

Foram os europeus que, na época, chamaram o continente de "América". Você já deve ter ouvido falar em "descobrimento" da América, não é mesmo? É comum as pessoas se referirem aos primeiros contatos entre os europeus e os povos nativos americanos como "descobrimento". De acordo com esse ponto de vista, Cristóvão Colombo teria descoberto o continente americano em 1492 e Pedro Álvares Cabral teria descoberto o Brasil em 1500.

No entanto, como pode ser percebido por meio do mapa, não se tratava de um território vazio ou despovoado. Antes da chegada dos europeus, o continente já era habitado por diferentes povos, dentre os quais os maias, os astecas e os incas.

98

# Os maias

Entre os séculos III e X, uma importante sociedade desenvolveu-se na Mesoamérica: a sociedade maia. Essa sociedade se estabeleceu na região onde hoje se situam países como Guatemala, Belize, Honduras, El Salvador e parte do México, na península de Iucatã.

Os maias eram politeístas, ou seja, cultuavam diversos deuses, geralmente associados a elementos e fenômenos da natureza, como o dia e a noite, o Sol, a chuva, a fertilidade, entre outros.

Eles organizaram uma complexa estrutura urbana, com mais de cinquenta cidades-Estado, que dispunham de centros cerimoniais onde se localizavam templos, moradias e prédios do governo. Essas cidades eram governadas por líderes com poder religioso, além do poder político e administrativo.

Os maias praticavam o comércio, até mesmo o de longa distância, e também a agricultura, com o cultivo de milho, batata, tomate, mandioca, feijão e frutas diversas. O cacau era um importante produto cultivado por eles e suas sementes eram utilizadas como moeda de troca em transações comerciais.

Eram praticadas, ainda, atividades relacionadas à realização de obras públicas, como a construção de templos e de estradas que compunham as cidades-Estado maias.

Uma das mais complexas estruturas arquitetônicas da qual temos vestígios dos maias é o sítio arqueológico de Chichen Itza, localizado atualmente na península de Iucatã. Ele possuía um observatório astronômico, chamado "O Caracol", por causa do formato das escadas em seu interior, em espiral.

Nesse edifício, os maias podiam observar diversos astros e assim prever fenômenos como solstícios, equinócios, fases da lua e eclipses, desenvolvendo um vasto conhecimento no campo da astronomia. As observações eram utilizadas para definir datas de rituais sagrados, ciclos agrícolas, desenvolver calendários, entre outros estudos.

### Índio ou indígena

Os europeus chamaram os habitantes do território americano de "índios", pois acreditavam ter chegado ao Oriente, em uma região da Ásia que denominavam Índias. No entanto, esse termo não é adequado, pois, além de associar, erroneamente, um território ao outro, também deixa de considerar a variedade étnica e cultural dos povos americanos. Assim, o termo mais apropriado para se referir a esses povos é "indígena", que significa "nativo".

**Mesoamérica:** território que corresponde ao sul do México e a algumas partes da América Central.

**Cidade-Estado:** núcleo urbano ou cidade independente que tinha suas próprias leis, organização social e forma de governo.

Observatório "O caracol", localizado no sítio arqueológico de Chichen Itza, na península de Iucatã, México. Foto de 2018. Em 1988, esse local recebeu da Unesco o título de Patrimônio Mundial.

## Tikal: a metrópole maia

A principal cidade maia era Tikal, na atual Guatemala, que chegou a ter mais de 40 mil habitantes em seu centro urbano. Observe a seguir a ilustração que representa os principais elementos dessa cidade na época do auge da sociedade maia.

### Centro cerimonial

As cidades constituíam-se em torno dos centros cerimoniais, onde ficavam os templos, os prédios do governo e as moradias das pessoas de origem nobre, como os membros das famílias reinantes, os sacerdotes, os guerreiros e os funcionários do Estado.
Em Tikal, as obras do centro cerimonial foram construídas entre os anos 600 e 800.

Esta ilustração é uma representação artística contemporânea produzida com base em estudos históricos. Fonte de pesquisa: Maria Longhena. *O México Antigo*. Tradução de Francisco Manhães. Barcelona: Folio, 2006. p. 244, 249. (Grandes Civilizações do Passado).

100

# O declínio da sociedade maia

Ao longo dos anos, a sociedade maia passou por um processo de declínio, que teve início por volta do ano de 850. Entre as hipóteses formuladas por estudiosos para justificar o declínio dessa sociedade, estão: catástrofes naturais, que poderiam ter sido responsáveis pela diminuição da colheita e pela escassez de alimentos; o aumento demográfico, que teria dificultado a produção de alimentos suficientes para a população, tendo em vista a existência de poucas terras férteis; e algumas invasões de outros povos, os quais passaram a predominar na região.

Dessa forma, aos poucos, os maias dispersaram-se e abandonaram as antigas cidades. Apesar do declínio dessa civilização, até os dias atuais é possível encontrar descendentes dos maias em algumas regiões da Mesoamérica.

### A escrita e o sistema numérico dos maias

Os maias criaram um complexo sistema de escrita, baseado em símbolos que representavam ideias e sons. Além da escrita, essa sociedade elaborou um sistema de numeração que tinha como base o vinte (acredita-se que seja por causa da soma do número dos dedos das mãos e dos pés), e que incluía o zero para indicar um valor nulo.

Os conhecimentos desenvolvidos pelos maias possibilitaram a realização de diversos estudos astronômicos e também a criação de dois calendários, um deles referente aos rituais, com 260 dias, e outro solar, de 365 dias.

### Jogo de bola

De origem olmeca, povo americano anterior aos maias, o jogo de bola era praticado pelos homens da nobreza maia, em áreas montadas (chamadas canchas) nos centros urbanos. Com o objetivo de manter a bola sempre em movimento, eles a lançavam para o campo da equipe rival, que só podia tocá-la com determinadas partes do corpo, excluindo as mãos e os pés. As regras podiam variar dependendo da cidade. Em alguns campos, havia também arcos por onde a bola deveria passar. Por ter valor simbólico, a atividade também fazia parte de rituais religiosos.

## Os astecas

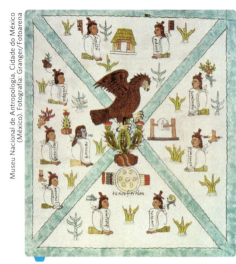

Os códices são manuscritos, geralmente ilustrados, nos quais eram registrados diversos aspectos da vida na Mesoamérica. Eles são importantes fontes históricas sobre o cotidiano dos astecas. Acima, representação da águia pousada no cacto, sinal que fazia parte da lenda de fundação de Tenochtitlán. Pintura extraída do *Códice Mendoza*, de autoria desconhecida, escrito no século XVI.

Os povos astecas habitavam a região onde atualmente está localizado o México, desde o início do século XIV. Eles migraram de regiões ao norte desse local e fixaram-se nas terras próximas ao lago Texcoco, onde fundaram a capital, **Tenochtitlán**.

Leia o trecho de um texto sobre uma lenda asteca que trata da fundação dessa capital.

> [...]
> Segundo as lendas da tradição asteca, a escolha do local de fundação da cidade foi determinada por uma profecia do deus Colibri-Azul. Dizia o deus que os astecas receberiam um sinal quando encontrassem o local ideal para a fundação de sua cidade. O sinal esperado era uma águia pousada num cacto sobre uma rocha, trazendo em seu bico uma serpente, e teria sido encontrado no centro do lago Texcoco, onde fundaram Tenochtitlán — que quer dizer "rocha de cactos".
> [...]
>
> Ana Maria Bergamin Neves e Flávia Ricca Humberg. *Os povos da América*: dos primeiros habitantes às primeiras civilizações. 4. ed. São Paulo: Atual, 1996. p. 64. (Coleção História Geral em Documentos).

## A sociedade

Após se estabelecerem em Tenochtitlán, os astecas passaram por um período de grande expansão política e de fortalecimento militar.

Conhecidos por sua tradição guerreira, eles deram início à conquista de outros povos, os quais eram obrigados a pagar tributos e a fornecer-lhes trabalhadores.

Assim, os astecas formaram um Estado, com organização política e sociedade bem hierarquizada. Por exemplo, o *tlatoani* (governante) comandava com o auxílio do *cinacoatl* (cargo semelhante ao de um vice), geralmente um parente próximo.

Abaixo deles, hierarquicamente, estavam os nobres, compostos por guerreiros, sacerdotes e funcionários públicos. Em seguida, vinha a camada social constituída por comerciantes e artesãos, e depois, formando a maioria da população, os *maceualtin* (cidadãos comuns), que geralmente trabalhavam na agricultura, mas quando necessário eram obrigados a trabalhar em obras públicas ou como soldados em épocas de guerra.

Representação de governante asteca recebendo tributos. Gravura extraída do *Códice florentino*, de Bernardino de Sahagún, escrito no século XVI.

## O cotidiano

Os astecas desenvolveram grandes cidades, como Tenochtitlán, que foi a capital do Estado asteca. Essa cidade chegou a abrigar uma população de aproximadamente 300 mil habitantes, e foi também um grande centro econômico do Estado, reunindo nos mercados viajantes, pequenos e grandes comerciantes e diversos prestadores de serviços, por exemplo.

Além disso, nas cidades astecas, havia templos religiosos e espaços como os campos onde se praticava o *ullamaliztli*, um jogo de bola (semelhante ao praticado pelos maias) que, além de ser esportivo, também possuía um significado religioso. Em jogos cerimoniais, os times representavam a Lua ou o Sol, e era comum que o time perdedor fosse sacrificado em homenagem aos deuses.

## Os fenômenos da natureza e o tempo cíclico

Os astecas, assim como outros povos da Mesoamérica, também cultuavam diversos deuses, principalmente relacionados aos elementos e a fenômenos da natureza. Para agradar esses deuses e pedir boas colheitas, eles realizavam oferendas, que podiam até mesmo envolver rituais de sacrifício humano.

A concepção de mundo deles era cíclica, ou seja, os astecas acreditavam que o tempo era dividido em eras que se renovavam após determinado período.

A arte e a arquitetura tiveram intenso desenvolvimento em sociedades mesoamericanas. Exemplo disso são as pirâmides, grandiosas construções erguidas em locais determinados de acordo com a orientação dos astros e que simbolizavam a busca por alcançar o divino. Foto das ruínas de Tenochtitlán, México, em 2017.

## Os incas

Os incas chegaram ao território da cordilheira dos Andes, no vale de Cuzco, por volta do século XIII. Nesse local, eles se desenvolveram e formaram uma sociedade organizada em clãs, chamados *ayllus*.

Cada *ayllu* era composto, portanto, de membros que compartilhavam laços de parentesco e formavam uma linhagem familiar. Esses clãs possuíam terras onde desenvolviam a agricultura, cultivando alimentos, como a batata, o milho e o feijão, e criando animais, como a lhama, a alpaca e a vicunha.

Vista da cidade de Cuzco, Peru, antiga capital inca formada entre as cordilheiras dos Andes. Foto de 2017.

## A formação do Império Inca

Por volta do século XV, os incas expandiram seu domínio por toda região de Cuzco. Por meio de guerras e alianças com outros povos, formaram um império que, no seu apogeu, no século XVI, chegou a contar com mais de 12 milhões de habitantes.

As estradas construídas pelos incas integravam as diversas regiões do Império. Na foto, antiga estrada inca próximo a La Paz, Bolívia, em 2014.

[...]

*Tahuantinsuyu* – nome do império inca em quéchua – era dividido em quatro partes ou *suyus*: *Chinchaysuyu* (noroeste do Peru e Equador), *Antisuyu* (parte amazônica do império), *Collasuyu* (atual Bolívia) e *Condesuyu* (costa do oceano Pacífico) e tinha Cuzco, no atual Peru, como sua capital imperial. Milhares de quilômetros de caminhos incas e o uso de lhamas como animais de carga tornavam possível a comunicação entre estas quatro regiões principais que compreendiam o império.

[...]

Cristiana Bertazoni Martins. *Os incas e os Tahuantinsuyu*. Disponível em: <http://anphlac.fflch.usp.br/incas-tahuantinsuyu-apresentacao>. Acesso em: 17 ago. 2018.

O imperador inca, conhecido como *Sapa Inca*, exercia o seu poder e autoridade buscando manter uma boa relação com os povos dominados. Além da autoridade política, ele era a maior autoridade religiosa, pois era considerado o filho do Sol, o principal deus da religiosidade inca.

Dessa maneira, os incas permitiam que os dominados mantivessem sua organização política e religiosa, desde que reconhecessem a superioridade inca e pagassem tributos estabelecidos por eles, como a *mita*, que em quéchua, a língua inca, significa turno.

A *mita* era paga por meio de trabalhos periódicos para o governo inca, que podiam ser executados nas lavouras, nas obras públicas ou nas fileiras do exército em épocas de guerra, por exemplo.

## A sociedade inca

Na época imperial, a sociedade inca era muito bem organizada e hierarquizada. Cada membro exercia uma função e um trabalho específico. Essa organização foi fundamental para a expansão e para a manutenção do Império Inca.

Na camada social mais alta, estavam o *Sapa Inca*, que exercia poder político e religioso no império.

Logo abaixo do *Sapa Inca* e sua esposa vinham os sacerdotes, os chefes militares, os juízes e os administradores indicados pelo imperador, responsáveis por controlar cada região do Império.

A maior parte da população inca era formada por trabalhadores como artesãos, marceneiros, pedreiros e agricultores. Essa camada popular também pagava a *mita* para o governo.

A cultura inca faz parte da identidade do povo peruano na atualidade. Ao lado, Mural de Cuzco, em Cuzco, Peru. Produzida pelo artista Juan Bravo Vizcarra, em 1992, o mural representa diferentes aspectos da sociedade inca, como distintos grupos sociais e a liderança do *Sapa Inca*. Foto de 2015.

## O cultivo do milho na América

Muitos alimentos da culinária brasileira são originários do próprio continente americano, como a batata, a mandioca e o milho.

O milho, proveniente da América Central, começou a ser cultivado há milhares de anos pelos povos que viviam na região. Ao longo do tempo, esse cultivo se difundiu e passou a ser a base da alimentação das civilizações indígenas, tendo, portanto, grande importância no continente americano.

Além disso, o cereal tinha um significado importante para esses povos, especialmente para os maias, como veremos a seguir.

Representação de astecas estocando milho. Gravura extraída do *Códice florentino*, de Bernardino de Sahagún, escrito no século XVI.

## Deuses e rituais

O milho não só era usado na alimentação como fazia parte dos rituais de alguns povos da América pré-colonial. Entre os maias, as espigas eram ofertadas ao deus Yum Kaax para que a colheita fosse bem-sucedida.

Segundo a mitologia maia e sua narrativa tradicional de criação do mundo (encontrada no documento denominado *Popol Vuh*), o ser humano teria sido criado a partir do milho.

Escultura em pedra feita no século VIII que representa uma divindade maia relacionada ao milho. Acervo do Museu Nacional de Arqueologia e Etnologia, Cidade da Guatemala.

## O milho na atualidade

Atualmente, o milho serve, em várias partes do mundo, de matéria-prima para uma diversidade de produtos industrializados, como óleos e amido. Ele também é usado no preparo de ração para animais de grande e pequeno porte, como bois e aves. Contudo, é na culinária que o milho exerce papel de destaque, principalmente na América. Provavelmente, você já experimentou algum prato feito à base desse cereal ou já comeu o próprio milho cozido.

Conheça a seguir alguns exemplos de pratos típicos de países americanos preparados com milho.

Agricultora peruana cobrindo a colheita de milho, em Cuzco, Peru. Foto de 2016.

A *tortilla* é um tipo de pão fino bastante comum na culinária mexicana, produzido a partir de farinha de milho. Na foto, *tortillas* sendo preparadas em uma feira na cidade de Tulum, no México, em 2018.

No Peru, o milho de cor roxa é usado na produção de uma bebida típica do país, a *chicha morada*. Nessa receita, o milho é fervido com frutas e especiarias para depois ser adoçado e servido bem gelado. Foto de 2016.

# Atividades

## Organizando o conhecimento

**1.** Por que o termo "índio" não é o mais adequado para se referir aos povos do continente americano?

**2.** Quais eram as principais atividades produtivas dos maias?

**3.** Comente alguns dos principais aspectos da religiosidade maia.

**4.** Como era organizada a sociedade asteca? Explique.

**5.** Durante o estudo deste capítulo, quais aspectos relacionados ao cotidiano asteca mais chamaram sua atenção? Por quê?

**6.** Explique de que maneira o domínio inca sobre outros povos era exercido.

**7.** Explique o que era a *mita* e como ela funcionava.

**8.** Explique como estava organizada a hierarquia da sociedade inca durante a época imperial.

**9.** Qual era a importância do milho para as sociedades mesoamericanas? Na atualidade, o milho continua sendo importante na culinária de sociedades americanas? Explique.

## Conectando ideias

**10.** Os povos da Mesoamérica deixaram um grande legado para as civilizações posteriores. Sobre isso, leia o texto a seguir.

> Todos os grandes povos da Mesoamérica sentiram-se poderosamente fascinados pelo mistério do cosmo: a recorrência cíclica e previsível dos fenômenos celestes, o ritmo infatigável das estações e a influência destas nas diversas fases da cultura do milho; o próprio ciclo da vida e da morte, do dia e da noite em sua alternância inexorável mas necessária. Com a finalidade de <u>devassar</u> mais profundamente o segredo dos astros, que para ele representava a vontade dos deuses, o homem mesoamericano moldou, através dos séculos, um aparelho especulativo fortemente complexo. Entregando-se a uma incessante – e angustiante – interrogação sobre os astros, ele mediu, com espantosa precisão, seus movimentos aparentes. Naturalmente, o Sol e a Lua o atraíam mais que tudo, assim como o planeta Vênus, particularmente visível nas latitudes tropicais, onde segue periodicamente o Sol. [...]
>
> Paul Gendrop. *A Civilização Maia*. Tradução de Maria Júlia Goldwasser. Rio de Janeiro: Zahar, 2005. p. 36. (As civilizações pré-colombianas).

**Devassar:** conhecer por completo.

**a)** Do que se trata o aparelho fortemente complexo citado no texto?

**b)** Qual a ligação entre os astros e a religião para os povos Maia?

**c)** Quais os principais astros que esses povos admiravam?

**11.** Leia o texto a seguir, sobre descobertas realizadas no México, e, depois, responda às questões.

[...] Os restos de um importante templo asteca e de uma quadra de jogos ritualísticos foram descobertos no centro da Cidade do México, lançando nova luz sobre os espaços sagrados da metrópole que os conquistadores espanhóis dominaram cinco séculos atrás, disseram arqueólogos [...].

As descobertas foram feitas em uma rua lateral sem importância logo atrás da catedral católica dos tempos coloniais, próxima da praça Zocalo, a principal praça pública do país, no local ocupado por um hotel dos anos 1950.

As escavações subterrâneas revelam uma seção do que foi a fundação de um templo de formato circular dedicado ao deus do vento asteca Ehecatl, e uma parte menor de uma quadra de jogos ritualísticos, confirmando relatos dos primeiros cronistas espanhóis que visitaram a capital imperial asteca, Tenochtitlán.

"Devido a achados como este, podemos mostrar locais exatos, o posicionamento e as dimensões de cada uma das estruturas descritas primeiramente nas crônicas", disse Diego Prieto, diretor do principal instituto de antropologia e história do México.

[...]

Parte do reboco branco original continua visível em partes do templo, erguido entre 1486 e 1502, durante o reinado do imperador asteca Ahuizotl, antecessor de Montezuma, que o conquistador Hernán Cortés depôs durante a conquista espanhola do México.

Os primeiros relatos espanhóis dizem como Montezuma, sendo jovem, jogou contra um velho rei aliado na quadra e perdeu, o que foi tomado como um sinal de que os dias do Império Asteca estavam contados.

> David Alire Garcia. Arqueólogos descobrem quadra de jogos asteca no centro da Cidade do México. *Reuters*, 8 jun. 2017. Disponível em: <https://br.reuters.com/article/entertainmentNews/idBRKBN18Z27E-OBREN>. Acesso em: 11 set. 2018.

**a)** Quais foram as descobertas noticiadas no texto?

**b)** De acordo com Diego Prieto, o que foi possível constatar graças a essas descobertas?

**c)** As descobertas permitiram a confirmação de relatos antigos. Segundo o texto, quem elaborava esses relatos?

## CAPÍTULO 9

# Os indígenas do Brasil

Estima-se que antes do desembarque dos europeus no território onde hoje é o Brasil, havia entre 2 milhões e 4 milhões de indígenas vivendo na região. Observe o mapa.

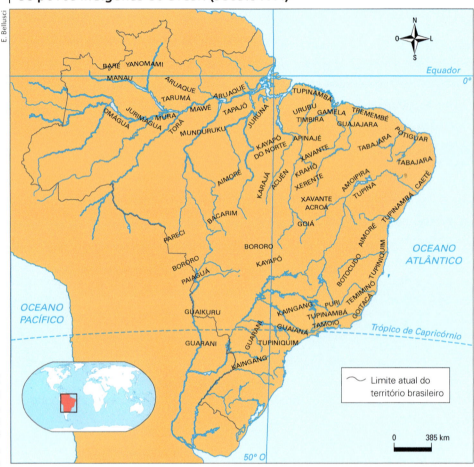

Os povos indígenas do Brasil (século XVI)

Fonte: Leslie Bethell (Coord.). *História da América Latina*, v. 1. São Paulo: Edusp; Brasília: Fundação Alexandre Gusmão, 2004-2005. p. 103.

## ▌Uma diversidade de povos

**Homogêneo:** nesse sentido, que apresenta características e aspectos culturais iguais.

Os indígenas que viviam onde hoje é o Brasil não formavam um grupo homogêneo, pois a organização social, as crenças, os costumes e o modo de vida deles eram bastante diversificados.

Essa diversidade de povos indígenas mostra-se também na variedade de línguas. Na época da chegada dos portugueses, em 1500, estima-se que havia quase mil línguas faladas entre os nativos.

> Atualmente, muitas palavras de origem indígena fazem parte de nosso vocabulário e são usadas em nosso dia a dia. Você conhece algum exemplo? Converse com os colegas.

110

Os povos indígenas vivem em diferentes regiões do território brasileiro. Apesar de terem passado por grandes mudanças ao longo dos séculos, preservam diversos elementos da cultura de seus antepassados.

Veja a seguir representações de alguns dos povos nativos que viviam no Brasil, feitas no século XIX por viajantes europeus.

Os Munduruku habitavam a região no norte do território próximo ao vale do rio Tapajós. Por causa de sua tradição guerreira, eles costumavam realizar expedições para combater povos inimigos. Gravura feita pelo artista francês Hercule Florence, em 1828.

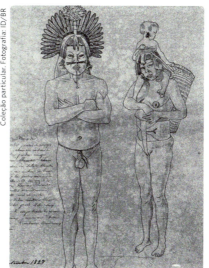

Os Bororo ocupavam territórios da atual Região Centro-Oeste e tinham uma organização social bastante complexa. O cotidiano deles era marcado por muitos rituais, como os de nominação (quando uma criança é introduzida formalmente na sociedade) e os funerais. Gravura feita por Hercule Florence, em 1827.

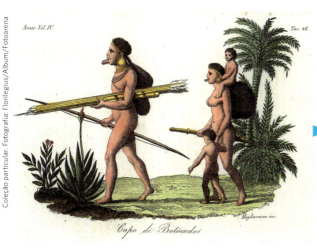

Os Krenak viviam no litoral, no norte do território. Eles utilizavam adornos de madeira, os botoques, por isso eram chamados de botocudos pelos portugueses. Eram conhecidos pela agilidade na caça e na atividade guerreira. Gravura em cobre feita por Giulio Ferrario, em 1842.

### As representações dos indígenas

A maioria das fontes históricas utilizadas para estudar as sociedades indígenas que viviam, no século XVI, no território onde hoje é o Brasil foi produzida por europeus. Portanto, ao analisar os relatos de viagens, os desenhos e as pinturas, devemos considerar que esses documentos mostram a visão europeia sobre os indígenas, e que esses povos, muitas vezes, estão representados de maneira superficial e até preconceituosa.

## Os povos Tupi-Guarani

Os primeiros povos indígenas que habitavam o atual território brasileiro a entrarem em contato com os europeus foram os Tupi-Guarani, no século XVI.

Originários da região amazônica, os Tupi-Guarani, na realidade, formam um conjunto diversificado de grupos indígenas que falam um idioma originário do tronco linguístico tupi. Entre esses povos, estão os indígenas guaranis, tamoios, caetés, potiguares, tabajaras, apiacás, xetás e temimós, por exemplo.

Os indígenas Tupi-Guarani habitavam territórios ao longo de toda a costa litorânea do atual território brasileiro. Sua economia era baseada na caça, na pesca e na agricultura, com o cultivo de mandioca, feijão, batata-doce, tabaco, entre outros. A produção era de subsistência, ou seja, voltada para o consumo interno, e repartida entre todos os membros da comunidade.

## A organização social

### O líder guerreiro

As sociedades tupis-guaranis se organizavam em aldeias, geralmente localizadas perto dos rios, e eram comandadas pelo cacique, principalmente em tempos de guerra. O cacique (também chamado de morubixaba) era escolhido pelos membros da comunidade por apresentar algumas características pessoais consideradas importantes, como coragem, inteligência e liderança.

O cacique era quem tomava as principais decisões, auxiliado por um conselho formado por pessoas mais velhas e experientes. De modo geral, o cacique não possuía privilégios. Como os demais membros da comunidade, ele trabalhava na defesa da aldeia, na construção de moradias, nas atividades agrícolas, entre outros.

Hercule Florence. Aquarela sobre tela produzida em 1828 representando indígenas apiakás, que habitavam a região onde atualmente se localiza o estado de Mato Grosso. Acervo da Academia Russa de Ciências, Moscou.

112

## O líder espiritual

Em tempos de paz, no entanto, a maior autoridade da comunidade tupi-guarani era exercida pelo pajé. O pajé geralmente era o membro mais velho e mais experiente da comunidade. Ele era considerado o líder espiritual, responsável pela organização de rituais religiosos, pelas festividades em honra aos espíritos, e pela cura dos doentes por meio da manipulação de plantas, ervas e outros recursos extraídos da natureza.

Além disso, por conta de sua vivência e experiência, o pajé era responsável por transmitir o conhecimento e a história da sua comunidade aos membros mais jovens da tribo. O principal meio de transmissão desse conhecimento era por meio da oralidade, ou seja, pela contação de histórias e mitos para os mais jovens.

### A cultura tupi-guarani na atualidade

Muitos aspectos da cultura tupi-guarani chegaram até nós, no presente, e são preservados pelos seus descendentes. Muitas comunidades indígenas tupis-guaranis ainda mantêm sua organização social e respeitam a autoridade do pajé e do cacique, por exemplo.

Alguns elementos culturais se difundiram e se generalizaram. Hábitos alimentares como o de consumir erva-mate, milho, mandioca, pimenta, abóbora, entre outros, enriqueceram a culinária brasileira atual. Hábitos de higiene, como o de tomar banhos diários, e de descanso, como o de dormir em redes, são praticados até hoje em diversas regiões do Brasil.

Muitas palavras de origem tupi-guarani também fazem parte de nosso dia a dia, como abacaxi (fruta cheirosa), biboca (moradia humilde), guri (jovem), lengalenga (muita conversa), oi (saudação), xará (mesmo nome).

Indígena do povo mbya trabalhando na colheita de mandioca, na aldeia Kalipety, no município de São Paulo (SP). Foto de 2017.

## Os indígenas e a divisão do trabalho

Para garantir o sustento e o bom funcionamento da comunidade, os indígenas tupis-guaranis e de outras etnias costumavam distribuir as tarefas cotidianas entre seus integrantes. O trabalho geralmente era dividido de acordo com o sexo e a idade. Mesmo não sendo igual para todos os povos, a divisão de tarefas entre homens e mulheres ainda é bastante comum hoje em diversas comunidades.

Observe a ilustração a seguir, que representa uma aldeia bororo, sociedade indígena do tronco linguístico macro-jê.

Os homens preparavam a terra para o plantio, caçavam e pescavam.

As mulheres desempenhavam atividades como coleta, plantio e colheita, além de cozinhar e de cuidar das crianças.

Quando necessário, os homens fabricavam canoas.

Esta ilustração é uma representação artística contemporânea produzida com base em estudos históricos.

## O seminomadismo

Antes da chegada dos portugueses, os povos indígenas que viviam nas terras onde hoje é o Brasil desenvolveram diferentes formas de organização. Muitos deles viviam em aldeias, pequenas povoações lideradas por um chefe, formando grupos **seminômades**. Os indígenas seminômades deslocavam-se de forma sazonal, geralmente quando os recursos naturais do lugar onde estavam se tornavam insuficientes. Quando isso acontecia, eles se mudavam para um novo local onde pudessem caçar, pescar, coletar frutos e raízes, além de cultivar pequenas áreas de plantio.

**Sazonal:** referente a determinada época ou período do ano.

Era responsabilidade dos homens guerrear contra os povos inimigos e construir habitações.

As mulheres realizavam preparativos para as festas e rituais da comunidade, como a pintura corporal.

Com as mulheres, crianças e idosos podiam fabricar utensílios artesanais, como potes de cerâmica e cestos feitos de palha.

Uma das atividades preferidas das crianças era brincar no rio.

> Há algum aspecto do modo de vida indígena parecido com o seu e o de sua família?

## As moradias indígenas

As moradias de várias etnias indígenas eram também uma expressão cultural, que indicava a maneira como os indígenas se relacionavam com a natureza e entre si, na comunidade. Dessa maneira, entre os diferentes povos indígenas que habitavam o atual território brasileiro, havia grande diversidade de moradias, construídas com diferentes materiais e organizadas em disposições espaciais distintas, por exemplo.

Vamos conhecer mais algumas moradias indígenas.

## As moradias bororo

As moradias bororo, como vimos nas páginas **114** e **115**, eram construídas com matérias-primas que encontravam ao redor, no lugar onde habitavam. Essas construções geralmente eram feitas pelos homens em mutirão, ou seja, de forma coletiva, para favorecer toda a comunidade.

As moradias eram dispostas umas ao lado das outras, formando um círculo. O centro desse círculo formava um pátio, que servia de espaço de convivência dos moradores e de lugar para as festas e as cerimônias religiosas.

As moradias bororo tradicionais eram construídas com palha, chão de terra batida e sem divisões internas, e garantiam um ambiente fresco durante o dia e aquecido durante a noite. Essas moradias eram coletivas e podiam abrigar de duas até quase vinte pessoas.

### A organização circular das moradias

Muitas sociedades indígenas também possuíam a forma de organização circular de suas moradias, como os indígenas da etnia Kalapalo, originários do território do atual estado do Mato Grosso.

Para essa comunidade, a forma de organização circular é a representação do espaço que indica igualdade entre seus moradores, já que as moradias geralmente são do mesmo tamanho e estão dispostas à mesma distância com relação ao centro.

Vista aérea de aldeia Kalapalo, em Querência, Mato Grosso. Foto de 2018.

## As moradias dos povos A'uwe

As moradias dos povos A'uwe, também conhecidos como xavante, que habitava o território do atual estado do Mato Grosso, eram feitas de madeira e cobertas de palha até o chão. Na maioria das vezes, elas eram construídas na região entre dois rios. As moradias ficavam lado a lado, dispostas em formato de ferradura, com a abertura voltada sempre para o maior rio.

O centro da "ferradura" formava um pátio, chamado pelos A'uwe de *warã*, onde se realizavam reuniões entre membros da aldeia para discutir assuntos relacionados à vida da aldeia e para tomada de decisões.

Moradia tradicional dos A'uwe, na Aldeia Pimentel Barbosa (MT). Foto de 2008.

## As moradias Wajãpi

As moradias dos Wajãpi, que habitam os territórios dos atuais estados do Amapá e do Pará, eram feitas com uma armação de madeira, cobertas com palha no teto e suspensas, pois, acima do solo, podiam se proteger dos animais durante a noite.

As casas Wajãpi, chamadas de jurá, não seguiam uma organização como a dos A'uwe e a dos Bororo. Geralmente, as casas eram construídas perto dos rios, onde eles podiam se banhar, pescar e coletar água, e ao lado da moradia dos amigos e familiares. Cada moradia abrigava uma família.

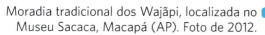

Moradia tradicional dos Wajãpi, localizada no Museu Sacaca, Macapá (AP). Foto de 2012.

117

## As religiosidades indígenas

Cada uma das sociedades indígenas possuía suas próprias crenças, religião e rituais. No entanto, algumas características eram compartilhadas por vários povos.

De maneira geral, para os indígenas que viviam onde hoje é o Brasil, o universo era dividido entre dois mundos: o mundo dos vivos, natural, habitado por seres humanos, e o mundo espiritual, sobrenatural, habitado por aqueles que já morreram e pelos deuses.

Na religiosidade indígena, muitos elementos da natureza, como os animais, as plantas, o Sol e a Lua, eram representados por deuses que habitavam o mundo sobrenatural, mas que podiam interferir no mundo dos vivos.

## A importância do pajé

Muitos povos indígenas acreditavam que o equilíbrio entre o mundo natural e o sobrenatural garantia a ordem do Universo.

Dessa maneira, para que houvesse harmonia entre os dois mundos, a figura do pajé exercia uma função importante. De acordo com a tradição de diversos povos, era por meio das cerimônias e dos rituais organizados e realizados por ele que se mantinha o equilíbrio do Universo. Do contrário, quando as cerimônias e os rituais não eram realizados, por exemplo, os deuses ficariam enfurecidos com a falta de cuidado e interesse dos humanos, resultando em catástrofes naturais, como uma seca prolongada ou grandes tempestades.

Pajés do povo Waujá realizando ritual para pedir uma boa pescaria, na aldeia Pyulaga, em Gaúcha do Norte (MT). Foto de 2016.

## Festas e rituais

A religiosidade era um elemento muito importante do cotidiano dos povos indígenas. Diversas festas e rituais eram realizados por eles como forma de manter sua relação com o mundo sobrenatural.

Assim, havia festas e rituais indígenas por diversos motivos: para apaziguar os espíritos e manter o equilíbrio do Universo, para celebrar o nascimento de uma criança, para realizar um casamento, para marcar a passagem das fases da vida de uma pessoa, entre outros.

Havia também rituais relacionados aos fenômenos da natureza, para que houvesse a ocorrência de chuvas, por exemplo, ou rituais para garantir a cura de doenças ou a manutenção da saúde dos indivíduos.

### O ritual do *Quarup*

Um dos rituais mais conhecidos dos povos indígenas que ainda hoje está presente em sua cultura é o ritual do *Quarup*, realizado anualmente pelos povos indígenas da região do Xingu.

De acordo com as tradições religiosas desses povos, o *Quarup* é um ritual realizado em homenagem aos mortos. Para isso, são utilizados troncos de árvores (os *quarup*) adornados com as pinturas corporais e símbolos utilizados pelas pessoas em vida.

Com o ritual realizado pelo pajé em honra ao deus Mawutzinin, os mortos voltariam e ocupariam o lugar dos troncos de árvore. Durante o ritual são feitas oferendas com frutas, doces e outros alimentos em honra à pessoa ressuscitada e a Mawutzinin.

Indígenas Kalapalo da aldeia Aiha durante o ritual do *Quarup*. Parque Indígena do Xingu (MT). Foto de 2011.

## Respeito aos indígenas

Você já soube de algum caso de desrespeito aos povos indígenas? Algumas vezes temos acesso a notícias que envolvem situações de desrespeito a indígenas, e uma das causas disso é a dificuldade que algumas pessoas têm de reconhecer culturas diferentes das delas. Essa dificuldade de compreender o outro considerando apenas sua própria cultura como válida recebe o nome de etnocentrismo. Para saber um pouco sobre esse assunto, leia o texto a seguir, da professora Urpi Montoya Uriarte.

> [...]
>
> Para o etnocentrismo, tudo o que é diferente se torna inferior, feio, ridículo, injusto, cruel, selvagem ou irracional. Ao julgar as distinções de forma negativa, o etnocêntrico passa a querer modificar os costumes ou crenças diferentes, em nome da superioridade dos seus próprios costumes ou crenças. Dito de outra forma: ser etnocêntrico é acreditar que só existe uma verdade (a nossa) e uma beleza (a nossa), assim como também só existem a nossa justiça e a nossa racionalidade. Em *O que é etnocentrismo*, o antropólogo Everardo Rocha escreve: "Etnocentrismo é uma visão do mundo onde o nosso próprio grupo é tomado como centro de tudo e todos os outros são pensados e sentidos através dos nossos valores, nossos modelos, nossas definições do que é a existência".
>
> [...]
>
> Urpi Montoya Uriarte. Euro, etno e outros centrismos. *Revista de História da Biblioteca Nacional*, Rio de Janeiro, Sabin, ano 8, n. 87, dez. 2012. s. p.

Criança ianomâmi na aldeia Alabussy, no município de Barcelos (AM), em 2010.

Uma atitude etnocêntrica, portanto, é uma falta de respeito a outra cultura. Isso desencadeia atitudes preconceituosas que podem gerar consequências graves para a sociedade. Existem muitos povos no mundo, com diferentes modos de vida, hábitos, costumes e valores, que devem ser reconhecidos com suas características específicas. Assim como queremos que todos respeitem nossa forma de viver e de pensar, devemos respeitar também a cultura de outras pessoas, de outros grupos ou de outras comunidades.

Há grande diversidade cultural entre os povos indígenas que habitam o território brasileiro, e muitos dos seus costumes diferem, por exemplo, do modo de vida dos portugueses e europeus. Tradicionalmente, os indígenas costumam trabalhar para sua sobrevivência e não para acumular bens e riquezas. Para eles, viver de maneira harmoniosa com a natureza, preservando-a, e sem extrair dela mais recursos do que o necessário para seu próprio sustento, é uma forma de garantir a subsistência de seus descendentes. Dessa maneira, segundo as culturas indígenas, a terra continuará fornecendo alimentos às próximas gerações.

Para vivermos em um país mais justo e próspero, é importante conhecer e respeitar a cultura dos primeiros povos que habitaram esse território. Afinal, são múltiplas as contribuições indígenas na formação do povo brasileiro, ao longo da nossa história, assim como em diversos aspectos culturais que podem ser observados ainda hoje, como no vocabulário, na culinária, na música e em outros costumes. Portanto, é possível observar as contribuições de variados povos na cultura brasileira, evitando interpretações etnocêntricas.

Indígenas da etnia Waurá trabalham coletivamente na construção de uma moradia na aldeia Piyulaga, no Parque Indígena do Xingu (MT). Foto de 2013.

**1.** Explique o que você entendeu por etnocentrismo.

**2.** Em sua opinião, é importante respeitar os povos indígenas e outros povos em sua diversidade cultural? Por quê?

**3.** Com um colega de sala, converse sobre a importância do combate ao preconceito e ao desrespeito contra povos indígenas no Brasil, assim como de que maneira isso pode ser feito. Depois, produzam um breve texto sobre o que vocês conversaram.

# Atividades

### Organizando o conhecimento

1. Como é possível perceber a diversidade de povos indígenas que viviam, na época da chegada dos portugueses, no território que hoje forma o Brasil? Dê exemplos de aspectos da vida desses povos em que essas diferenças se manifestavam.

2. Analise a ilustração das páginas **114** e **115**. Que aspecto do modo de vida dos Bororo mais chamou sua atenção? Por quê?

### Conectando ideias

3. Os povos indígenas expressam sua cultura por meio da música, do canto, da pintura corporal e também pelo modo de produzir seus artefatos e de construir suas habitações. Uma dessas expressões é a arte plumária, que se caracteriza pela utilização de penas de aves para produzir artefatos religiosos, de uso cotidiano e adornos. Os enfeites corporais feitos de pena são muito usados em festas e cerimônias. Analise a imagem a seguir.

Indígenas Kamayurá participam do *Quarup*, festa ritual em homenagem aos antepassados. Parque Indígena do Xingu (MT). Foto de 2011.

   a) Descreva a foto acima. Você consegue identificar o que as pessoas retratadas estão fazendo?
   b) Como são os adornos corporais usados pelas pessoas dessa comunidade?
   c) Você conhece outros adornos semelhantes aos que foram retratados na foto? Caso conheça, descreva esse adorno, conte quem ou que grupo o utiliza e com qual finalidade.

4. Atualmente, existem cerca de 240 povos indígenas habitando o território brasileiro. Você sabe se na cidade ou na região onde você vive existe alguma comunidade indígena? Com a ajuda de seus pais ou responsáveis, pesquise para responder a esse questionamento e para conhecer os seguintes aspectos:

- o nome do povo e onde se localiza;
- as características da habitação;
- as atividades cotidianas praticadas por seus integrantes;
- o que costumam fazer nos momentos de lazer;
- rituais e tradições presentes no cotidiano desse povo;
- costumes da sociedade não indígena incorporados por eles em sua cultura.

Após o levantamento, **reúna** essas informações e leve-as para a sala de aula. Conte aos colegas o que você descobriu e o que mais chamou sua atenção sobre o modo de vida indígena pesquisado.

5. Leia o texto a seguir, que trata de um importante sujeito histórico da cultura indígena, e, depois, responda às questões em seu caderno.

> É um líder espiritual e curandeiro que tem uma importância fundamental nas tribos. Geralmente por ser mais velho, é também um homem dotado de conhecimento e da história da tribo. É ele que irá passar toda a cultura, costumes e história para as outras gerações. Sendo chamado de curandeiro em algumas tribos, ele que vai direcionar os rituais, ervas e plantas no trato de algumas doenças.
> [...]
>
> O mundo espiritual indígena. *Índios brasileiros*. Disponível em: <http://indios-brasileiros.info/cultura-indigena/o-mundo-espiritual-indigena.html>. Acesso em: 22 ago. 2018.

a) De qual sujeito histórico indígena o texto trata?

b) Qual foi a sua importância nas sociedades indígenas?

c) O texto afirma que esse sujeito histórico geralmente é o mais velho da comunidade. A maneira como os indígenas tratam seus idosos pode nos servir de exemplo? Como?

**Verificando rota**

Quais temas desta unidade mais chamaram sua atenção? Faça um resumo dos capítulos estudados e depois compare seu texto com o de um colega. Quais são as semelhanças entre os textos que vocês produziram? E quais são as diferenças? Para finalizar, procure responder:

- Qual é a importância de estudar os temas desta unidade?
- Foi interessante conversar com seu colega sobre a unidade? Por quê?
- Sobre qual assunto você gostaria de aprofundar seus estudos? Por quê?
- Em sua opinião, qual é a importância de conhecer a história dos povos que viveram na América antes da chegada dos europeus?
- Você consegue perceber características culturais dos povos indígenas presentes em nosso dia a dia?

## Ampliando fronteiras

### A pintura corporal indígena

A pintura corporal tem valor simbólico bastante significativo para muitos povos indígenas do Brasil, pois expressa suas crenças e seu modo de vida.

Essa manifestação pode ter diversas funções, como: caracterizar determinada comunidade; identificar a posição de um indivíduo em um grupo; indicar estados de espírito, como o luto; integrar rituais e celebrações, como a passagem da infância para a adolescência ou o casamento; entre outras.

Cada comunidade possui seus próprios padrões de traços, conhecidos como grafismos, desenvolvidos ao longo do tempo. Esses grafismos também são desenhados em peças produzidas por esses povos, como cerâmicas e cestas. Cada grupo indígena possui uma visão sobre o que é belo e procura manifestá-la em seus grafismos.

É interessante notar que não são apenas os traços que determinam o que se expressa na pintura. Outros fatores influenciam a mensagem a ser transmitida: por exemplo, quem carrega essa pintura – crianças, homens ou mulheres –, em que parte do corpo ela se localiza, as cores usadas para pintar, etc.

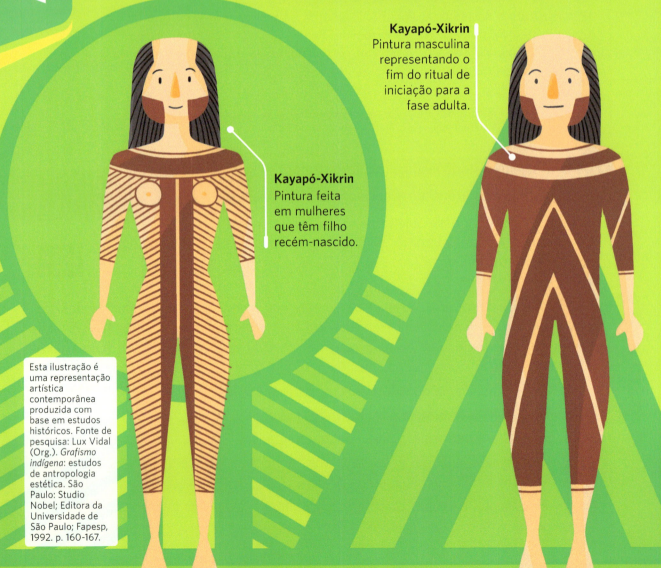

**Kayapó-Xikrin**
Pintura feita em mulheres que têm filho recém-nascido.

**Kayapó-Xikrin**
Pintura masculina representando o fim do ritual de iniciação para a fase adulta.

Esta ilustração é uma representação artística contemporânea produzida com base em estudos históricos. Fonte de pesquisa: Lux Vidal (Org.). *Grafismo indígena*: estudos de antropologia estética. São Paulo: Studio Nobel; Editora da Universidade de São Paulo; Fapesp, 1992. p. 160-167.

# O corpo como forma de expressão

Atualmente, nas sociedades ocidentais, o corpo também é usado, de diversas formas, como meio de expressão de pensamentos, de valores e de crenças, por exemplo, por intermédio da tatuagem.

Muitas vezes, as tatuagens representam uma particularidade pessoal, ou seja, as vivências, as experiências e os gostos individuais. Mas, em algumas situações, elas também podem expressar valores coletivos: seguem padrões de beleza, tendências da moda ou, ainda, servem como sinais particulares de pequenos grupos sociais.

1. Qual é a importância da pintura corporal para os povos indígenas do Brasil?

2. Forme dupla com um colega e pesquisem sobre algum povo indígena que faz pinturas corporais, atentando para as formas dos desenhos e para as cores utilizadas. Providenciem tintas não tóxicas laváveis nas cores características da etnia escolhida e pinte algumas partes do corpo de seu colega, como o rosto e os braços, de acordo com os padrões gráficos desse povo. Seu colega deve fazer o mesmo em você. Sigam as orientações do professor e, assim que finalizarem as pinturas corporais, apresentem-nas em sala de aula para os colegas e comentem o significado que elas têm para o povo indígena que as utiliza.

**Karajá**
Pintura feminina feita nas solteiras.
As mulheres casadas só podem pintar os braços e as pernas.

**Karajá**
Pintura masculina feita nos jovens que estão no ritual de iniciação para a fase adulta.

Waldomiro Neto

125

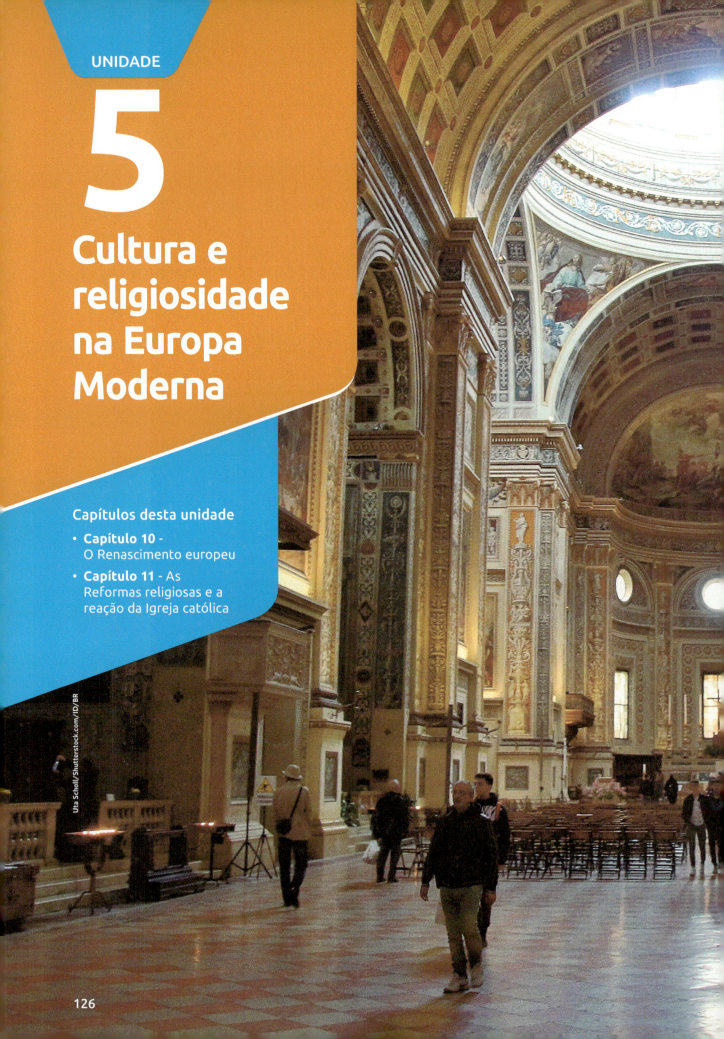

# UNIDADE 5
## Cultura e religiosidade na Europa Moderna

Capítulos desta unidade
- **Capítulo 10** - O Renascimento europeu
- **Capítulo 11** - As Reformas religiosas e a reação da Igreja católica

Basílica de Santo André do Vale, localizada em Mântua, Itália. Construída entre os séculos XV e XVIII, seu estilo arquitetônico e sua decoração foram influenciados pelos ideais do Renascimento europeu. Foto de 2018.

**Iniciando rota**

1. Descreva a foto destas páginas. O que ela retrata?
2. Na foto, é possível identificar elementos que remetem ao período do Renascimento na Europa. Conte aos colegas o que você sabe sobre esse período.
3. Você já ouviu falar em Reformas religiosas? Conte aos colegas.

127

# CAPÍTULO 10

# O Renascimento europeu

Como estudamos no **6º** ano, durante a Idade Média na Europa, a Igreja católica exercia forte influência sobre a sociedade, intervindo em seus valores e em suas crenças. Muitos aspectos da vida, e também da morte, eram explicados de acordo com a religião cristã.

## Uma época de transição

Na passagem do século XIV para o XV, teve início, na Europa, uma época de mudanças econômicas, políticas e sociais que influenciaram o modo de se pensar a sociedade, a cultura e a religiosidade.

Muitos cientistas, intelectuais e artistas que viveram nessa época, conhecidos como **renascentistas**, empenharam-se em retomar modelos e valores da cultura grega e romana da Antiguidade.

Dessa forma, os renascentistas acreditavam romper com o período anterior (que eles passaram a chamar Idade Média, ou Idade das Trevas), inaugurando o período que ficaria conhecido, com o decorrer do tempo, como **Renascimento** ou **Renascença**. Esse movimento foi caracterizado por uma maior preocupação com a vida e com os assuntos terrenos e pela valorização do ser humano e de suas capacidades individuais.

As esculturas renascentistas passaram a valorizar mais os detalhes e os traços realistas. Ao lado, *Pietá*, escultura em mármore feita entre os anos de 1498 e 1499 pelo artista italiano Michelangelo Buonarroti (1475-1564), que representa Jesus nos braços de sua mãe, Maria. Acervo da basílica de São Pedro, Vaticano. Foto de 2016.

### A Igreja em crise

Durante o período da Idade Média, a Igreja católica era a instituição mais poderosa da Europa. A partir da Baixa Idade Média (séculos XI a XV), esse poder passou a ser questionado por diversos grupos da sociedade, como governantes e filósofos, que criticavam os membros do clero sobre práticas de corrupção e enriquecimento próprio.

Essa postura crítica contribuiu para que os diversos intelectuais passassem a buscar referências e valores das civilizações da Antiguidade, como os gregos e os romanos, favorecendo o surgimento do Renascimento na Europa. Veja mais informações sobre as críticas à Igreja católica da página **138** em diante.

## A sociedade

Desde o final da Baixa Idade Média, no século XV, a camada social da burguesia crescia e tornava-se cada vez mais influente na sociedade europeia.

Na península Itálica, entre os séculos XV e XVI, essa camada social, formada principalmente por mercadores enriquecidos, consolidou-se e passou a desempenhar importante papel nas cidades-Estado, contribuindo para difundir a mentalidade renascentista. Além disso, as permanências de algumas características da cultura romana clássica, presentes na arquitetura, na organização urbana e na produção intelectual, constituíram outro fator para que o Renascimento se consolidasse na Itália.

O texto a seguir trata da relação entre a burguesia e o Renascimento.

> A sociedade renascentista caracterizou-se por uma crescente perspectiva secular. Fascinados pela vida da cidade e ansiosos para desfrutar os prazeres terrenos que seu dinheiro podia obter, os mercadores e banqueiros ricos se afastaram da preocupação medieval com a salvação. Não que fossem descrentes ou ateus, mas cada vez mais a religião tinha de competir com as ocupações mundanas. Consequentemente, os membros da classe alta urbana davam menos atenção à religião ou, pelo menos, não permitiam que ela interferisse em sua busca de uma vida plena. O desafio e o prazer de viver bem neste mundo pareciam mais excitantes do que a promessa do paraíso. [...]
>
> Marvin Perry. *Civilização ocidental*: uma história concisa. Tradução de Waltensir Dutra e Silvana Vieira. São Paulo: Martins Fontes, 2002. p. 220.

**Secular:** algo mundano, não relacionado à religião.

> "O desafio e o prazer de viver bem neste mundo pareciam mais excitantes do que a promessa do paraíso." O que o autor quis dizer com essa afirmação?

### A vida dos pobres

No entanto, o Renascimento não significou um rompimento completo da sociedade europeia com o período anterior, principalmente para grande parte da população que habitava as áreas rurais e continuava com a árdua rotina de trabalho. O cotidiano dessas pessoas ainda era profundamente marcado pelos valores religiosos, pela pobreza, pela fome e pelas doenças.

Óleo sobre tela produzido em 1567 por Pieter Bruegel (1525-1569), intitulado *O país da Cocanha*. Obra exposta na Antiga Pinacoteca, em Munique, Alemanha. Cocanha era um país mitológico presente no imaginário dos pobres e miseráveis na Europa desde o século XIII. Esse lugar, livre de doenças, onde havia luxo e comida em abundância, ainda representava os desejos dos mais pobres durante o Renascimento.

## A visão de mundo renascentista

Nos séculos XIV e XV, ganhou força na Europa a ideia de que os indivíduos deveriam se preocupar menos com o que poderia ocorrer depois da morte, direcionando, assim, o pensamento para tudo o que se referisse à vida e ao mundo em que viviam. Essa maneira de pensar valorizava o desenvolvimento de talentos individuais e do conhecimento crítico sobre o próprio ser humano.

Com base nessa nova perspectiva, foi formado o movimento denominado **humanismo**. Os humanistas, como eram chamados os seguidores desse movimento, acreditavam no potencial humano para criar e inovar e entendiam a realidade de um ponto de vista firmado na crítica e na racionalidade, ou seja, na valorização da razão humana como base para o conhecimento. Assim, acreditava-se que tudo poderia ser explicado pela observação e pela experiência. Essa nova corrente de pensamento colocava o ser humano em destaque, em uma visão antropocêntrica, fundamental para o Renascimento.

### O Renascimento científico

O pensamento humanista de valorização da razão e da individualidade proporcionou o desenvolvimento de diversas áreas do conhecimento. Os renascentistas incentivaram a criação de universidades laicas onde se realizavam estudos de Filosofia, Matemática, História, Geografia, Literatura, Medicina, entre outras áreas.

Nesse contexto, entre os intelectuais europeus, tornou-se cada vez mais relevante o conceito de "ser humano universal", ou seja, o indivíduo capaz de dominar as mais diversas técnicas e os mais diversos campos do conhecimento.

Um dos exemplos desses intelectuais foi o italiano **Leonardo da Vinci** (1452-1519), inventor, engenheiro, arquiteto, matemático, pintor e escultor.

Os vários estudos científicos realizados durante o Renascimento contribuíram para o desenvolvimento da cartografia e das técnicas de navegação e também para o desenvolvimento do realismo e da perspectiva na pintura.

Veja a representação a seguir, feita por Leonardo da Vinci, que mostra um de seus estudos.

▶ Autorretrato de Leonardo da Vinci produzido em giz, em cerca de 1515.

▶ **Antropocentrismo:** forma de pensamento que atribui ao ser humano posição central em relação ao restante do mundo. Essa teoria surgiu em oposição ao teocentrismo, que considerava Deus o centro de tudo.

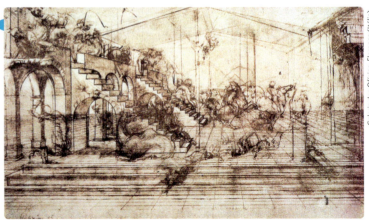

*Estudo de perspectiva para a "Adoração dos Magos"*, pena e tinta sobre papel, de Leonardo da Vinci, feito no século XV. Esse estudo mostra a técnica de perspectiva baseada em cálculos matemáticos e geométricos. Com essa técnica, o observador tem noção de profundidade na cena.

130

No campo da astronomia, o polonês **Nicolau Copérnico** (1473-1543) criou a teoria heliocêntrica, segundo a qual o Sol era o centro do Sistema Planetário e a Terra e outros planetas giravam em torno dele.

Essa teoria contrariava a teoria geocêntrica, elaborada pelo filósofo grego Ptolomeu e defendida pela Igreja católica, a qual dizia que a Terra era o centro do Universo.

Durante o Renascimento, os estudos baseados na observação da natureza e em experimentos permitiram novas maneiras de explicar o mundo.

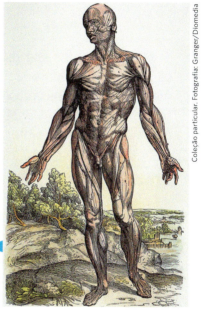

Ao lado, representação do sistema cosmológico de Copérnico, em que o Sol ocupa o centro do Sistema Planetário. Ilustração feita por Andreas Cellarius (1596-1665), publicada em um atlas de 1660.

Muitos avanços foram feitos no campo da medicina, com estudos sobre a anatomia humana realizados pelo médico belga **Andreas Vesalius** (1514-1564). Em sua obra *De Humani Corporis Fabrica* (que, traduzida do latim, significa Da Organização do Corpo Humano), publicada em 1543, Vesalius representou e descreveu com grande riqueza de detalhes diversos elementos do corpo humano, como os músculos, o coração, os vasos sanguíneos, o sistema nervoso, entre outros.

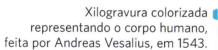

Xilogravura colorizada representando o corpo humano, feita por Andreas Vesalius, em 1543.

### A invenção da prensa

Um importante fator que contribuiu para a difusão das ideias renascentistas pela Europa foi o desenvolvimento da prensa de tipos móveis, por **Johannes Gutenberg** (c. 1400-1468), em 1450. Diferentemente da prensa usada na China imperial, cujos tipos eram de madeira (como estudamos na unidade **2**), a prensa de Gutenberg usava tipos metálicos, mais resistentes e duráveis.

Com papel e tipos metálicos embebidos em tinta, sua invenção permitia a impressão de textos por meio da compressão dos tipos sobre a superfície do papel.

A prensa de tipos móveis de Gutenberg acelerou a produção de livros, aumentando a produtividade e reduzindo o custo. Antes disso, grande parte dos livros na Europa era produzida pelos monges copistas e cada cópia podia levar anos até ser concluída, o que encarecia sua produção.

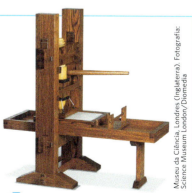

Réplica da prensa de Gutenberg, feita com base em um modelo do século XV. Acervo do Museu de Ciências de Londres, Inglaterra.

## O Renascimento artístico

Durante o período Medieval, a arte na Europa Ocidental era voltada aos interesses da Igreja, com o objetivo de instruir os fiéis e propagar a moral cristã da época. Na maioria das representações artísticas, as figuras eram apresentadas de modo estático e plano, bem distantes da realidade, como mostra o afresco abaixo.

Afresco do século XI, de autoria desconhecida, representando Jesus em um episódio bíblico, no qual ele realiza a cura dos cegos. Muitas pinturas como essa tinham a função de instruir a população sobre os principais aspectos da fé católica. Acervo da abadia de Santo Angelo em Fórmias, Cápua, Itália.

No entanto, a partir do final do século XIV, a visão humanista passou a ser cada vez mais difundida na sociedade, e a arte acompanhou tais mudanças na mentalidade das pessoas. O Renascimento difundiu representações com novos temas, entre eles a temática clássica da Antiguidade greco-romana, como podemos observar na pintura abaixo.

Muitos pintores passaram a produzir pinturas com representações mais próximas da realidade, levando em consideração a proporção, a profundidade e os detalhes da cena, dos sujeitos e de outros elementos representados Ao lado, pintura de Sandro Botticelli (1445-1510), intitulada *O nascimento de Vênus*, produzida em cerca de 1485. Acervo da Galeria dos Ofícios, Florença, Itália.

### O mecenato e a burguesia

Na época do Renascimento, muitos comerciantes e mercadores tornaram-se mecenas das artes, ou seja, passaram a financiar artistas e a apoiar as novas concepções da arte.

Desse modo, esses burgueses ficavam mais conhecidos nas cidades da Europa e conseguiam aumentar seu poder e prestígio na sociedade, fortalecendo-se politicamente.

## A difusão do Renascimento

A partir do final do século XV e início do século XVI, as novas ideias artísticas desenvolvidas nas cidades italianas foram difundidas para outras regiões da Europa e incorporadas por intelectuais de diversas áreas do conhecimento.

As tentativas de compreensão da natureza e de seu funcionamento, características do ambiente intelectual do século XV, podem ser percebidas nas produções artísticas da época. O espírito de investigação científica estimulou desenhos sobre anatomia, engenharia, ciência, entre outros, como mostra a imagem ao lado.

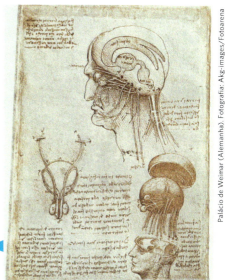

Estudo a pena e tinta sobre papel, de Leonardo da Vinci, referente à anatomia humana, produzido no século XVI.

Os ideais clássicos de beleza da Antiguidade foram retomados no Renascimento. Os escultores aproveitaram para evidenciar esses valores em suas obras. Veja o exemplo ao lado, que representa a figura humana de forma realista, natural e anatomicamente precisa.

A literatura também passou a valorizar a visão antropocêntrica, voltada aos sentimentos humanos. Nessa época, a produção literária, da mesma maneira, começou a ser difundida nas línguas vernáculas, o que contribuiu para maior propagação da literatura, pois antes a maioria dos textos era publicada em latim, estando ao alcance de uma pequena parcela da população.

O inglês **William Shakespeare** (1564-1616) e o português **Luís Vaz de Camões** (1524-1580) são alguns dos principais expoentes da literatura renascentista.

Vernáculo: idioma próprio de um país ou de uma região.

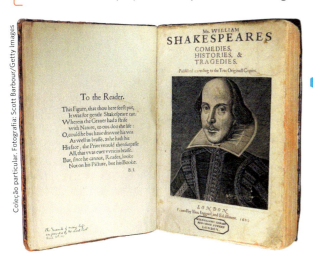

Ao lado, reprodução da obra de 1623, que traz algumas das principais peças teatrais de Shakespeare. Acervo particular.

Davi, escultura em mármore feita por Michelangelo no século XVI, representando Davi, o terceiro rei de Israel, conforme a tradição bíblica. Acervo da Galeria da Academia, Florença, Itália. Foto de 2018.

133

## Para investigar

# As técnicas de pintura no Renascimento

Durante o Renascimento na Europa, as técnicas artísticas passaram por diversas mudanças, influenciadas pela nova visão de mundo que vigorava na época. Assim, foram cada vez mais valorizadas a Ciência, a Matemática e as representações realistas das pessoas e da natureza.

Observe a análise da pintura a seguir, feita no século XV por **Pietro Perugino** (c. 1450-1523), que explora com mais detalhes essas novas técnicas.

A entrada do edifício principal é o ponto de fuga da obra, ou seja, é o ponto da imagem para onde convergem as linhas que indicam a profundidade da cena.

Com a técnica da perspectiva, os elementos mais ao fundo da imagem foram representados em tamanho menor, de maneira mais parecida com a realidade.

Diferentemente das imagens estáticas do período medieval, no Renascimento as obras passaram a representar pessoas em movimento e em situações mais dinâmicas.

As pessoas foram representadas na obra de forma individual, com inúmeros detalhes nas vestes e na expressividade.

A simetria é bastante evidente na imagem. Ou seja, se traçarmos uma linha vertical no centro da obra, é possível perceber que o lado esquerdo apresenta equilíbrio em relação ao lado direito.

*Entrega das chaves, ou Cristo dando as chaves a São Pedro*, afresco produzido entre os anos de 1481 e 1482. Acervo dos Museus do Vaticano, Cidade do Vaticano.

134

Um dos grandes pintores do Renascimento foi Sandro Botticelli, que representava em suas obras principalmente temas relacionados à Antiguidade Clássica e à religiosidade cristã. Observe a seguir uma de suas pinturas e realize as atividades propostas.

*As tentações de Cristo*, afresco de Sandro Botticelli, produzido em cerca de 1480. Acervo dos Museus do Vaticano, Cidade do Vaticano.

1. Descreva a imagem acima e destaque os elementos dela que remetem à imagem anterior.

2. Em qual das letras está localizado o ponto de fuga da obra?

3. Considerando a disposição dos elementos na cena, a obra pode ser considerada simétrica? Por quê?

4. Observe as figuras indicadas com as letras **A** e **B**. Por que elas foram representadas com tamanhos diferentes? Explique essa técnica característica do Renascimento.

5. Podemos afirmar que a nova visão de mundo surgida no Renascimento influenciou o campo artístico? Explique.

135

# Atividades

## Organizando o conhecimento

**1.** Por que o período do Renascimento recebeu esse nome? O que significa "renascimento", nesse caso?

**2.** Qual foi o papel do humanismo para o movimento renascentista?

**3.** Por que as ideias de Copérnico foram importantes? O que ele propunha?

**4.** Como funcionava a prensa desenvolvida por Gutenberg?

**5.** De que maneira as mudanças na mentalidade europeia refletiram na produção artística dos séculos XIV a XVI?

## Conectando ideias

**6.** O texto a seguir aborda um dos conceitos estudados ao longo do capítulo. Leia-o, analise a imagem e, depois, responda às questões.

> O termo Humanismo surgiu no século XVI para designar as atitudes renascentistas que enfatizavam o homem e sua posição privilegiada na Terra. [...] O Humanismo é comumente definido como um empreendimento moral e intelectual que colocava o homem no centro dos estudos e das preocupações espirituais, buscando construir o mais alto tipo de humanidade possível. É preciso ressaltar, no entanto, que os humanistas não seguiam uma única filosofia, ou seja, não formavam um grupo homogêneo. Em comum, compartilhavam apenas o entusiasmo pelo estudo dos clássicos gregos e latinos.
>
> Kalina Vanderlei Silva e Maciel Henrique Silva. *Dicionário de conceitos históricos*. 2. ed. São Paulo: Contexto, 2006. p. 193.

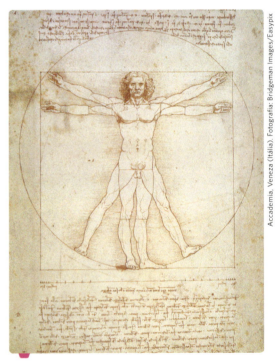

*Homem vitruviano*, desenho produzido por Leonardo da Vinci, em 1492.

a) Qual é o conceito explicado no texto? Como ele é definido?

b) Em qual contexto histórico a imagem foi produzida? Descreva-a.

c) É possível estabelecer uma relação entre o conceito descrito no texto e a imagem? Explique.

**7.** O movimento renascentista teve mais impacto nas regiões urbanas, onde se expandiram os estudos sobre a arte e a ciência. Enquanto isso, em muitas áreas rurais, o cotidiano continuava marcado pelos conflitos e pelo trabalho exaustivo. Leia o texto a seguir e responda às questões.

> A desintegração do regime feudal proporcionou maiores oportunidades para alguns camponeses, mas para outros significou apenas a liberdade de passar fome sob impostos e aluguéis ainda mais pesados. Os ressentimentos crescentes explodiram afinal na Alemanha com a sangrenta Guerra dos Camponeses de 1524. O resultado foi apenas uma catástrofe maior; cerca de 100000 rebeldes foram mortos e 50000 ficaram desabrigados, com suas aldeias e campos destruídos. Os mendigos encheram as cidades e os bandidos infestaram as estradas. [...]
>
> Edith Simon. *A Reforma*. Tradução de Pinheiro de Lemos. Rio de Janeiro: José Olympio, 1971. p. 32-33. (Coleção Biblioteca de História Universal Life).

**a)** Qual é o exemplo de conflito rural citado no texto?

**b)** As "oportunidades" citadas no texto estavam ao alcance de todos os camponeses? Explique.

**c)** Com base em seus conhecimentos sobre a Idade Média e nos assuntos estudados nesta unidade, a situação dos camponeses mudou durante o Renascimento? Justifique sua resposta.

**8.** Leia o texto a seguir e, depois, responda às questões.

> No Renascimento, artistas como Leonardo [da Vinci] aproximaram-se de médicos-anatomistas para retratar melhor a forma humana em pinturas e esculturas. Eles foram chamados de "artistas-anatomistas", segundo Charles O'Malley (Universidade de Stanford) e J.B. Saunders (Universidade da Califórnia), que organizaram e traduziram, do italiano para o inglês, os textos de anatomia de Leonardo da Vinci. "Embora fosse fundamentalmente um artista, [Leonardo] considerava a anatomia como [...] algo mais que simples coadjuvante da arte. Essa atitude o levou a prosseguir com seus estudos, de tal maneira que seus conhecimentos anatômicos ultrapassaram aqueles que seriam suficientes para desempenhar sua arte", afirmam no livro.
>
> De fato, os desenhos desse estudo de Leonardo são anotações, um roteiro de pontos que seriam ainda detalhados e esclarecidos para a publicação de um tratado de anatomia. Os detalhes, os cortes e os ângulos das figuras impressionam pelo realismo e respeito pela proporcionalidade que existe no corpo humano. A influência da engenharia e da matemática é visível: roldanas, formas geométricas e engrenagens estão presentes nas gravuras, ao lado de estruturas ósseas, de conjuntos de tendões e músculos, indícios de que ele recorreu a cálculos para interpretar os movimentos e a funcionalidade dos elementos anatômicos que observou.
>
> [...]
>
> Alessandro Silva. Leonardo da Vinci, o desbravador do corpo humano. Em: *Jornal da Unicamp*, Campinas, 2013, n. 568. jul./ago. 2013. Disponível em: <http://www.unicamp.br/unicamp/ju/568/leonardo-da-vinci-o-desbravador-do-corpo-humano>. Acesso em: 18 set. 2018.

**a)** O que caracterizava os chamados "artistas-anatomistas"? Qual artista citado no texto fazia parte desse grupo?

**b)** Além da anatomia, que outras áreas científicas eram exploradas por Da Vinci em suas obras? Como isso pode ser percebido?

**c)** Em sua opinião, as outras áreas do conhecimento podem contribuir para o desenvolvimento da Arte atualmente? Como isso seria possível?

## CAPÍTULO 11
# As Reformas religiosas e a reação da Igreja católica

Durante a Idade Média, a Igreja era uma das instituições mais ricas e poderosas da Europa. Porém, as transformações ocorridas durante o Renascimento, ao longo dos séculos XV e XVI, influenciaram diretamente a situação da Igreja católica no continente.

## ▌A crise da Igreja católica

A partir da Baixa Idade Média, a Igreja católica passou a ser alvo de diversas críticas, entrando em crise. Representantes do governo, filósofos, entre outras pessoas, questionavam a autoridade do clero sobre os reis e sobre a vida política das cidades, além de condenar a postura de muitos religiosos em relação à posse de bens e riquezas.

Muitos membros da instituição eram acusados de diversas práticas corruptas, como: a busca de enriquecimento; o nepotismo, que consiste no ato de nomear familiares para ocupar cargos na estrutura administrativa de determinado órgão, no caso, a Igreja; e a simonia, ou seja, a comercialização de elementos considerados sagrados, como pedaços de ossos ou de panos, bênçãos e cargos eclesiásticos.

Uma das práticas dos membros da Igreja que sofria as mais duras críticas era a venda de **indulgências**, ou seja, a venda do perdão dos pecados cometidos pelas pessoas, cuja principal forma de pagamento era com doações em dinheiro à instituição.

Gravura feita por Jörg Breu, em cerca de 1500, representando a venda de indulgências.

## A religião durante o Renascimento

Durante o Renascimento, a postura crítica em relação à Igreja influenciou o surgimento de novas perspectivas religiosas. De modo geral, os pensadores dessa época acreditavam que a verdadeira fé estaria ao alcance de todos independentemente dos dogmas e dos rituais da Igreja católica.

Com o individualismo difundido principalmente pelo pensamento humanista, cada vez mais as pessoas passaram a valorizar uma fé individual, desvinculada dos rituais e das práticas da Igreja, cujos representantes teriam sido corrompidos pelo luxo e pelo poder.

Pensadores como o teólogo holandês Erasmo de Rotterdam (1466-1536) fizeram várias críticas à Igreja católica, afirmando que a fé se revelava de modo simples, por meio da Bíblia, e, dessa maneira, a religião deveria ser acessível a todos, independentemente de sua condição social ou econômica.

Retrato de Erasmo de Rotterdam. Têmpera produzida por Hans Holbein (1498-1543), em 1523. Acervo do Museu de Capodimonte, Nápoles, Itália.

No século XVI, muitas pessoas passaram a questionar a ostentação de riquezas promovida por parte da Igreja católica, que se manifestava principalmente nas construções grandiosas, com ornamentos em mármore e ouro, por exemplo. Óleo sobre tela do pintor italiano Giovanni Paolo Pannini (1691-1765), mostrando o interior da basílica de São Pedro, construída ao longo do século XVI, no Vaticano. Acervo do palácio Rezzonico, Museu do Setecentos, Veneza, Itália.

**Dogma:** conjunto de princípios fundamentais incontestáveis de determinada crença religiosa.

**Teólogo:** especialista ou estudioso de questões religiosas.

# A Reforma protestante

A crise religiosa, provocada principalmente pelo enriquecimento da Igreja e pela corrupção dos clérigos, resultou em alguns movimentos de contestação aos dogmas católicos. Esses movimentos foram chamados de Reforma protestante, pois pretendiam estabelecer alterações em algumas concepções e princípios difundidos pela Igreja católica romana.

## Luteranismo

Na região da Alemanha, a Reforma protestante foi liderada pelo monge Martinho Lutero (1483-1546). Lutero era contrário à venda de indulgências e, por isso, redigiu um documento com 95 declarações, ou teses, contestando essa e outras práticas católicas. Em 1517, ele pregou o documento com suas ideias na porta da igreja em Wittenberg.

Lutero argumentava a favor de uma doutrina em que a salvação divina pudesse ser concedida de acordo com a fé e com a crença individual das pessoas.

Mesmo excomungado pela Igreja católica, o monge recebeu o apoio de muitas pessoas, entre elas nobres e príncipes da região alemã.

Uma das ideias difundidas pela Reforma protestante era que a Bíblia pudesse ser interpretada pelos próprios fiéis, sem intermediação dos clérigos. Contudo, muitas pessoas não compreendiam o latim, língua em que eram celebradas as cerimônias religiosas na época.

Assim, uma das preocupações de Lutero foi produzir uma versão da Bíblia em alemão, língua vernácula, para que as pessoas pudessem interpretar as escrituras. A doutrina fundada por ele recebeu o nome de **luteranismo**.

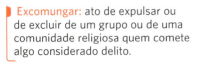

*Retrato de Martinho Lutero*, óleo sobre painel de Lucas Cranach (1472-1553), produzido em 1529. Acervo do Museu Histórico Alemão, Berlim, Alemanha.

> **Excomungar:** ato de expulsar ou de excluir de um grupo ou de uma comunidade religiosa quem comete algo considerado delito.

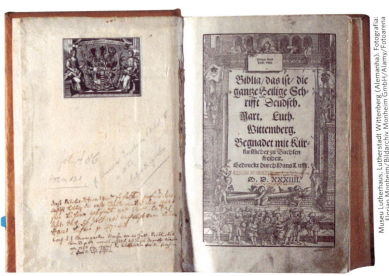

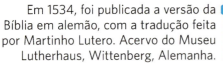

Em 1534, foi publicada a versão da Bíblia em alemão, com a tradução feita por Martinho Lutero. Acervo do Museu Lutherhaus, Wittenberg, Alemanha.

140

## Calvinismo

As ideias de Lutero propagaram-se para outras regiões da Europa. O teólogo francês João Calvino (1509-1564) difundiu as ideias protestantes, principalmente na região de Genebra, na Suíça.

Calvino defendia a ideia de que o ser humano não poderia intervir em sua salvação, pois o destino de cada pessoa já havia determinado por Deus. Desde o nascimento, a pessoa estaria salva para viver no céu ou condenada a sofrer no inferno. Como pecadores, não cabia aos seres humanos conhecer seu destino. Até que o destino fosse revelado, na morte, restava aos indivíduos levar uma vida exemplar e obediente a Deus.

Muitos burgueses simpatizaram com essa nova doutrina fundada por Calvino e que foi denominada **calvinismo**, pois o modo de vida deles, voltado para o trabalho e para o sucesso financeiro, era valorizado pela doutrina e representava indícios da salvação. Por isso, os burgueses auxiliaram na divulgação do calvinismo na Europa.

## Anglicanismo

Na Inglaterra, o rei Henrique VIII via a forte autoridade da Igreja católica e o crescente acúmulo de riquezas por ela como uma ameaça à sua autoridade política.

Assim, com o apoio de diversos setores da população, que já recebiam as influências do movimento reformista difundido por Lutero e protestavam contra a obrigação do pagamento de dízimos à Igreja, Henrique VIII promoveu a Reforma religiosa na Inglaterra.

Em 1534, Henrique VIII, em um ato de caráter político, rompeu com o catolicismo romano porque o papa negou o pedido de divórcio entre ele e a espanhola Catarina de Aragão, que não havia gerado um herdeiro do sexo masculino, como o rei desejava. Com o divórcio, o rei se casaria com a inglesa Ana Bolena. Assim, Henrique VIII criou o **Ato de Supremacia**, fundando a Igreja anglicana, da qual era o chefe, e apoderando-se de terras e de outras riquezas que antes pertenciam à Igreja católica.

A ascensão das ideias protestantes provocou diversos conflitos na Europa. Em 1572, milhares de protestantes franceses foram mortos em um massacre que ficou conhecido como Noite de São Bartolomeu. A pintura ao lado, feita no século XVI, representa esse evento. *Massacre do Dia de São Bartolomeu*, óleo sobre painel de François Dubois (1529-1584). Acervo do Museu Cantonal de Belas Artes, Lausana, Suíça.

# A Contrarreforma

O surgimento de diversos movimentos contrários às doutrinas da Igreja católica provocou uma reação dessa instituição, que instaurou a chamada Contrarreforma. Assim, o clero investiu na renovação e no fortalecimento dos dogmas católicos, por meio de medidas diversas.

## A Companhia de Jesus

Uma das ordens religiosas mais atuantes no século XVI foi a Companhia de Jesus. Criada em 1534 pelo espanhol Inácio de Loyola (1491-1556), essa ordem tinha como objetivo conciliar a disciplina monástica com o catolicismo renovado proposto pela Contrarreforma. Seguindo uma rígida disciplina, os **jesuítas**, como eram chamados os clérigos pertencentes à Companhia, combatiam o avanço do protestantismo por meio da reafirmação da fé católica, pela educação e pela conversão de fiéis, com a criação de escolas. Além disso, eles difundiam o catolicismo por meio das missões em diversas regiões do mundo, como na América, na Ásia e na África.

> **Monástico:** referente ao modo de vida religioso de monges e freiras.
>
> **Concílio:** reunião organizada pelo papa para discutir questões como doutrina, fé e costumes relacionados à religião.

## O Concílio de Trento

O Concílio de Trento foi uma série de encontros que reuniu na cidade de Trento (norte da Itália) dezenas de clérigos católicos, entre os anos de 1545 e 1563. O principal objetivo do Concílio era rever e examinar os dogmas e as práticas da Igreja, tendo em vista que estavam sendo ameaçados pelo protestantismo.

Algumas práticas corruptas dos clérigos foram abolidas, como a venda de indulgências e de cargos eclesiásticos, e a grande maioria das doutrinas foi reafirmada pela Igreja, como o princípio da salvação pelas boas obras, o culto à Virgem Maria e a outros santos e o celibato clerical.

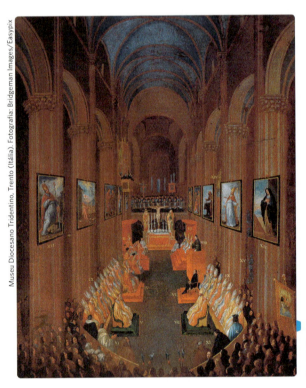

*Sessão de abertura do Concílio de Trento em 1545*, que representa clérigos reunidos no Concílio. Óleo sobre tela de Nicolo Dorigati (1662-1750), produzido em 1711. Acervo do Museu Diocesano Tridentino, Trento, Itália.

### As heresias

As ideias ou práticas que contrariam os dogmas da Igreja católica ou que são tidas como ilegítimas são chamadas **heresias**.

Naquela época, a Igreja católica considerava hereges os seguidores das religiões protestantes e também aquelas pessoas cujas ideias, doutrinas ou práticas ameaçavam a estabilidade do poder papal e católico, sendo consideradas falsas pela instituição.

## A Inquisição

Também chamada **Tribunal do Santo Ofício**, a Inquisição foi um órgão da Igreja católica criado em 1231. A princípio, sua atuação era predominantemente contra os hereges. No entanto, com a ascensão dos protestantes e no contexto da Contrarreforma, no século XVI, a Inquisição passou a reprimir e a utilizar medidas agressivas contra esses grupos.

Os inquisidores, ou seja, os membros do Tribunal do Santo Ofício, costumavam visitar os povoados para realizar interrogatórios e sessões de tortura nos acusados de contrariar os princípios católicos. Muitas vezes, para não serem mortos, os acusados acabavam confessando atos que não haviam cometido.

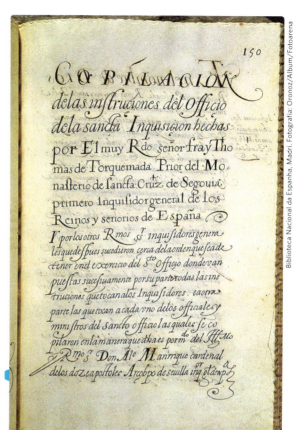

Um dos principais inquisidores foi Tomás de Torquemada, que atuou na Inquisição espanhola. Ao lado, *Compilação das instruções do Ofício da Santa Inquisição*, documento escrito por Torquemada no século XV. Acervo da Biblioteca Nacional da Espanha, Madri, Espanha.

Os **autos de fé** eram cerimônias públicas nas quais os inquisidores declaravam as sentenças dos indiciados pelo Tribunal do Santo Ofício. Nesses rituais, os acusados podiam confessar seus crimes e pedir o perdão, caso contrário ficavam sujeitos a sofrer penalidades e ser executados. Acima, a gravura de autoria desconhecida, produzida no século XVI, representa a execução de três mulheres condenadas por bruxaria.

> De acordo com o que você estudou, por que as pessoas eram perseguidas pela Inquisição? Qual é sua opinião sobre essas medidas tomadas pelo Tribunal do Santo Ofício?

## Inquisição na América

A perseguição promovida pela Igreja católica, que ocorria na península Ibérica, também ocorria na América.

Um exemplo dessa perseguição ocorria já durante a seleção de pessoas que poderiam ocupar os territórios do Novo Mundo. Segundo uma lei do Reino de Castela, promulgada em 1539, somente pessoas da religião católica poderiam ser enviadas para a América espanhola, sendo proibida a entrada de judeus, cristãos-novos (judeus convertidos ao cristianismo), hereges ou seguidores das novas doutrinas protestantes.

### A instauração do Tribunal do Santo Ofício

Desde a segunda viagem de Cristóvão Colombo ao continente, em 1493, os europeus sentiam a necessidade de estabelecer a Inquisição nas novas terras. Um dos religiosos que fazia parte da comitiva de Colombo, Frei Bernardo Buil, surpreso com os costumes dos nativos, solicitou aos reis católicos o estabelecimento do Tribunal do Santo Ofício na América com urgência. No entanto, a Igreja optou por aguardar e acompanhar, a distância, como se desenvolveria o catolicismo entre os nativos.

*Auto da fé celebrado na igreja de São Bartolomeu.* Produzida por um artista desconhecido, no século XVIII, essa pintura retrata a ação do Tribunal do Santo Ofício no México, em 1716. Acervo do Museu Nacional de Arte do México, Cidade do México.

### O funcionamento do Tribunal da Inquisição na América espanhola

Os tribunais instituídos na América tinham a missão de vigiar e normatizar a população, assim como faziam na península Ibérica. No entanto, por causa das particularidades encontradas nas colônias, precisaram adaptar-se à realidade local.

Apesar da lei que proibia a entrada de pessoas não católicas, havia nas colônias um grande número de cristãos-novos que, distante da repressão da metrópole, preservavam parte de suas antigas crenças e tradições. Além deles havia os indígenas, que mesmo após serem evangelizados e batizados mantinham parte de suas práticas tradicionais.

Representação de chefe indígena sendo queimado na fogueira por inquisidores espanhóis. Gravura de artista desconhecido, século XVI.

Com menos poder e recursos que na Europa, o Tribunal do Santo Ofício na América não conseguiu vigiar toda a população. Assim, mantiveram-se restritos a atuar nas cidades mais povoadas e compostas majoritariamente por espanhóis. Isso não significa, no entanto, que eles tenham sido menos rigorosos ou cruéis que os tribunais europeus.

### A Inquisição no Brasil

No Brasil, a expansão do catolicismo foi resultado principalmente das iniciativas dos jesuítas em catequizar as populações nativas. Contudo, a convivência e o intercâmbio de diversas culturas fizeram que os preceitos católicos no Brasil fossem mesclados aos saberes indígenas e africanos, resultando, assim, em práticas singulares.

Para evitar que as características do catolicismo se enfraquecessem, os dirigentes da Igreja católica de Portugal solicitaram diversas vezes que o Tribunal do Santo Ofício viesse para o Brasil.

A primeira visita do Tribunal ao Brasil aconteceu em 1591, com o clérigo Heitor Furtado Mendonça, que foi enviado à Bahia e a Pernambuco para investigar casos de heresia. Nessa época, a economia da cana-de-açúcar se fortalecia no Nordeste e muitos cristãos-novos vieram ao Brasil para trabalhar nos engenhos. Há indícios de que vários deles continuaram a professar o judaísmo na colônia portuguesa, até mesmo construindo sinagogas. Nessa primeira visita do Tribunal ao Brasil, os inquisidores localizaram e destruíram a sinagoga de Matoim, no Recôncavo Baiano, intimidando as comunidades de cristãos-novos da região.

Ao longo dos séculos XVII e XVIII, ocorreram outras visitações do Tribunal no Brasil. Nesses dois séculos foram mais de mil pessoas julgadas e aprisionadas, na maioria das vezes, por disseminar o judaísmo.

Os indígenas também foram perseguidos pelo Tribunal do Santo Ofício no Brasil. Estudos indicam que cerca de trinta indígenas foram prisioneiros da Inquisição e levados para Lisboa entre os séculos XVI e XVIII.

# Atividades

## Organizando o conhecimento

1. Quais eram as principais críticas feitas por intelectuais, políticos, entre outras pessoas, à Igreja católica desde o final da Baixa Idade Média?

2. O que pensadores como Erasmo de Rotterdam diziam sobre a fé entre os séculos XV e XVI?

3. Escreva um breve texto sobre os principais movimentos de contestação à Igreja católica que surgiram durante a Reforma protestante.

4. Explique o que foi a Contrarreforma.

## Conectando ideias

5. Leia o texto a seguir e, depois, responda às questões no caderno.

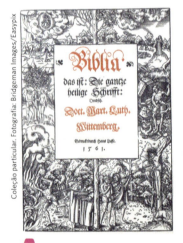

Página da Bíblia alemã, ricamente ilustrada, traduzida por Martinho Lutero e publicada pela primeira vez em 1534.

Os primeiros produtos da indústria tipográfica foram tríplice sucesso – como mercadorias, como armas de propaganda e como obras de arte. Muitos livros rivalizavam com a beleza dos volumes manuscritos, mostrando belos desenhos, primoroso trabalho tipográfico e, de vez em quando, soberbas iluminuras. Artigos menos trabalhados se vendiam com a mesma rapidez com que saíam dos prelos. A Bíblia Alemã de Lutero alcançou 430 edições durante a vida do autor. Os seus panfletos, e outros que o atacavam, eram comprados ao preço de alguns centavos. Embora os clérigos católicos perdessem repetidamente a batalha da palavra impressa, louvaram o novo processo como uma "arte divina".

Edith Simon. *A Reforma*. Tradução de Pinheiro de Lemos. Rio de Janeiro: José Olympio Editora, 1971. p. 140. (Coleção Biblioteca de História Universal Life).

a) De acordo com o texto e com o que você estudou até aqui, qual a relação entre a prensa de tipos móveis de Gutenberg e a difusão das ideias de Martinho Lutero?

b) Por que, conforme o autor do texto, os primeiros produtos da indústria tipográfica foram um tríplice sucesso?

c) Por que a versão da Bíblia traduzida por Lutero teve tantas edições?

d) Atualmente, além de impressas, em que outros formatos podemos encontrar a Bíblia e outras obras literárias? Você acha que esses diferentes formatos contribuem para que as pessoas leiam mais? Por quê? Converse com os colegas.

**6.** Leia o texto a seguir e responda as questões no caderno.

> [...]
>
> Heitor Furtado [Mendonça] chegou à Bahia autorizado a processar em última instância os desvios da fé menos gravosos, apesar de heréticos aos olhos da Inquisição, a exemplo da bigamia, sodomia, blasfêmias e assemelhados. No caso dos delitos tipicamente religiosos contra a fé católica, deveria tão somente instruir os processos e mandar os réus presos para Lisboa, sendo este principalmente o caso de cristãos-novos com forte presunção de heresia judaica.
>
> [...]
>
> Ronaldo Vainfas e Angelo A. F. Assis. A esnoga da Bahia: cristãos-novos e criptojudaísmo no Brasil quinhentista. In: Keila Grinberg (Org.). *Os judeus no Brasil*: inquisição, imigração e identidade. Rio de Janeiro: Civilização Brasileira, 2005. p. 48.

a) Quem era Heitor Furtado? Comente sua função.

b) Que situações heréticas segundo o Tribunal do Santo Ofício são citadas no texto?

c) Levante hipóteses para explicar por que Heitor Furtado tinha autorização de processar os casos considerados menos graves.

d) Por que você considera que principalmente os cristãos-novos eram presos e levados a Lisboa?

**7.** Copie no caderno as frases a seguir, corrigindo as incorretas.

a) As ideias ou práticas que afirmam os dogmas da Igreja católica são chamadas heresias.

b) Criada pelo espanhol Inácio de Loyola, a Companhia de Jesus tinha como objetivo conciliar a disciplina monástica com o catolicismo renovado proposto pela Contrarreforma.

c) Os autos de fé eram cerimônias particulares nas quais os inquisidores declaravam as sentenças dos indiciados pelo Santo Ofício.

d) O principal objetivo do Concílio de Trento era rever e examinar os dogmas e as práticas da Igreja, tendo em vista que estavam sendo ameaçados pelo protestantismo.

Por qual assunto desta unidade você mais se interessou? Elabore no caderno algumas questões sobre o que estudou. Depois, leia-as a um colega para que ele as responda oralmente. Por fim, responda às questões que ele preparou para você. Após essa atividade, procure responder:

- Em qual dos dois capítulos você gostaria de aprofundar seus conhecimentos? Por quê?
- Em sua opinião, esses temas são importantes para compreender a história do nosso país? Explique.
- Você já conhecia algumas das pinturas renascentistas? Quais? O que você aprendeu sobre elas?
- Você teve alguma dúvida ao estudar os conteúdos da unidade? Quais?

## Ampliando fronteiras

## Caça às bruxas

Você já assistiu a algum filme ou desenho animado com personagens bruxas? Como elas apareciam vestidas? De que maneira eram representadas?

As "bruxas" também possuem sua história. Muitas mulheres foram assim denominadas no contexto da Idade Média, principalmente no período de intensa atuação da Inquisição. Milhares foram presas, julgadas e condenadas à morte na fogueira pelo Tribunal do Santo Ofício por exercerem práticas supostamente relacionadas à bruxaria. Mas será que as mulheres perseguidas pela Inquisição se pareciam com essas personagens que você já viu representadas?

Nos séculos XVI e XVII, diversas práticas, como as que envolviam um conjunto de conhecimentos relacionados ao corpo, à medicina popular e aos saberes ancestrais, eram consideradas subversivas, pois iam contra as leis divinas, de acordo com a concepção da Igreja católica. Essas práticas, exercidas principalmente pelas mulheres, passaram então a ser vistas como bruxaria. Naquela época, as mulheres eram consideradas mais frágeis que os homens e, segundo a crença católica, mais suscetíveis ao pecado.

Assim, as mulheres tornaram-se maioria entre as pessoas perseguidas durante a Inquisição nos séculos XVI e XVII, com a caça às bruxas.

## A sabedoria popular

Algumas das atividades que antes eram vistas como bruxaria são, atualmente, reconhecidas como um tipo de sabedoria popular. São conhecimentos adquiridos pela tradição da família ou da comunidade.

Em muitos locais do Brasil e do mundo, os conhecimentos tradicionais relacionados aos tratamentos de saúde, por exemplo, feitos com ervas e produtos naturais, são comuns e ainda transmitidos de geração para geração.

**1.** Quem eram as bruxas, segundo a visão dos inquisidores?

**2.** Por que a grande maioria das pessoas perseguidas pela Inquisição eram mulheres?

**3.** Leia o texto a seguir e responda às questões.

[...] Além de investir em conceitos que subestimavam o corpo feminino, a ciência médica passou a perseguir [no século XVIII] as mulheres que possuíam conhecimentos sobre como tratar o próprio corpo. Esse saber informal, transmitido de mãe para filha, era necessário para a sobrevivência dos costumes e das tradições femininas [...]. Era também a crença na origem sobrenatural da doença que levava tais mulheres a recorrer a [meios] sobrenaturais; mas essa atitude acabou deixando-as na mira da Igreja [...].

Mary Del Priore. Magia e Medicina na colônia: o corpo feminino. Em: Mary Del Priore (Org.). *História das mulheres no Brasil*. 8. ed. São Paulo: Contexto, 2006. p. 81.

**a)** De acordo com o texto, por que algumas mulheres ficavam na mira da Igreja?

**b)** O que a autora quis dizer com a expressão "saber informal"?

**c)** No lugar onde você mora, ou mesmo entre seus familiares, existe alguma pessoa que exerça atividades ligadas aos saberes populares? Agende uma entrevista com ela para obter informações sobre as práticas relacionadas a esses saberes. Pergunte-lhe com quem ela aprendeu tais conhecimentos e como ela os utiliza. Posteriormente, transcreva a entrevista e leve-a para a sala de aula para compartilhar com os colegas o que você aprendeu sobre saberes populares.

Muitas mulheres perseguidas pela Inquisição realizavam partos e tratavam de mulheres grávidas. Elas tinham conhecimentos sobre o corpo humano e sabiam utilizar ervas e minerais no tratamento de diversas doenças.

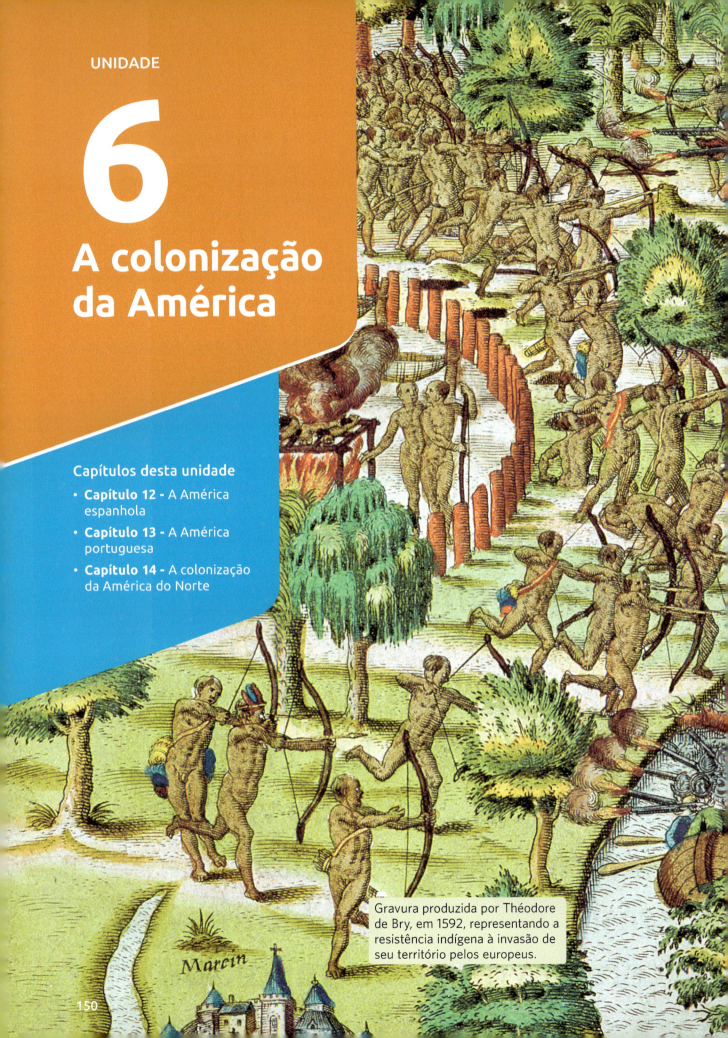

UNIDADE

# 6

# A colonização da América

Capítulos desta unidade
- **Capítulo 12 -** A América espanhola
- **Capítulo 13 -** A América portuguesa
- **Capítulo 14 -** A colonização da América do Norte

Gravura produzida por Théodore de Bry, em 1592, representando a resistência indígena à invasão de seu território pelos europeus.

**Iniciando rota**

1. Descreva a imagem apresentada nesta abertura.
2. O que você sabe sobre colonização da América?
3. De acordo com a gravura de Théodore de Bry, o processo de colonização ocorreu de maneira pacífica? Converse com os colegas sobre o assunto.

151

## CAPÍTULO 12

# A América espanhola

Quando os europeus desembarcaram na América, em 1492, havia cerca de 50 milhões de indígenas habitando o território. Essa população foi drasticamente reduzida ao longo dos anos de invasão e de ocupação europeia, como veremos neste capítulo.

## ▌ Contatos entre europeus e indígenas

Na época da chegada dos europeus, algumas sociedades indígenas da América formavam poderosos reinos e impérios, muito ricos, politicamente organizados, e com uma cultura altamente sofisticada.

Os relatos feitos pelos europeus sobre os primeiros contatos entre eles e os povos indígenas descrevem que houve curiosidade e encantamento dos nativos nesse momento. A visão dos europeus sobre esses povos e sobre o chamado Novo Mundo era bastante etnocêntrica, pois depreciava os valores e o modo de vida próprios da cultura indígena. Em muitos desses relatos, as populações nativas eram descritas como "bárbaras e selvagens", e os europeus portavam-se com superioridade diante delas, atribuindo-lhes papel inferior.

Em constante busca por riquezas, principalmente ouro e prata, os europeus deram início a um processo de conquista e de colonização do território, provocando profundas transformações no modo de vida da população nativa, além da morte de milhares de indígenas.

> ▌**Novo Mundo:** termo criado pelos europeus para nomear as terras antes desconhecidas por eles, principalmente o continente americano. Nesse sentido, a Europa faria parte do "Velho Mundo".

## ▌ A queda e a conquista do Estado Asteca

Em 1518, os espanhóis chegaram à região onde se localizavam as províncias do Estado Asteca, atual região do México. Eles foram recebidos pelos nativos com presentes, entre os quais vários objetos de ouro, provocando grande interesse nos espanhóis em conquistar o território.

Ao tomar conhecimento das riquezas desse povo, os espanhóis empreenderam outras expedições à região. Uma delas, comandada por Hernán Cortés, em 1519, reuniu centenas de tripulantes e muitas peças de artilharia, além de cavalos, animais até então desconhecidos pelos nativos americanos.

▌ Mapa de Tenochtitlán, capital do Estado Asteca. Esse foi o primeiro plano da cidade, produzido por Hernán Cortés, em 1520, e enviado ao rei da Espanha, Carlos V.

152

Sem saber das intenções dos espanhóis, o governante asteca Montezuma recebeu-os como visitantes, oferecendo-lhes alojamento em seu palácio. Aproveitando-se da confiança do governante, os espanhóis, então, deram início a uma série de ataques violentos contra os nativos, mas foram duramente reprimidos.

Após essa derrota, Hernán Cortés reorganizou suas tropas, armou um cerco contra Tenochtitlán e Montezuma foi assassinado. Apesar da superioridade populacional e da grande resistência do Estado Asteca, em 1521 ele chegou ao fim com o domínio dos espanhóis.

Imagem do *Códice Durán*, manuscrito produzido no século XVI que representa o massacre da população de Tenochtitlán efetuado pelos espanhóis.

### Por que os espanhóis venceram?

Entre os vários fatores que favoreceram a vitória das tropas de Hernán Cortés estão o apoio de povos rivais dos astecas, que se tornaram aliados dos espanhóis, e também a fome e as doenças que acometeram os nativos.

## A conquista do Império Inca

A partir de 1520, os espanhóis realizaram várias expedições com o intuito de reconhecer o litoral antes de iniciar o processo de conquista do território pertencente ao Império Inca, então localizado na cordilheira dos Andes. Em 1531, a tropa liderada por Francisco Pizarro, formada por 180 homens fortemente armados, além de aproximadamente 30 cavalos, invadiu as terras incas.

Assim como aconteceu durante a conquista da Mesoamérica, os espanhóis estavam em considerável inferioridade numérica em relação aos nativos.

Nessa época, o Império Inca estava atravessando um período de conflitos internos e, além disso, os irmãos Atahualpa e Huáscar disputavam o trono. Atahualpa saiu vitorioso nessa disputa, tornando-se governante.

O poder do Império Inca ficou bastante fragilizado pela crise, permitindo que Pizarro se aproveitasse dessa situação para capturar Atahualpa, em 1532, na cidade de Cajamarca (no atual Peru). Para resgatá-lo, foi feito um acordo no qual os nativos tiveram de entregar grande quantidade de ouro e prata aos espanhóis. No entanto, desrespeitando esse acordo, as tropas de Pizarro executaram Atahualpa e apoderaram-se de Cajamarca.

A partir de então, apesar da forte resistência indígena, a conquista espanhola estendeu-se pelas demais regiões do Peru. Cusco, capital do Império, foi tomada no ano seguinte, mas somente em 1572, quando o último governante inca, Tupac Amaru, foi morto pelos invasores, os incas foram totalmente dominados.

A imagem acima representa o primeiro encontro de Pizarro com Atahualpa, em 1532. Ilustração que faz parte da obra do cronista Felipe Guamán Poma de Ayala, produzida no início do século XVII.

153

# A administração das colônias

Após as guerras de conquista, os espanhóis iniciaram o processo de colonização das terras na América. Assim, o território espanhol foi dividido em **vice-reinos** (veja o mapa).

Em 1535, foi criado o Vice-Reino da Nova Espanha, englobando o território do atual México e de parte da América Central. Já o Vice-Reino do Peru, criado em 1542, incluía grande parte das colônias espanholas da América do Sul.

Cada um deles era governado por um vice-rei, maior autoridade colonial, responsável por assuntos administrativos, militares e religiosos. O vice-rei também exercia o papel de autoridade judicial nas *Audiencias*, que eram tribunais responsáveis por aplicar a justiça nas colônias.

As cidades maiores tinham ainda outro órgão importante, o *Cabildo*, responsável pela administração municipal e geralmente controlado pelos membros mais ricos da sociedade colonial.

Fonte: Jeremy Black. *World History Atlas*. Londres: Dorling Kindersley, 2005. p. 78-79.

# A sociedade colonial

A sociedade espanhola colonial estava dividida em cinco grupos distintos e essa separação era baseada principalmente em aspectos étnicos.

*Chapetones*: eram os espanhóis que migraram para a América. Ocupavam os cargos administrativos mais importantes e eram donos de grandes fazendas e de minas e responsáveis pelo comércio entre as colônias e a metrópole.

*Criollos*: eram os descendentes de espanhóis nascidos na América. Também possuíam terras e minas, mas exerciam cargos inferiores aos dos *chapetones* na administração colonial. Com os *chapetones*, formavam a elite colonial.

Mestiços: eram filhos de espanhóis, ou de descendentes de espanhóis, com indígenas. Dedicavam-se a diferentes atividades, como o pequeno comércio, o artesanato e a administração de propriedades rurais.

Indígenas: grupo formado por grande variedade de povos nativos. A mão de obra desse grupo era utilizada nas minas, na agricultura e nas obras públicas.

Africanos e afrodescendentes escravizados: a presença deles foi mais comum no Caribe e em partes da América do Sul. Sua mão de obra foi utilizada principalmente na produção de açúcar e em atividades mineradoras.

## Trabalho indígena

A mão de obra indígena foi predominante na maior parte da América espanhola. O trabalho forçado por meio da **mita** e da **encomienda** eram os mais comuns.

A *mita* era uma espécie de imposto pago pelos indígenas na forma de trabalho. Esse sistema já era utilizado pelos povos incas e foi adaptado pelos espanhóis, sendo amplamente empregado na mineração e nas obras públicas, principalmente no Vice-Reino do Peru. Por meio desse sistema, alguns indígenas eram retirados de suas comunidades e forçados a trabalhar em outra região da colônia. Eles recebiam apenas um pequeno pagamento em troca de seu trabalho e só podiam sair mediante autorização. Por causa das péssimas condições de trabalho e dos maus-tratos sofridos, milhares de indígenas submetidos a esse sistema morreram.

Na *encomienda*, era estabelecido um contrato entre um colono e a Coroa espanhola. O colono (o *encomendero*) podia explorar o trabalho ou cobrar tributos de uma comunidade indígena mediante o pagamento de taxas à Coroa. Por meio do contrato, o colono era responsável por vestir, alimentar e catequizar os indígenas explorados.

Representação da exploração do trabalho inca pelos colonizadores europeus. Gravura do início do século XVII, extraída do livro *A primeira nova crônica e bom governo*, do espanhol Felipe Guamán Poma de Ayala.

## Influência da Igreja

Durante a colonização, diferentes ordens religiosas católicas foram responsáveis pela tarefa de catequizar os indígenas, exercendo importante papel na dominação dos povos nativos. A catequização enfraquecia os laços de identidade existentes entre os indígenas, pois procurava substituir sua cultura tradicional pela cultura europeia.

Em muitos aspectos, a atuação da Igreja foi contraditória. Em diversas ocasiões ela auxiliou a metrópole a controlar os indígenas e participou diretamente da exploração de sua mão de obra. Por outro lado, muitos membros da Igreja agiram na defesa dos nativos, tentando proteger a vida deles e diminuir as crueldades praticadas pelos colonizadores.

Representação de um religioso catequizando indígenas na América espanhola. Gravura de artista desconhecido, produzida no século XIX.

## A conquista do México segundo Bernardino de Sahagún

A dominação dos colonizadores espanhóis sobre Tenochtitlán, capital asteca, foi marcada por muita violência e cobiça. Parte da história dessa dominação foi escrita por Bernardino de Sahagún, missionário franciscano que viveu no México no século XVI.

Durante aproximadamente trinta anos, ele escreveu a obra *História geral das coisas da Nova Espanha*, trabalho enciclopédico composto de 12 livros sobre a história e a cultura do povo asteca, publicado entre 1575 e 1577. Essa publicação também ficou conhecida como *Códice Florentino*. O Livro 12 dessa obra trata especificamente da conquista do México, como podemos ver na reprodução abaixo.

Fac-símile de páginas da obra *História geral das coisas da Nova Espanha*, publicado entre 1575 e 1577. Acervo da Biblioteca Medicea Laurenziana, Florença, Itália.

Os livros foram escritos com base em relatos históricos de indígenas que testemunharam a conquista espanhola. Os relatos históricos são importantes fontes de estudos, pois permitem que episódios importantes da história sejam compreendidos a partir de diferentes pontos de vista.

1. Faça uma descrição das imagens apresentadas. Descreva como foram representados, por exemplo, o ambiente, os espanhóis e os indígenas, e também procure relacionar a imagem com o título do livro.

Agora que você conheceu um pouco mais sobre essa obra, leia um trecho dela, a seguir, que trata da relação dos colonizadores espanhóis com Montezuma, governante asteca que hospedou os europeus em seu palácio logo após a chegada deles ao território asteca.

## Os conquistadores mostram seu interesse pelo ouro

Quando os espanhóis instalaram-se, em seguida interrogaram Motecuhzoma a respeito dos recursos e reservas da cidade: as insígnias guerreiras, os escudos; muito procuravam e muito exigiam o ouro.

E Motecuhzoma rápido vai-lhes guiando. Vai cercado, acossado. Ele vai no meio, vai adiante deles. Vão-lhe comprimindo, vão-lhe acossando.

E quando chegaram à casa do tesouro, chamada Teucalco, tiram para fora todos os objetos feitos com plumas, como coletes de pluma de quetzal, escudos preciosos, discos de ouro, os colares dos índios, as lunetas para o nariz feitas de ouro, as correntes de ouro, pulseiras de ouro, os diademas de ouro.

Imediatamente foi despojado de todos os escudos de ouro, assim como todas as insígnias. E em seguida fizeram uma grande bola de ouro, e botaram fogo, incendiaram, queimaram tudo o que restava, por mais valioso que fosse: com o que tudo ardeu.

Quanto ao ouro, os espanhóis reduziram tudo a barras, e ficaram com todas as chalchihuites que acharam mais bonitas; mas todas as outras desse tipo de pedra ficaram para os tlaxcaltecas.

E andaram por todo lugar, andaram remexendo, reviraram a casa do tesouro, os depósitos, e apoderaram-se de tudo o que viram, de tudo que lhes pareceu bonito.

Bernardino de Sahagún. Em: Miguel León-Portilla. *A visão dos vencidos*: a tragédia da conquista narrada pelos astecas. Porto Alegre: L&PM, 1985. p. 77.

▌Broche de ouro asteca do século XIV. Coleção particular.

▌**Motecuhzoma:** refere-se ao governante Montezuma (grafia adaptada à língua portuguesa).
**Chalchihuites:** pedras preciosas de cor verde.
**Tlaxcaltecas:** povo que se tornou aliado dos espanhóis na invasão de Tenochtitlán.

**2.** De acordo com o relato histórico apresentado, como os espanhóis agiram em relação ao governante asteca Montezuma?

**3.** Que tipo de riquezas os espanhóis encontraram na Teucalco, a casa do tesouro, segundo esse relato?

**4.** Por que os relatos históricos são fontes importantes para o estudo da História?

**5.** Em sua opinião, qual a importância de mostrar a visão dos povos dominados sobre a história da conquista da América? Discuta com os colegas e troquem ideias sobre o assunto. Por fim, baseando-se na discussão com os colegas, reflita se sua opinião ainda é a mesma.

## Os povos indígenas na atualidade

**América Latina:** região do continente americano que reúne países cujas línguas derivam do latim, como português, espanhol e francês. A América Latina engloba vinte países, entre eles o Brasil, a Argentina, o Peru, o Haiti e a Costa Rica.

Só é possível compreender a situação atual dos povos indígenas na América Latina se levarmos em consideração o processo histórico iniciado com a chegada dos colonizadores europeus ao continente. A violência e a exploração sofridas pelos indígenas, durante a conquista e nos anos seguintes, marcaram profundamente essas sociedades.

Hoje os indígenas constituem aproximadamente 8,3% da população da América Latina, com quase 45 milhões de indivíduos que representam mais de oitocentos povos e culturas diversas.

Esses povos enfrentam realidades diferentes em cada região. Em geral, muitos deles ainda lutam por melhores condições de vida e por direitos que lhes garantam mais dignidade ou mesmo para que os direitos já conquistados sejam cumpridos. Conheça a seguir um pouco mais sobre esses povos.

### População indígena em alguns países da América Latina

| País e ano do censo | População total | População indígena total | Percentagem de população indígena |
|---|---|---|---|
| Argentina, 2010 | 40 117 096 | 955 032 | 2,4 |
| Brasil, 2010 | 190 755 799 | 896 917 | 0,5 |
| Chile, 2012 | 16 341 929 | 1 805 243 | 11,0 |
| Equador, 2010 | 14 483 499 | 1 018 176 | 7,0 |
| México, 2010 | 112 336 538 | 16 933 283 | 15,1 |
| Panamá, 2010 | 3 405 813 | 417 559 | 12,3 |
| Paraguai, 2012 | 6 232 511 | 112 848 | 1,8 |
| Venezuela, 2011 | 27 227 930 | 724 592 | 2,7 |

Fonte: Os Povos Indígenas na América Latina. CEPAL; ONU: Santiago, 2015. p. 41. Disponível em: <http://repositorio.cepal.org/bitstream/handle/11362/37773/S1420764_pt.pdf;jsessionid=FE1416D6F7426CCD8847E726FED0A32C?sequence=1>. Acesso em: 30 out. 2018.

Indígenas mapuches participando de uma marcha em Santiago, no Chile, por maior autonomia e liberdade às suas comunidades. Foto de 2017.

### Mapuche

Os Mapuche são um povo indígena que vive atualmente no sul do Chile e da Argentina. Durante a colonização da América pelos espanhóis, esses indígenas os enfrentaram com forte resistência, conquistando a autonomia do território que ocupavam.

Ao longo do tempo, principalmente durante o século XX, parte dos territórios mapuches foi ocupada por latifundiários e por empresários que desejavam explorar economicamente a região. Hoje, os indígenas lutam pela devolução desses territórios ao seu povo.

## Quéchua e Aimará

Dois dos maiores grupos de povos indígenas que habitam a América Latina são os Quéchua e os Aimará. A principal identidade desses grupos é a língua falada por eles.

Atualmente, o quéchua, antiga língua indígena adotada pelos incas, é falado por aproximadamente 11 milhões de pessoas de diferentes grupos étnicos, principalmente nos países onde é uma das línguas oficiais, como é o caso do Peru, da Bolívia e do Equador.

A língua aimará é falada por aproximadamente 2 milhões de pessoas, principalmente na Bolívia e no Peru.

Esses povos ainda lutam para ampliar e melhorar os serviços oferecidos pelo Estado aos indígenas, como saúde e educação.

Mulher quéchua trabalhando com um tear na comunidade de Tink, no Peru. Foto de 2018.

## Povos descendentes dos maias

Aproximadamente 6 milhões de indígenas descendentes de povos maias vivem hoje em regiões da Guatemala, de Honduras, de Belize e do México. Muitos desses povos procuram preservar suas antigas tradições, embora também tenham incorporado parte da cultura dos colonizadores, como o cristianismo. Apesar de ter havido fusão entre a religião maia e o cristianismo, as crenças de seus antepassados não foram abandonadas, sendo conservados muitos de seus costumes, modos de ver o mundo e rituais. Assim, uma das lutas desses povos é para que sua religiosidade seja respeitada e tenha espaço para se desenvolver.

Descendentes dos maias durante procissão religiosa na igreja de São Tomás, em El Quiche, Guatemala. Foto de 2015.

## Para investigar

## As representações da conquista

Os espanhóis produziram diversas imagens sobre os acontecimentos da época dos primeiros contatos com os indígenas. Além de retratos acerca do dia a dia asteca, por exemplo, eles produziram imagens que tratam da conquista, registrando a visão que tinham sobre os eventos ocorridos nesse processo.

O primeiro contato entre indígenas e europeus foi representado em códices. Um desses códices foi produzido pelo religioso espanhol Diego Durán, no século XVI. Observe abaixo a análise de uma das ilustrações do chamado *Códice Durán*. Ela representa como teria sido o encontro entre europeus e astecas.

| Além de armaduras, os espanhóis trouxeram armas, como arcabuzes e lanças. | Hernán Cortés foi representado à frente dos espanhóis, em posição de liderança. | Os astecas foram representados com vestes tradicionais e adereços na cabeça. |

Gravura extraída do *Códice Durán*, produzido no século XVI, mostrando o encontro entre Hernán Cortés e Montezuma.

Os cavalos eram novidade para os astecas, pois na América não havia esses animais.

De acordo com alguns estudos, a princípio, os astecas acreditaram que os europeus fossem mensageiros divinos. Por isso, na imagem, estão entregando um presente aos espanhóis.

**Códice:** tipo de livro usado para registrar atividades do cotidiano, práticas religiosas, pagamento de tributos etc.

**Arcabuz:** tipo de arma de fogo portátil, similar a uma espingarda.

Agora, analise outra imagem presente na obra de Durán. Aproveite para compará-la ao códice da página anterior. Depois, faça o que se pede.

Gravura extraída do *Códice Durán*, produzido no século XVI, representando um embate entre espanhóis e astecas.

1. Observe a gravura acima, extraída do *Códice Durán*, e a representação das personagens. Copie o quadro a seguir no caderno e complete-o com informações correspondentes aos guerreiros representados. Você poderá descrever, por exemplo, as roupas, as armas, a postura e outros elementos que caracterizam cada um deles.

| 1 | Militares espanhóis armados. | |
|---|---|---|
| 2 | Guerreiro asteca da ordem dos Jaguares. | |
| 3 | Guerreiro asteca da ordem das Águias. | |

2. Com base na observação da gravura acima, levante hipóteses sobre a resistência dos materiais e tipos de armas utilizados pelos guerreiros espanhóis e astecas.

3. Os astecas aparecem armados na imagem da página anterior? Justifique sua resposta com base nos elementos representados.

4. Compare a imagem desta página com a da página anterior e descreva o modo como os espanhóis foram mostrados em cada uma delas.

5. Em sua opinião, a representação da relação dos astecas com os espanhóis alterou-se de uma imagem para a outra? Por quê?

6. As duas imagens desta seção constam na obra de um religioso espanhol. O que isso nos indica sobre o ponto de vista dessas representações?

# Atividades

## ▌ Organizando o conhecimento

**1.** Descreva como foi a expedição que deu início à destruição do Estado Asteca.

**2.** Copie o quadro abaixo no caderno e complete os espaços com as informações sobre a divisão da sociedade colonial da América espanhola.

| Grupos | Descrições |
|---|---|
|  | Descendentes de espanhóis nascidos na América. Possuíam terras e minas, mas exerciam cargos inferiores na administração colonial. |
| Chapetones |  |
|  | Presentes principalmente no Caribe e em partes da América do Sul. Sua mão de obra foi utilizada sobretudo na produção de açúcar e na mineração. |
|  | Grupo formado por grande variedade de povos cuja mão de obra foi utilizada nas minas, na agricultura e nas obras públicas. |
| Mestiços |  |

**3.** Produza um texto sobre a população indígena na América Latina atual.

## ▌ Conectando ideias

**4.** A chegada dos espanhóis à América teve consequências marcantes para a população nativa. Formem grupos, analisem as informações do texto e respondam às questões.

> Para conseguir os 20 mil quilos de ouro, remetidos à Espanha [...], os espanhóis saquearam, mataram e roubaram. Os historiadores discutem o número de mortos, mas ninguém nega a tragédia. Se a ilha de São Domingos tinha 8 milhões de habitantes em 1492, em 1514 restavam 32 mil homens. Se o vale do México comportava 25 milhões de pessoas, no final do século não passava de 70 mil. Sessenta e oito por cento dos maias pereceram nas mãos dos espanhóis. A população do Peru, que em 1530 era calculada em 10 milhões, em 1560 caiu para 2,5 milhões. Um desastre demográfico.
>
> Os europeus dizimaram os construtores de uma civilização que em muitos aspectos superava a sua, desestruturaram um sistema produtivo que permitia a alimentação de milhões de pessoas, queimaram os avanços científicos transmitidos por gerações de americanos e, sobretudo, destruíram as possibilidades de um desenvolvimento autônomo.
>
> Enrique Peregalli. *A América que os europeus encontraram*. 13. ed. São Paulo: Atual, 1994. p. 6-7. (Coleção Discutindo a História).

**a)** Segundo o autor, o que motivou tantas mortes no território americano?

**b)** Como as civilizações maia, asteca e inca foram caracterizadas no texto?

**c)** Além das mortes de indígenas, quais são as outras consequências da conquista da América pelos espanhóis? Reflita sobre o tema com os colegas e anote no caderno a conclusão de vocês.

**5.** O papel dos intérpretes nativos foi decisivo para a comunicação entre espanhóis e astecas. O comandante Cortés, por exemplo, teve uma intérprete conhecida como Malinche. Com seu trabalho, Malinche permitiu que os espanhóis se comunicassem com outros líderes indígenas e conseguissem o apoio de grupos nativos que se consideravam inimigos dos astecas e que viam com "bons olhos" a queda do governante. Leia o texto e analise a imagem.

> Nessa época, a figura do intérprete ocupava um lugar importante entre os europeus, que se serviram de tradutores desde as primeiras incursões na América, e entre os nativos, que utilizavam indivíduos falantes de outro idioma para comunicar-se nesse grande mosaico linguístico que era a América. O aparecimento de Malinche serviu, nesse caso, para viabilizar a comunicação, selar alianças e promover a negociação entre Cortés e os povos contatados. Além do conhecimento do *náhuatl* [...], Malinche também entendia o discurso elaborado e a evocação das palavras apropriadas conforme a idade, o gênero e a posição social do interlocutor. [...]

Maria Emília Granduque José. A imagem de Malinche pelas crônicas da conquista espanhola do México (século XVI). *Dimensões*, v. 29, 2012, p. 339. Disponível em: <www.periodicos.ufes.br/dimensoes/article/viewFile/5411/3997>. Acesso em: 30 out. 2018.

Gravura extraída do *Códice Florentino*, do século XVI, mostrando um diálogo entre Cortés e Montezuma.

a) Identifique na imagem a figura de Malinche e descreva como ela foi representada.
b) Identifique também as representações de Cortés e Montezuma. Como você chegou a essa conclusão?
c) Qual foi o papel desempenhado por Malinche no processo de conquista?
d) De acordo com o texto, qual era o diferencial de Malinche como intérprete?
e) Em sua opinião, que tipo de problemas poderiam ocorrer por causa da má comunicação entre os diferentes povos?
f) Em grupo, faça uma pesquisa em livros, em revistas e na internet e procure informações sobre o trabalho de intérprete na atualidade. Responda às seguintes questões:
- Em que áreas o intérprete pode atuar?
- Qual a sua importância?
- Quais os requisitos necessários para se tornar um intérprete?

## CAPÍTULO 13

# A América portuguesa

No contexto da expansão marítima europeia, a partir do século XV, os portugueses lançaram-se ao mar para expandir seu império em busca de novos territórios e riquezas, como especiarias e artigos de luxo.

Como vimos na unidade **1**, as especiarias eram muito valorizadas, pois, além de terem uso culinário, conservando e dando sabor aos alimentos, eram utilizadas na composição de vários medicamentos, ajudando a prevenir e a combater doenças.

A Coroa portuguesa, após a viagem de Vasco da Gama à Índia, enviou uma expedição marítima comandada por Pedro Álvares Cabral, com o intuito de estabelecer relações comerciais com o Oriente por meio da instalação de feitorias na cidade de Calicute.

**Feitoria:** entreposto comercial onde as mercadorias eram armazenadas e negociadas.

## ▎ A chegada dos portugueses ao litoral do Brasil

A esquadra de Cabral, formada por 13 embarcações, havia saído do porto de Lisboa, em Portugal, em 9 de março de 1500. Cabral tinha planejado chegar à cidade de Calicute, mas, ao longo da viagem, desviou-se da rota com a intenção de tomar posse de terras que fossem encontradas pelo caminho.

Em 22 de abril de 1500, portanto após mais de quarenta dias de viagem, os navegadores portugueses avistaram as terras que viriam a chamar de Vera Cruz e que hoje correspondem ao litoral sul do estado da Bahia.

Detalhe de *Terra Brasilis*, mapa produzido por Lopo Homem, em cerca de 1519.

## Os primeiros contatos entre os portugueses e os indígenas

Ao desembarcar no território do atual Brasil, os portugueses mantiveram os primeiros contatos com os indígenas pertencentes ao povo Tupiniquim que viviam no local.

Algumas de suas impressões sobre os nativos foram registradas na carta escrita por Pero Vaz de Caminha, escrivão da frota de Cabral. Conheça a seguir um trecho dessa carta.

> A feição deles é serem pardos, maneira de avermelhados, de bons rostos e bons narizes, bem feitos. Andam nus, sem cobertura alguma. Não fazem o menor caso de encobrir ou mostrar suas vergonhas; e nisso têm tanta inocência como em mostrar o rosto. Ambos traziam os beiços de baixo furados e metidos neles seus ossos brancos [...].
>
> Seus cabelos são lisos. E andavam tosquiados, de tosquia alta [...] de bom comprimento e rapados até por cima das orelhas. [...]
>
> Pero Vaz de Caminha. Em: Jorge Caldeira (Org.). *Brasil*: a história contada por quem viu. São Paulo: Mameluco, 2008. p. 27.

> Ao ler esse relato, você acha que os portugueses ficaram impressionados com os indígenas? Por quê?

Inicialmente, os portugueses não tiveram interesse em se estabelecer nessas terras, sendo os primeiros anos após o contato marcados pela extração de riquezas naturais encontradas nelas, como veremos mais adiante. Apesar de declarar a posse do território em nome do rei de Portugal, dez dias após os primeiros contatos eles reabasteceram suas embarcações com água potável e outros mantimentos e seguiram viagem em direção ao Oriente. Enquanto isso, uma das embarcações foi destacada para retornar a Lisboa e informar o rei sobre a novidade.

## A exploração das riquezas

Um dos principais produtos explorados no território pelos portugueses foi o **pau-brasil**, madeira de grande valor comercial, matéria-prima utilizada na produção de um corante avermelhado usado para tingir tecidos.

Os portugueses utilizaram-se de mão de obra indígena para a extração da madeira do pau-brasil em troca de produtos que não conheciam, como machados, foices, facas e algumas peças de roupa. Esse tipo de comércio baseado em trocas de mercadorias ou serviços é conhecido como **escambo**.

As madeiras obtidas por meio do escambo eram cortadas, transportadas e armazenadas nas feitorias.

Representação de indígenas trabalhando na extração do pau-brasil. Gravura produzida por André Thevet, em 1575.

## A colonização do território

O pau-brasil era extraído de territórios de exclusividade portuguesa; no entanto, no início do século XVI, os reis de outras nações europeias passaram a contestar a divisão estabelecida pelo Tratado de Tordesilhas (1494) e o monopólio português sobre a extração do pau-brasil.

Logo, outros exploradores, entre eles espanhóis, holandeses e, principalmente, franceses, passaram também a buscar e extrair esse recurso natural. Para combater a extração do pau-brasil por outros exploradores, a Coroa portuguesa enviou expedições marítimas, chamadas **guarda-costas**. Além disso, para garantir o controle de sua colônia americana, a Coroa iniciou a colonização do território conquistado.

Mapa produzido pelo cartógrafo italiano Giacomo Gastaldi que descreve a viagem do navegador francês Jean Parmentier pela costa brasileira em 1520. No mapa estão representados os indígenas extraindo o pau-brasil.

> Compare o mapa histórico acima com o que foi apresentado na página **164**. Quais são as principais semelhanças e diferenças entre eles?

## A ocupação portuguesa no litoral

A primeira expedição colonizadora foi enviada ao Brasil em 1532. Os colonos, liderados por Martim Afonso de Sousa, fundaram o primeiro núcleo de povoamento colonial, a vila de São Vicente, localizada no litoral do atual estado de São Paulo.

O açúcar era muito valorizado na Europa e rendia altos lucros à Coroa portuguesa, que já praticava o cultivo de cana-de-açúcar para a obtenção desse produto em algumas de suas colônias, como na ilha de Cabo Verde e na ilha da Madeira.

Assim, para explorar as terras na nova colônia e torná-las lucrativas para a Coroa, os portugueses instalaram engenhos açucareiros em São Vicente, pois o solo fértil e as condições climáticas favoráveis tornaram viável o cultivo da cana, além da possibilidade de uso de mão de obra indígena.

Ruínas do engenho de São Jorge dos Erasmos, construído em São Vicente, no ano de 1534. Esse é um dos mais antigos vestígios da presença portuguesa no Brasil. Foto de 2015.

## O sistema de capitanias hereditárias

Para organizar a ocupação e a administração da colônia, em 1534 o governo português dividiu o território em 15 grandes lotes de terras, denominados **capitanias hereditárias**.

As capitanias hereditárias eram doadas pela Coroa portuguesa a membros da nobreza e a militares indicados pelo rei. Por ser hereditária, a administração das capitanias podia ser passada de geração para geração. No entanto, continuavam sendo propriedade do governo.

Ao tomar posse de uma capitania, o donatário, ou seja, a pessoa que recebia a doação de terra, passava a ter uma série de direitos e de responsabilidades. Entre os direitos do donatário estavam: distribuir sesmarias aos colonos, administrar a cobrança de impostos, estabelecer as leis, julgar e aplicar as penalidades. Por outro lado, ele tinha o dever de defender militarmente o território, protegendo-o de invasores estrangeiros e de indígenas hostis. Além disso, o donatário deveria tornar e manter produtiva a capitania, enviando parte de seus rendimentos à Coroa.

> **Sesmaria:** extensão de terra ainda não explorada pelos colonizadores. As sesmarias geralmente eram distribuídas entre os colonos ricos, com condições de mantê-las e torná-las produtivas.

### As capitanias hereditárias sob nova perspectiva

No ano de 2013, o engenheiro brasileiro Jorge Cintra divulgou uma nova perspectiva sobre as capitanias hereditárias. De acordo com os estudos realizados por ele, a representação mais conhecida da divisão das capitanias, produzida por Francisco Adolfo de Varnhagen (1816-1878), seria incorreta.

Essa representação teria sido fruto de um erro de interpretação das cartas de doação expedidas pelo governo português no século XVI. Para Cintra, as divisões das capitanias da região norte devem ser feitas no sentido vertical, ou seja, baseadas nos meridianos, e não no sentido horizontal, que toma como base os paralelos.

Fonte: Jorge Pimentel Cintra. Reconstruindo o mapa das capitanias hereditárias. *Anais do Museu Paulista*, v. 21, n. 2, p. 11-45, jul./dez. 2013. Disponível em: <http://www.revistas.usp.br/anaismp/article/view/80840/84476>. Acesso em: 30 out. 2018.

**Capitanias hereditárias (1534)**

Fonte: Sérgio Buarque de Holanda (Org.). *História geral da civilização brasileira*. São Paulo: Difel, 1981. p. 101.

**Capitanias hereditárias (proposta de Jorge Cintra em 2013)**

167

## O Governo-Geral

No decorrer dos anos, o sistema de capitanias hereditárias apresentou uma série de problemas, como o alto custo de manutenção e de proteção dos territórios, além da resistência dos indígenas à presença portuguesa.

Para garantir a posse, organizar e centralizar a administração da colônia, no ano de 1549, o governo português enviou Tomé de Sousa para estabelecer o Governo-Geral, com sede na cidade de Salvador, primeira capital da colônia, localizada no atual estado da Bahia.

## A administração da colônia

Na sede do Governo-Geral foram criados cargos como: o de ouvidor, que administrava assuntos relacionados à justiça; o de capitão-mor, responsável pela vigilância e proteção da costa litorânea; e o de provedor-mor, encarregado da cobrança de impostos.

Além disso, o governo português enviou missionários jesuítas para estabelecer contato com os indígenas e catequizá-los.

## As câmaras municipais

Um importante órgão da administração portuguesa foram as câmaras municipais das vilas e das cidades coloniais.

Subordinadas ao Governo-Geral, as câmaras municipais eram responsáveis pela conservação das vias públicas, pela fiscalização do comércio e pela realização de obras públicas, entre outras atribuições.

As câmaras eram administradas por juízes que supervisionavam e aplicavam a lei, e pelos vereadores, que determinavam os impostos e fiscalizavam sua arrecadação, entre outros. Esses cargos eram ocupados, em geral, pelos **homens bons**, como eram chamados os membros da elite e grandes proprietários de terras.

Foto de 2016 mostrando o prédio da câmara municipal de Salvador, construído no século XVI.

# As relações entre indígenas e portugueses

As primeiras relações entre portugueses e algumas sociedades indígenas foram amistosas. Foi com o auxílio dos indígenas em algumas tarefas, como a caça, a pesca e a coleta de alimentos, que os colonos puderam sobreviver no território.

No entanto, ao longo dos anos, as relações entre indígenas e europeus modificaram-se. No cultivo das primeiras lavouras de cana e na produção do açúcar, os indígenas foram forçados a trabalhar por longas e exaustivas jornadas, em situação degradante, sofrendo diversos tipos de castigos físicos e maus-tratos.

Mas os nativos não aceitaram passivamente a escravização imposta pelos portugueses e resistiram de diversas formas: recusando-se a trabalhar, destruindo e sabotando lavouras e engenhos de cana, enfrentando os colonizadores em conflitos armados, entre outras.

## A atuação dos jesuítas

Com a instauração do Governo-Geral na colônia, os missionários jesuítas iniciaram um projeto de catequização dos indígenas, opondo-se à escravização deles. Os colonos construíram aldeamentos onde os jesuítas reuniam indígenas de diferentes etnias para convertê-los à fé católica, além de ensinar-lhes sua língua e seus costumes.

Apesar da forte oposição à escravização, as missões jesuíticas transformaram profundamente o modo de vida dos povos indígenas.

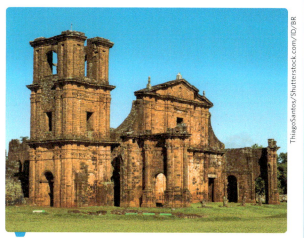

Sítio Arqueológico de São Miguel Arcanjo, em São Miguel das Missões (RS), onde funcionava uma missão jesuítica no século no século XVIII. Foto de 2018.

> [...]
> Os jesuítas se empenharam em submeter os indígenas aos rigores do trabalho metódico, aos horários rígidos, ao latim e à monogamia. [...] e, assim, acabaram sendo responsáveis pela desestruturação cultural que empurrou para a extinção inúmeras tribos. Por outro lado, foi graças à ação evangélica que a língua e a gramática tupi acabaram sendo registradas e preservadas.
> [...]
>
> Eduardo Bueno. *Brasil*: uma história: cinco séculos de um país em construção. São Paulo: Leya, 2010. p. 52; 54.

**Monogamia:** forma de relacionamento em que uma pessoa mantém somente um parceiro, esposa ou marido.

Muitos indígenas passaram a lutar para manter seus costumes, suas tradições e sua religiosidade, exercendo uma resistência cultural sobre a dominação portuguesa. Diversos elementos da cultura indígena foram preservados e, ainda hoje, têm grande importância na manutenção de seu modo de vida e de sua identidade étnica e cultural.

# Atividades

## Organizando o conhecimento

**1.** O que motivou a Coroa portuguesa a estabelecer colônias no atual território brasileiro, após 1530?

**2.** Quais eram os direitos e as responsabilidades dos donatários ao tomar posse de uma capitania?

**3.** Cite três formas de resistência indígena às tentativas de dominação dos colonizadores portugueses.

## Conectando ideias

**4.** Durante o século XVI, diversas expedições francesas ao litoral brasileiro foram organizadas. O francês Jean de Léry (1534-1611) escreveu o livro *Viagem à terra do Brasil*, que fala sobre o período em que ele esteve em uma dessas expedições. Em uma das passagens do livro, Léry relata uma conversa que teve com um indígena. Mesmo tendo sido escrito pelo francês, o relato demonstra a visão que o indígena tinha sobre a exploração econômica empreendida pelos europeus. Leia a seguir um trecho desse texto e, depois, responda às questões.

> [...]
>
> Os nossos tupinambás muito se admiram de os franceses e outros estrangeiros se darem ao trabalho de ir buscar seu *arabutã* (pau-brasil). Uma vez um velho perguntou-me: "Por que vindes vós outros, *mairs* e *perôs* (franceses e portugueses) buscar lenha de tão longe para vos aquecer? Não tendes madeira em vossa terra?" Respondi que tínhamos muita mas não daquela qualidade, e que não a queimávamos, como ele supunha, mas dela extraíamos tinta para tingir, tal qual o faziam eles com seus cordões de algodão e suas plumas.
>
> Retrucou o velho imediatamente: "E porventura precisais de muito?". "Sim", respondi-lhe, "pois no nosso país existem negociantes que possuem mais panos, facas, tesouras, espelhos e outras mercadorias do que podeis imaginar e um só deles compra todo o pau-brasil com que muitos navios voltam carregados". "Ah!", retrucou o selvagem, "tu me contas maravilhas", acrescentando depois de bem compreender o que eu lhes dissera: "Mas esse homem tão rico de que me falas não morre?". "Sim", disse eu, "morre como os outros".
>
> Mas os selvagens são grandes discursadores e costumam ir em qualquer assunto até o fim, por isso, perguntou-me de novo: "E quando morrem, para quem fica o que deixam?". "Para seus filhos, se os têm", respondi. "Na falta destes, para os irmãos ou parentes mais próximos". "Na verdade", continuou o velho, que, como vereis, não era nenhum tolo, "agora vejo que vós outros *mairs* sois grandes loucos, pois atravessais o mar e sofreis grandes incômodos, como dizeis quando aqui chegais, e trabalhais tanto para amontoar riquezas para vossos filhos ou para aqueles que vos sobrevivem! Não será a terra que vos nutriu suficiente para alimentá-los também? Temos pais, mães e filhos a quem amamos; mas estamos certos de que depois de nossa morte a terra que nos nutriu também os nutrirá, por isso descansamos sem maiores cuidados".
>
> Jean de Léry. Viagem à terra do Brasil. Em: Jorge Caldeira (Org.).
> *Brasil*: a história contada por quem viu. São Paulo: Mameluco, 2008. p. 91-92.

a) Segundo Jean de Léry, por que os europeus vinham de longe para buscar o pau-brasil?

b) Na visão do indígena, por que era estranha a ideia de os europeus viajarem de tão longe para explorar o atual território brasileiro?

c) Converse com os colegas sobre a diferença entre o pensamento dos europeus e dos indígenas. Depois, escreva um pequeno texto sobre as informações comentadas.

**5.** Analise a tira a seguir e depois responda às questões.

Alexandre Beck. Armandinho e o dia do Índio. *Jornal GGN*, 20 abr. 2015. Disponível em: <http://jornalggn.com.br/noticia/armandinho-e-o-dia-do-indio>. Acesso em: 1 out. 2018.

a) Em que ambiente está o garoto da tira? Que elementos representados na história fornecem essa informação?

b) De acordo com a abordagem da tira, com base em que ponto de vista foi explicada a história da chegada dos portugueses ao Brasil?

c) Em sua opinião, por que é importante considerar diferentes pontos de vista ao estudar História?

**6.** Observe a imagem a seguir e, depois, responda à questão.

*O desembarque dos portugueses no Brasil ao ser descoberto por Pedro Álvares Cabral em 1500, gravura feita pelo artista Alfredo Roque Gameiro, em cerca de 1900.*

- Em sua opinião, a imagem apresentada é um retrato fiel da realidade vivida naquele momento? Por quê?

## CAPÍTULO 14

# A colonização da América do Norte

## Ingleses e franceses na América

A partir do século XVI, os ingleses e os franceses também passaram a participar de expedições marítimas em busca de novos territórios. Após algumas tentativas frustradas de ocupação das terras que hoje fazem parte da América do Norte, eles conseguiram fundar nelas colônias e passaram a ocupar sistematicamente o território.

Com isso, muitos europeus migraram para essas regiões. Já no século XVII, para os ingleses que seguiam o calvinismo e outras doutrinas protestantes, a vida na América era uma alternativa às perseguições políticas e religiosas que sofriam na Europa.

Ao lado, ilustração que faz parte de um dos mapas do atlas de Nicholas Vallard, publicado em 1546. Na imagem, vê-se o desembarque de colonizadores franceses na região norte da América.

Além disso, membros da pequena burguesia, comerciantes e camponeses também participaram dessa ocupação, visando melhores condições de vida e novas possibilidades de trabalho.

Durante esse processo de colonização da atual América do Norte, centenas de povos, como os *cherokees* e os *sioux*, que habitavam a região, tiveram o modo de vida afetado pela ocupação europeia. Além do massacre provocado pelas guerras de conquista, os colonizadores levaram muitas doenças, dizimando essa população.

> **Pirata:** nesse caso, navegador que ataca e rouba navios e povoados costeiros.

### Piratas e corsários na América do Sul

A presença inglesa e francesa também foi marcante na América do Sul. Após o estabelecimento das colônias portuguesas e espanholas no continente americano, França e Inglaterra passaram a questionar a divisão de terras oficializada pelo Tratado de Tordesilhas e organizaram expedições marítimas para explorar territórios na América.

No final do século XVI, piratas ingleses e franceses passaram a atacar embarcações ibéricas e entrepostos comerciais no litoral das colônias.

Muitos desses saqueadores eram contratados pelo próprio governo inglês e francês, como os corsários. Eles eram chamados assim porque recebiam as "cartas de corso", que lhes concediam autorização para viajar e atacar embarcações mercantis de nações inimigas.

172

# A organização das colônias

Ao se estabelecerem na América, ao longo dos séculos XVII e XVIII, ingleses e franceses formaram diversas colônias. Diferentemente do que ocorreu com os domínios de Portugal e da Espanha, essas colônias eram governadas por líderes locais e desenvolveram maior autonomia política e administrativa em relação aos reinos europeus.

Observe no mapa abaixo mais informações sobre a presença inglesa e a presença francesa na América.

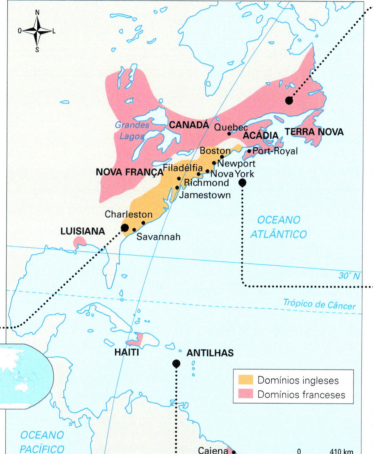

**Ingleses e franceses na América (séculos XVII-XVIII)**

Entre os anos de 1607 e 1733, os ingleses fundaram na costa leste da América do Norte atual as **Treze Colônias**, que hoje correspondem a parte dos Estados Unidos. Essas terras foram divididas em Colônias do Norte e Centro e Colônias do Sul. Cada um desses núcleos coloniais possuíam características próprias, levando em consideração o clima e a companhia comercial responsável pela colonização.

Fonte: Jeremy Black. *World History Atlas*. Londres: Dorling Kindersley, 2005. p. 127.

Após diversas tentativas, em 1608, os franceses estabeleceram a primeira colônia bem-sucedida na atual América do Norte, Quebec, na chamada **Nova França**, no atual Canadá. Em 1682, os franceses também dominaram terras a oeste das Treze Colônias inglesas, que ficaram conhecidas como Luisiana.

Além dos ingleses e dos franceses, os holandeses também se estabeleceram na América do Norte atual, na Colônia **Nova Amsterdã**, fundada em 1625. Essa região atualmente corresponde à cidade de Nova York.

As atuais América do Sul e América Central também tiveram algumas regiões ocupadas por ingleses e franceses. A partir do século XVII, as **Guianas** e as **Antilhas**, por exemplo, foram exploradas principalmente pela possibilidade do cultivo de produtos tropicais, como a cana-de-açúcar.

No Brasil, houve tentativas de colonização francesa na atual região do Rio de Janeiro em 1555, na chamada **França Antártica**. No início do século XVII, os franceses estabeleceram a **França Equinocial**, uma colônia no atual estado do Maranhão, que deu origem à cidade de São Luís. Os franceses foram expulsos pelos portugueses em 1615.

173

## A colonização inglesa

Após os primeiros contatos dos europeus com os indígenas do continente americano, em 1492, quando o navegador Cristóvão Colombo chegou às ilhas localizadas no atual Caribe, muitas outras expedições foram promovidas com o objetivo de explorar e de colonizar o território. As tentativas iniciais de colonização do norte da América ocorreram ao longo do século XVI, organizadas pelos franceses, pelos holandeses e pelos ingleses.

No caso dos ingleses, as primeiras expedições para o estabelecimento de uma colônia no território que atualmente forma a América do Norte foram realizadas entre 1584 e 1587, sob o comando do nobre britânico *sir* Walter Raleigh. Em uma dessas expedições, Raleigh fundou, com a autorização da rainha Elizabeth I, da Inglaterra, a colônia de Virgínia, nos atuais estados da Carolina do Norte e da Carolina do Sul, nos Estados Unidos. No entanto, por causa da constante resistência dos povos indígenas que lá viviam, e de problemas como a fome e as doenças enfrentadas pelos colonos, a tentativa de colonização fracassou.

## Os povos indígenas

Os territórios ao norte da América eram habitados por grande diversidade de povos indígenas, como os *sioux*, os apaches, os iroqueses, os navajos e os *powhatans*, cada um com sua cultura, língua e organização política, econômica e social.

Com o início da colonização europeia na América do Norte, muitos aspectos dos modos de vida tradicionais dos povos indígenas sofreram mudanças ou foram até mesmo extintos. Além disso, com a colonização, centenas de milhares de indígenas morreram por causa dos conflitos contra a permanência dos colonos e das doenças trazidas por eles, como o sarampo, a gripe e a varíola. No entanto, muitos povos indígenas resistiram à dominação e lutaram contra o avanço colonial no território e pela preservação dos seus modos de vida.

Representação de indígenas da América do Norte. Desenho de Jacques Le Moyne, século XVI.

## Novas tentativas de colonização

A partir do século XVII, ocorreram novas tentativas de ocupação dos territórios da atual América do Norte. Os franceses fundaram as colônias de Quebec, em 1608, e de Montreal, em 1642, na chamada Nova França, onde atualmente se localiza o Canadá.

Os holandeses fundaram a colônia de Nova Amsterdã, em 1625, localizada na atual cidade de Nova York, nos Estados Unidos.

Já os ingleses retomaram o projeto colonizador na Virgínia com a Companhia de Londres e a Companhia de Plymouth, fundadas por banqueiros e comerciantes interessados nas riquezas e na expansão comercial na América.

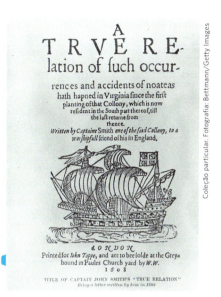

Contracapa da obra *True Relation*, de John Smith, impressa em 1608, que trata da colonização da Virgínia.

## Quem eram os colonos?

Os colonos que ocuparam os territórios nas colônias inglesas eram, na maioria, de origem humilde, como pequenos comerciantes. Havia ainda aventureiros, nobres falidos, mulheres e crianças órfãs, as quais, muitas vezes, eram raptadas para trabalhar nas colônias.

Também migraram para a América pessoas que iam em busca de melhores condições de vida e outras que procuravam escapar das perseguições religiosas que ocorriam na Europa, na época, como os seguidores do protestantismo, entre os quais estavam os calvinistas e os batistas.

Nesse período, a Inglaterra passava por muitas transformações, como o deslocamento de um imenso contingente de trabalhadores do campo para as cidades, após a perda das terras onde produziam os meios para a subsistência. Essa situação levou à formação de uma imensa população pobre que se via obrigada a vender sua força de trabalho e a viver nos centros urbanos, o que causou alta concentração populacional nas cidades, assim como o aumento do desemprego e da miséria.

Como forma de amenizar o problema populacional nos centros urbanos, o governo da Inglaterra apoiou as migrações e a ocupação das colônias na América.

Os primeiros colonos ingleses, chamados de **peregrinos**, viajaram para a América a bordo do navio *Mayflower*, em 1620. Acima, réplica desse navio em Plymouth, Massachusetts, Estados Unidos. Foto de 2018.

## As Treze Colônias

Ao longo do século XVII e início do XVIII, formaram-se 13 colônias inglesas na América do Norte, todas elas fundadas por iniciativas privadas, com a autorização do governo inglês (veja no mapa o nome e a data de fundação de cada uma).

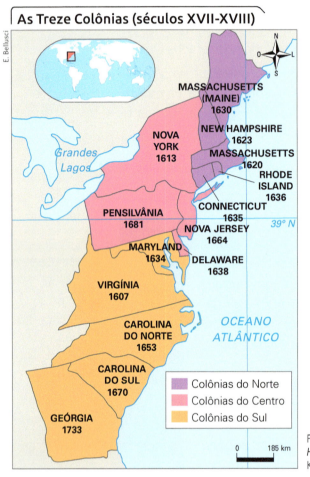

As colônias inglesas na América do Norte possuíam relativa autonomia, pois os governadores de cada colônia eram eleitos pela população, e não indicados pela Coroa. Além disso, a metrópole não costumava restringir demais as atividades produtivas ou comerciais dos colonos.

> Você sabe quando foi fundada a cidade onde você vive?

Fonte: Jeremy Black (Ed.). *World History Atlas*. Londres: Dorling Kindersley, 2005. p. 126.

## A região da Nova Inglaterra

As colônias que se formaram no norte e no centro das Treze Colônias, região também chamada de Nova Inglaterra, possuíam uma economia diversificada e voltada principalmente para o consumo interno. A agricultura era desenvolvida em pequenas e médias propriedades familiares, com o cultivo de diferentes alimentos, como milho, batata e trigo. Os colonos também criavam animais, como porcos e ovelhas, além de praticar a pesca e de produzir manufaturas como a lã, o couro, o ferro, o rum, entre outras.

A mão de obra geralmente era familiar, mas havia também o regime de servidão temporária, realizado por imigrantes ingleses pobres que não tinham condições de arcar com os gastos da viagem à América. Dessa forma, eles aceitavam trabalhar sem remuneração, em troca do pagamento das despesas pelos colonos já estabelecidos. Depois de conseguir saldar as dívidas contraídas, esses trabalhadores terminavam o regime de servidão temporária e conquistavam sua autonomia para atuar nas colônias.

# As *plantations*

Nas colônias do sul, o clima mais quente e a fertilidade do solo favoreceram o cultivo de determinados produtos, e as companhias de comércio priorizavam a monocultura e a produção agrícola em larga escala voltada para o mercado externo. Esse sistema de produção ficou conhecido como *plantation*, nome pelo qual também eram conhecidas as propriedades agrícolas onde era empregado. Nessas propriedades, geralmente se cultivava um só produto, e os principais eram o tabaco, o algodão e o arroz. Grande parte dessa produção agrícola era exportada para a Inglaterra, fato que gerava grandes lucros para os donos das plantações.

A principal mão de obra utilizada nas *plantations* era de africanos escravizados, cujo tráfico gerava grandes lucros para a metrópole inglesa. A partir do século XVII, muitos africanos escravizados foram levados para trabalhar nas colônias do sul.

## O comércio triangular

Nas colônias do norte e do centro, a relativa liberdade com relação à metrópole para exercer atividades econômicas e a abundância de madeira na região favoreceram o desenvolvimento do comércio, das manufaturas e da marinha mercante, com a produção de navios e de outras embarcações, utilizadas para transportar mercadorias entre territórios. Com isso, os habitantes dessas colônias foram os principais beneficiados com o sistema de comércio que se estabeleceu no século XVII, conhecido como **comércio triangular**. Observe o mapa.

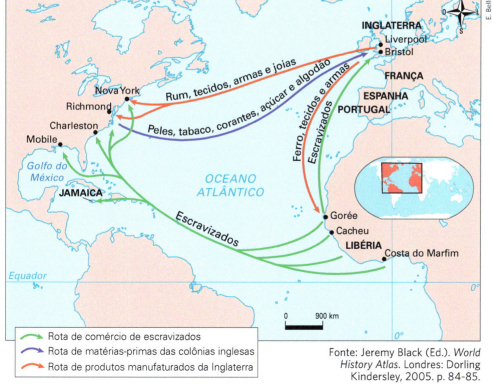

Fonte: Jeremy Black (Ed.). *World History Atlas*. Londres: Dorling Kindersley, 2005. p. 84-85.

177

# Atividades

## ▌Organizando o conhecimento

**1.** Por que as primeiras tentativas de colonização inglesa na América do Norte fracassaram?

**2.** Quem eram os colonos que se dirigiram para a América do Norte?

**3.** Considerando as Treze Colônias, quais eram as principais diferenças entre as colônias do norte e do centro e as colônias do sul?

**4.** Explique o comércio triangular.

**5.** Leia atentamente as frases a seguir. No caderno, copie as corretas e corrija as incorretas.

**a)** Com o início da colonização, muitos povos indígenas resistiram à ocupação europeia de seus territórios e lutaram contra o avanço colonial e pela preservação dos seus modos de vida e de suas culturas.

**b)** Os franceses fundaram as colônias de Dakota, em 1608, e Massachusetts, em 1642, na chamada Nova França, onde atualmente se localiza o Canadá.

**c)** Nas colônias do sul, a mão de obra geralmente era familiar, mas havia também o regime de servidão temporária, baseado na prestação de serviços por alguns meses até que o colono efetuasse as primeiras colheitas.

**d)** O sistema de servidão implementado na Nova Inglaterra era permanente. O trabalho servil era exercido por imigrantes espanhóis que haviam sido derrotados pelos astecas no México.

**e)** As "cartas de corso" eram documentos expedidos pelos governos inglês e francês que autorizavam seus navegadores a atacar embarcações mercantis inimigas.

## ▌Conectando ideias

**6.** Leia o texto a seguir e, depois, responda às questões.

> A educação formal, na escola, adquiriu nas colônias uma forma toda especial. A existência de protestantes colaborou para isto. Ora, uma das causas da Reforma protestante na Europa era justamente a defesa da livre interpretação da Bíblia. Para poder livremente interpretá-la, é necessário que seja lida por todas as pessoas. Para ser lida é necessário que a Bíblia deixe de ser exclusivamente em latim e tenha suas interpretações retidas pelo monopólio do clero católico. Lutero havia traduzido a Bíblia para o alemão; e não faltaram várias edições da Bíblia também em inglês.
>
> Esta preocupação leva a medidas bastante originais no contexto das colonizações da América. É certo que em toda a América espanhola houve um grande esforço em prol da educação formal. A universidade do México havia sido fundada em 1553. No entanto, um sistema tão organizado de escolas primárias e a preocupação de que todos aprendessem a ler escrever estão muito mais presentes nas colônias inglesas do que nas ibéricas.
>
> [...]

Leandro Karnal. *Estados Unidos*: a formação da nação. São Paulo: Contexto, 2007. p. 39-40. (Repensando a História).

178

**a)** Qual é o tema central do texto?

**b)** De acordo com o autor, como a questão religiosa influenciou a educação formal nas colônias inglesas na América?

**7.** O texto a seguir trata dos aspectos econômicos das colônias do sul, na América do Norte. Leia-o.

> Logo após as primeiras colonizações na área da Virgínia, em volta da baía de Chesapeake, o tabaco mostrou-se um produto valioso nos mercados europeus. Em torno do tabaco e, posteriormente, do arroz, do algodão e do açúcar, organizaram-se os sistemas de *plantation*. Uma *plantation* é uma propriedade agrícola extensiva dirigida por proprietários (organizados em sociedades mercantis) e operada por uma força de trabalho submetida ao controle dos primeiros. [...] A partir da década de 1630, escravos foram introduzidos com bastante regularidade para cumprir as exigências da produção mercantil.
>
> Nas antigas regiões produtoras de fumo, localizadas ao longo da baía de Chesapeake, estavam na condição de escravos mais de dois terços da população. Em 1790, um quinto da população era de origem africana. Apenas 8% destes eram africanos livres, sendo os demais escravos. [...]
>
> Nancy Priscilla S. Naro. *A formação dos Estados Unidos*.
> São Paulo: Atual, 2004. p. 19. (Coleção Discutindo a História).

**a)** De acordo com o texto, quais eram os principais produtos cultivados nas colônias do sul?

**b)** O que é uma *plantation*? Qual era a principal força de trabalho na *plantation*, segundo o texto?

**c)** Como ficou a situação das pessoas escravizadas depois da conquista da independência, em 1776?

**d)** Qual é o papel das colônias do sul no comércio triangular?

Quais temas desta unidade chamaram mais sua atenção? Escreva um pequeno texto sobre o tema que você achou mais interessante e, depois, converse sobre ele com um colega de sala. Após falar sobre o tema que você escolheu, ouça o que seu colega tem a dizer sobre o assunto que ele considerou mais interessante.

Para finalizar, procure responder:

- Você teve alguma dúvida ou dificuldade para estudar os conteúdos da unidade? Quais? Como conseguiu resolvê-las?
- Você buscou informações extras sobre os temas estudados em outros meios, como livros, revistas, jornais e em páginas da internet, por exemplo? De que maneira essas informações ajudaram ou podem ajudá-lo?
- O estudo desta unidade contribuiu para que você compreendesse melhor a história da colonização da América? Justifique.

## Ampliando fronteiras

## Os estudos naturalistas

Você sabia que na América existiam inúmeras espécies de animais e de plantas desconhecidas pelos europeus que colonizaram o continente? Ao longo de todo o processo de colonização, a fauna e a flora do território americano chamaram a atenção de alguns estudiosos, que organizaram expedições para descrever e registrar o que consideravam "exótico", ou seja, diferente daquilo que estavam acostumados. Essas expedições aconteceram principalmente entre os séculos XVI e XIX.

Normalmente, nos registros das espécies novas havia o nome do organismo em língua indígena, detalhes sobre o formato do animal ou da planta, comparações com os modelos conhecidos pelos europeus, além de informações sobre a possível utilidade que aquela nova espécie teria para os seres humanos. Veja um exemplo.

Nhanduguaçu, em desenho de Albert Eckhout, cerca de 1650.

> [...] Nhanduguaçu (termo indígena), Ema (português). Encontram-se aqui essas aves, de grande tamanho, embora um pouco menores que as africanas. Suas pernas são longas [...] Os pés possuem três dedos dianteiros [...]. É encontrada em grande número, nos campos da capitania de Sergipe e Rio Grande, mas não em Pernambuco; sua carne é boa para se comer.
> [...]
>
> George Marcgraf. Em: *Sertões adentro*: viagens nas caatingas – Séculos XVI a XIX. Rio de Janeiro: Andrea Jakobsson, 2012. p. 92.

# A expedição de Marcgraf

Um dos primeiros naturalistas a participar de expedições ao interior do território brasileiro foi o holandês George Marcgraf (1610-1644). Seus desenhos e anotações realizados em expedições ao interior do Nordeste brasileiro foram levados para a Europa e publicados na obra *História Natural do Brasil*.

Com base na divulgação do trabalho dos naturalistas, espécies da fauna, como o tatu e a capivara, e da flora, como a aroeira e o camará, até então desconhecidas pelos europeus, passaram a ser pesquisadas, favorecendo a produção de medicamentos e o desenvolvimento de novos tratamentos de saúde.

1. Como eram as descrições da fauna e da flora brasileiras feitas pelos europeus?

2. Explique a importância dos estudos naturalistas para a época.

3. Como vimos, no século XVII, havia grande empenho dos pesquisadores para catalogar os conhecimentos acerca das plantas e dos animais descobertos. No decorrer do tempo, houve a destruição de muitos hábitats, levando a comunidade científica a se preocupar com a preservação da biodiversidade do planeta. De acordo com o Relatório Planeta Vivo de 2014, produzido pela Rede WWF, a população de animais vertebrados diminuiu 52% entre 1970 e 2010.

   a) Você conhece alguma espécie de animal ou de planta que esteja em risco de extinção? Converse sobre isso com seus colegas e faça anotações no caderno.

   b) Grande parte do trabalho dos biólogos e dos botânicos da atualidade consiste em buscar alternativas para que a biodiversidade seja preservada. Você conhece algum projeto que atue com esse objetivo? Forme grupos com os colegas e façam uma pesquisa para descobrir isso. Ao encontrar as informações, vocês devem produzir cartazes sobre o projeto e os objetivos de sua atuação. Depois, façam uma exposição dos cartazes na sala de aula.

Esta ilustração é uma representação artística contemporânea produzida com base em estudos históricos.

UNIDADE

# 7

## O Brasil colonial

**Capítulos desta unidade**
- **Capítulo 15** - A escravidão e a produção de açúcar
- **Capítulo 16** - Os holandeses no Brasil

Apresentação do grupo Congada do Divino Espírito Santo durante o Festival de Cultura Paulista Tradicional, no município de São Paulo (SP). Foto de 2017.

**Iniciando rota**

1. A Congada é uma festa popular afro-brasileira que surgiu durante o período colonial. Em sua opinião, por que festas da época colonial são realizadas ainda na atualidade?

2. No lugar onde você mora ocorrem festas ou outras manifestações culturais no espaço público? Quais? Onde? Explique.

## CAPÍTULO 15
# A escravidão e a produção de açúcar

Desde o início do século XV, os portugueses mantinham relações comerciais com povos africanos, negociando pessoas escravizadas e produtos como metais, pedras preciosas, tecidos, joias, ferramentas e armas.

A mão de obra escravizada africana era utilizada pelos portugueses em várias de suas colônias, como em Açores e na ilha da Madeira. Na segunda metade do século XVI, pessoas de diversas etnias da África passaram a ser trazidas para a Colônia portuguesa da América, na condição de escravizados, para trabalhar nas lavouras de cana-de-açúcar e nos engenhos de açúcar instalados principalmente no litoral da atual Região Nordeste, como veremos mais adiante.

Litogravura produzida no século XIX, de autoria desconhecida, que representa homem escravizado carregando um fardo de cana-de-açúcar.

### O tráfico humano

Com o crescimento da economia açucareira por volta de 1570, na atual Região Nordeste, houve maior necessidade de mão de obra, fato que aumentou o número de pessoas escravizadas trazidas para a Colônia. Acompanhe a seguir a trajetória dessas pessoas até o Brasil.

Os chamados pombeiros capturavam pessoas no interior da África e as levavam até as feitorias, onde ficavam aprisionadas. Gravura criada pelo artista francês A. Neville (1835-1885) no século XIX.

Nas feitorias, as pessoas escravizadas eram vendidas e embarcadas nos chamados **navios negreiros**. *Negros no fundo do porão*, gravura de Johann Moritz Rugendas (1802-1858), produzida em 1835.

## Uma atividade lucrativa

A utilização da mão de obra escravizada foi altamente lucrativa para a Coroa portuguesa. Além de promover a produtividade das colônias, a Coroa lucrava com a cobrança de impostos sobre o comércio de escravizados.

Os **traficantes de escravizados**, também conhecidos como **negreiros**, eram responsáveis por trazer os cativos da África para a América. Na costa africana, os negreiros trocavam diversas mercadorias, como aguardente, tabaco, armas e produtos têxteis, por pessoas escravizadas.

> Alfândega: local geralmente situado em região de fronteira, onde é feito o controle de entrada e de saída de mercadorias, além da cobrança de taxas referentes a essa movimentação.

Fonte: Marina de Mello e Souza. *África e Brasil africano*. São Paulo: Ática, 2006. p. 82.

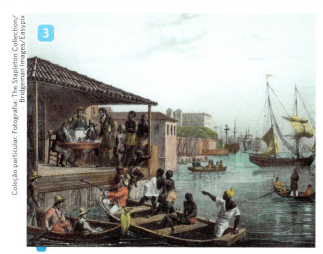

Ao chegarem à Colônia, os escravizados eram desembarcados e conduzidos até a alfândega. Depois de registrá-los, os traficantes pagavam os impostos e os levavam aos mercados para serem vendidos. *Desembarque*, litografia de Rugendas, 1835.

Nos mercados, os escravizados eram exibidos aos compradores. Os preços variavam de acordo com a idade, o tipo físico, o sexo, entre outros fatores. Muitas famílias eram separadas quando algum de seus membros era vendido. *Mercado de escravos do Valongo*, litogravura do século XIX do artista francês Jean-Baptiste Debret (1768-1848).

## Uma nova lógica de escravidão

Antes do século XVI, a escravidão existia, porém em menor escala. Na Antiguidade, muitas sociedades, como as dos gregos e hebreus, escravizavam pessoas estrangeiras, geralmente quando venciam batalhas. Assim, nessa época, a diferença de etnia ou de cor de pele não era um fator determinante para a diferenciação entre pessoas que podiam ou não ser escravizadas.

Já durante a Idade Média, na Europa, a escravidão existiu em escala ainda menor. A grande maioria do trabalho no continente era exercida por servos, que eram trabalhadores que tinham uma relação de fidelidade com o senhor feudal e trabalhavam em troca de proteção e abrigo em suas terras.

A partir do século XVI, o mercantilismo, como lógica econômica, estimulou as nações europeia a buscar riquezas nas colônias, aumentando a necessidade de mão de obra nesses territórios. Dessa maneira, elevou-se consideravelmente a procura por escravizados para o trabalho nas colônias, tornando a escravização e o comércio de escravizados atividades altamente lucrativas.

### Sítio arqueológico Cais do Valongo

Em 2017, o Cais do Valongo, local onde pessoas escravizadas trazidas da África eram desembarcadas na cidade do Rio de Janeiro durante o período colonial, tornou-se um sítio arqueológico reconhecido como Patrimônio Mundial pela Unesco (Organização das Nações Unidas para a Educação, a Ciência e a Cultura).

No século XIX, o Cais do Valongo, localizado na antiga zona portuária do Rio de Janeiro, chegou a receber mais de 900 mil pessoas escravizadas, vindas de diversas regiões da África. De acordo com a Unesco:

> [...]
> O Cais do Valongo é um exemplo de sítio histórico sensível, que desperta a memória de eventos traumáticos e dolorosos e que lida com a história de violação de direitos humanos. Portanto, o Cais do Valongo materializa memórias que remetem a aspectos de dor e sobrevivência na história dos antepassados dos afrodescendentes, que hoje totalizam mais da metade da população brasileira e marcam as sociedades de outros países do continente americano.

Unesco. *Sítio arqueológico Cais do Valongo*. Disponível em: <http://www.unesco.org/new/pt/brasilia/culture/world-heritage/list-of-world-heritage-in-brazil/valongo-wharf-archaeological-site>. Acesso em: 20 set. 2018.

Foto do Cais do Valongo, na cidade do Rio de Janeiro (RJ), em 2017.

## O engenho açucareiro

Muitas pessoas escravizadas compradas nas cidades costumavam ser enviadas para trabalhar nas propriedades açucareiras, onde era plantada a cana e produzido o açúcar.

**Engenho** era o nome dado à unidade produtiva utilizada para o beneficiamento do açúcar. Com o passar do tempo, esse termo passou a ser utilizado para denominar toda a propriedade açucareira.

O dono da propriedade açucareira era conhecido como **senhor de engenho**, e sua residência era a **casa-grande**, onde ele, sua família, alguns agregados moravam.

> Agregado: nesse sentido, é uma pessoa que mora com a família do senhor de engenho.

Após longas e extenuantes jornadas de trabalho, as pessoas escravizadas alojavam-se na **senzala**, construção muito simples, geralmente feita de taipa e coberta com um tipo de capim chamado sapê. Na senzala, não havia janelas nem móveis, e os escravizados dormiam no chão, sobre esteiras de palha ou em camas improvisadas com tábuas.

Observe uma pintura que representa os principais elementos que formavam um engenho.

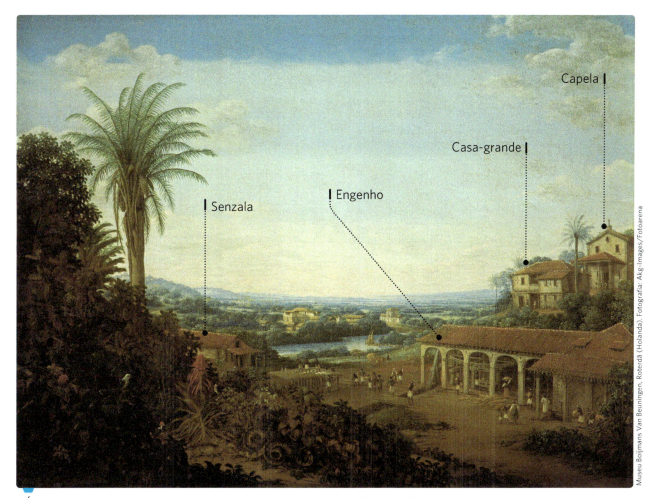

Óleo sobre madeira do pintor holandês Frans Post (1612-1680) intitulado *Paisagem com plantação (O engenho)*, produzido em 1668. Acervo do Museu Boijmans Van Beuningen, Roterdã, Holanda.

## O valioso açúcar

De origem asiática e difundido na Europa pelos árabes desde a Idade Média, o açúcar era um produto caro, considerado um artigo de luxo na sociedade europeia.

No século XVI, com o aumento da produção na Colônia, ele passou a ser um produto mais acessível e amplamente consumido na Europa. No Brasil, o início do plantio de mudas de cana-de-açúcar e a construção dos primeiros engenhos ocorreram em 1532. O solo fértil de massapê da região litorânea do nordeste da Colônia contribuiu para o aumento da produção. No início do século XVII, já havia aproximadamente 230 engenhos instalados no Brasil.

**Massapê:** tipo de solo argiloso, escuro e muito fértil.

Nas grandes propriedades rurais, as plantações de cana foram organizadas sob o **sistema de monocultura**, isto é, voltavam-se para a produção em larga escala e exportação de um único produto. Para garantir os altos lucros com a produção colonial do açúcar, os portugueses exercem o **monopólio comercial**, ou seja, tinham exclusividade de realizar negócios na Colônia. Veja a seguir as etapas de produção do açúcar.

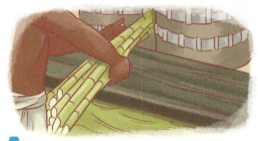
Após o plantio e a colheita, a cana era levada até as moendas em carros de boi. Na moenda, era feita a extração do caldo da cana.

O caldo da cana era cozido na fornalha sob a supervisão do mestre do açúcar. Depois de horas no fogo, formava-se o melaço.

O melaço era depositado em formas de barro para a purgação (purificação) até que se solidificasse.

O açúcar era retirado das formas e separado. No processo de purgação, formava-se um açúcar com purezas diferentes: o claro, o mascavo e o escuro.

Depois de seco ao sol e embalado, o açúcar era transportado até o porto, de onde era embarcado para a Europa.

Esta ilustração é uma representação artística contemporânea produzida com base em estudos históricos. Fonte de pesquisa: André João Antonil. *Cultura e opulência do Brasil*. Belo Horizonte: Itatiaia, 1982. p. 107-135. (Coleção Reconquista do Brasil).

Ilustrações: Somma Studio

> Atualmente, em quais situações o açúcar é utilizado no dia a dia das pessoas?

## A mão de obra no engenho

O bom funcionamento de um engenho exigia a participação de muitas pessoas para a execução de diversas atividades.

No processo de produção do açúcar, os **escravizados** realizavam os trabalhos mais pesados e que exigiam grandes esforços físicos. Assim, eles geralmente se dedicavam ao trabalho nas lavouras de cana, nas moendas e nas fornalhas.

Além dos escravizados, que constituíam a principal e mais numerosa mão de obra nos engenhos, havia também a participação dos **trabalhadores livres**, que exerciam funções especializadas no processo de produção do açúcar. Veja a seguir algumas dessas funções.

- Os **purgadores** eram responsáveis pelo processo de clareamento do açúcar.
- Os **mestres do açúcar** verificavam a qualidade e o ponto adequado do melaço.
- Os **feitores** eram os que supervisionavam o trabalho dos escravizados e conduziam a organização das etapas de produção do açúcar. Eles eram responsáveis também, em grande parte, por aplicar os castigos nos escravizados considerados insubmissos.
- Para dar suporte à produção açucareira, o engenho tinha ainda o trabalho dos **artesãos**, que desempenhavam funções como as de carpinteiros e de ferreiros, garantindo a manutenção das ferramentas e dos instrumentos de trabalho.

Uma parte das terras do engenho devia ser destinada às roças de mandioca. A farinha de mandioca, obtida por meio de técnicas indígenas, constituía a base da alimentação dos trabalhadores do engenho, tanto dos escravizados quanto das pessoas livres.
Ao lado, obra que representa escravizados trabalhando na produção da farinha de mandioca enquanto são fiscalizados por um feitor. Gravura feita por Johann Moritz Rugendas, em 1835.

### Os lavradores

Nem todas as plantações de cana-de-açúcar na Colônia pertenciam aos senhores de engenho. Havia, também, um grupo de trabalhadores conhecidos como **lavradores livres**, que possuíam plantações, mas não os equipamentos para produzir o açúcar. Assim, por meio de negociações e de acordos com os senhores de engenho, eles podiam vender a cana que cultivavam ou utilizar a estrutura do engenho para produzir o açúcar.

Havia também os **lavradores obrigados**, que viviam em terras arrendadas e só tinham condições de cultivar a cana naquele local.

**Terra arrendada:** porção de terra cujo direito de uso e de permanência podia ser obtido provisoriamente, mediante o pagamento de uma taxa ao proprietário da terra.

## A resistência à escravidão

Os diversos povos africanos trazidos ao Brasil como escravizados e seus descendentes resistiram de várias maneiras ao regime de escravidão e às péssimas condições a que foram submetidos. Eles procuraram manter, ao longo do tempo, sua dignidade, suas culturas e seus modos de vida.

A resistência era realizada de forma individual ou coletiva. Individualmente, os escravizados podiam fugir, quebrar ferramentas, trabalhar em ritmo mais lento que o de costume, entre outras práticas. Quando agiam de modo coletivo, promoviam rebeliões, boicotes, sabotavam o engenho, queimavam plantações, planejavam grandes fugas, etc.

Além disso, os africanos escravizados resistiam preservando as tradições culturais de seu lugar de origem, como danças, cantos e rituais religiosos, mesmo quando eram proibidos de praticá-los.

*Coroação de um rainha negra na Festa de Reis*, aquarela do artista Carlos Julião (1740-1811), produzida em 1775, que representa mulheres escravizadas dançando e tocando instrumentos musicais.

## Os quilombos

Uma das principais formas de resistência à escravidão foi a fuga de escravizados e a formação de agrupamentos que ficaram conhecidos como **quilombos**. Esses locais chegaram a abrigar também indígenas e brancos pobres.

Geralmente, os quilombos situavam-se em locais de difícil acesso para dificultar as buscas pelos foragidos. Os **quilombolas**, como foram chamados os moradores de quilombos, cultivavam os próprios alimentos e criavam animais. Muitas vezes, o excedente era comercializado com as comunidades vizinhas.

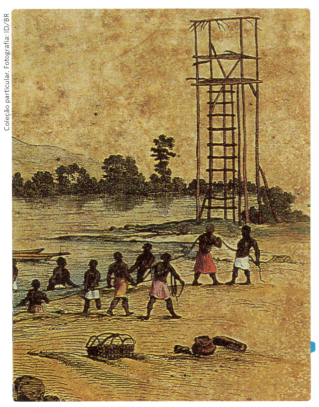

Representação de moradores de um quilombo no período colonial. Ao fundo, vemos uma torre que era usada para vigiar o quilombo. Detalhe de gravura do século XVII feita por George Marcgraf e Ioannis Blaeu.

190

## Quilombo dos Palmares

Um dos maiores quilombos no Brasil foi o de Palmares, localizado no interior do atual estado de Alagoas. Estima-se que mais de 20 mil pessoas tenham vivido em Palmares, sob a liderança de Zumbi dos Palmares. Após resistir por anos aos ataques organizados pela Coroa portuguesa, o quilombo foi destruído no final do século XVII.

Zumbi foi um dos principais líderes do quilombo dos Palmares. A data de sua morte, 20 de novembro (de 1695), foi instituída como o **Dia da Consciência Negra**. Ao lado, estátua em bronze feita pela artista Márcia Magno, representando Zumbi, na cidade de Salvador (BA). Foto de 2017.

> O que você sabe sobre o Dia da Consciência Negra? Converse com os colegas sobre o significado dessa data.

## Quilombo do Quarterê

Além do quilombo dos Palmares, outros quilombos se destacaram, como o quilombo do Quarterê, localizado no Vale do Guaporé, atual estado do Mato Grosso.

Esse quilombo abrigava tanto escravizados foragidos como indígenas que buscavam se proteger dos ataques dos colonos, além de mestiços e brancos pobres. Liderados por José Piolho e depois por sua esposa, Tereza de Benguela, o quilombo do Quarterê era bem organizado politicamente. Havia um conselho, formado por vários representantes que ajudavam a deliberar diversos assuntos de interesse da comunidade.

A líder Tereza de Benguela lutou bravamente contra ataques dos exércitos coloniais até ser morta, em 25 de julho de 1770. Tereza de Benguela é lembrada até hoje por sua luta e sua coragem. A data de sua morte é reconhecida atualmente como Dia Nacional de Tereza de Benguela e da Mulher Negra.

No Dia Nacional de Tereza de Benguela e da Mulher Negra são realizadas diversas ações para conscientizar sobre a importância da luta das mulheres negras como forma de combate ao racismo, ao preconceito, ao sexismo e às demais formas de opressão. Manifestação realizada na cidade de São Paulo (SP), em 2018.

## Trabalho e dignidade no período colonial

No período colonial, a população escravizada de origem africana era submetida a péssimas condições de vida e de trabalho. As jornadas diárias nos engenhos eram extensas e desgastantes. Em casos de insubordinação, as punições aplicadas aos escravizados eram violentas e desconsideravam a condição humana dessa população.

Contudo, mesmo nessas circunstâncias, os escravizados lutavam diariamente por sua dignidade. Esse valor está ligado à forma como somos tratados. Ser tratado com dignidade significa ser valorizado, ter sua integridade física, sua cultura, sua personalidade e outras características respeitadas.

Mas, afinal, de que maneira os escravizados podiam lutar para manter sua dignidade diante das imposições às quais eram submetidos?

De acordo com o antropólogo Kabengele Munanga e a pedagoga Nilma Lino Gomes, no livro *O negro no Brasil hoje*, de 2006, além das diferentes formas de resistência individual e coletiva, os grupos escravizados passaram, cada vez mais, a pressionar os senhores por condições dignas de vida, cobrando o fim de abusos como castigos físicos e longas jornadas de trabalho. Os trabalhadores escravizados exigiam também melhoria na alimentação e no vestuário, remuneração pelo trabalho realizado na terra dos senhores e independência para a manutenção das próprias roças e do comércio do que produziam.

As pessoas escravizadas foram representadas nessa imagem em uma cena de convivência, em que estão conversando, descansando, produzindo objetos artesanais e brincando. Essa convivência contribuía para manter a dignidade dos escravizados e era frequentemente reivindicada, seja por meio de lutas, seja por meio de negociações. Gravura de Rugendas intitulada *Habitação de negros*, produzida em 1835.

## A questão afrodescendente hoje

Após a abolição da escravidão não houve nenhuma política que visasse a integração da população negra à dinâmica da sociedade, de forma que a grande maioria da população de ex-escravizados permaneceu às margens da sociedade, sem os mesmos benefícios e oportunidades oferecidos às demais pessoas. Com isso, a luta dos afrodescendentes pela dignidade ampliou-se. Muito mais que melhores condições de vida, atualmente essa luta envolve a busca pela igualdade de direitos e de oportunidades entre negros e brancos, em uma reivindicação permanente contra o racismo.

No Brasil, grande parte dos afrodescendentes recebe salários menores quando comparados aos da população que se autodenomina branca. Em 2015, a média salarial dos negros correspondia a 59,2% da média salarial dos brancos. Além disso, a participação dos afrodescendentes em cargos de liderança ou considerados de prestígio no mercado de trabalho ainda é pequena.

Para compreender melhor esse cenário socioeconômico contemporâneo, observe e interprete o gráfico a seguir.

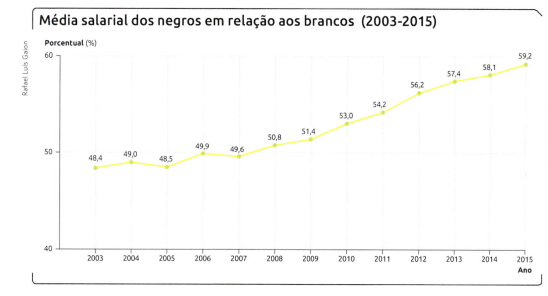

Fonte: Diretoria de Pesquisas, Coordenação de Trabalho e Rendimento (IBGE/DPE/COREN). *Pesquisa mensal de emprego (PME)*: um retrato do mercado de trabalho. Rio de Janeiro: IBGE/DPE/COREN, 28 jan. 2016. p. 45.

**1.** Vimos que, no dia a dia, há momentos em que precisamos lutar por dignidade, principalmente se fazemos parte da população afrodescendente e se ainda sofremos com o racismo. De que maneira você acha que podemos lutar por dignidade?

**2.** Com base na análise do gráfico acima, responda às questões.
   a) Em 2003, de quanto era a diferença de renda dos negros em relação aos brancos?
   b) É possível afirmar que a desigualdade de renda entre brancos e negros tem diminuído ou aumentado com o passar dos anos? Como você chegou a essa conclusão?
   c) Em que ano a média salarial dos negros passou a ser de mais da metade da média dos brancos? Isso foi há quantos anos?

193

## A sociedade colonial

A sociedade colonial estava dividida em categorias bem definidas, principalmente entre os séculos XVI e XVII, período em que a produção açucareira representou a atividade econômica mais lucrativa e importante da Colônia.

Nesse período, a economia baseava-se, sobretudo, na produção agrícola voltada para a exportação, organizada em grandes propriedades rurais, chamadas latifúndios, e na utilização de mão de obra escravizada. Dessa maneira, os grandes proprietários rurais descendentes de portugueses estavam entre os membros mais poderosos da sociedade, e somente eles podiam ocupar cargos públicos.

Os grandes comerciantes, que se dedicavam em especial às exportações, não possuíam o mesmo prestígio que os latifundiários, por isso, muitos deles, após enriquecer, compraram terras e engenhos.

Ocupando posição social de menor destaque, havia os trabalhadores livres, como professores, escrivães, pequenos comerciantes, ferreiros, alfaiates, pequenos lavradores e sapateiros.

Os escravizados, por sua vez, estavam na base da sociedade. Se no início da colonização suas atividades estavam essencialmente ligadas ao engenho de açúcar, ao longo do tempo eles passaram a realizar trabalhos cada vez mais diversificados.

A Igreja católica teve papel de destaque nessa sociedade, sendo uma das grandes responsáveis por difundir os valores morais que deveriam ser seguidos pelos colonos. Seus membros desfrutavam de respeito e exerciam forte influência sobre toda a sociedade.

### O mercantilismo

Entre os séculos XV e XVIII, a economia das nações europeias era baseada no mercantilismo.

As práticas mercantilistas estavam fundamentadas no princípio do fortalecimento econômico do Estado. Dessa forma, as nações europeias buscavam acumular riquezas, garantindo o protecionismo estatal na economia. Com esse objetivo, a metrópole portuguesa procurou durante o período colonial explorar ao máximo os recursos naturais, assim como a produção agrícola voltada para a exportação, em sua Colônia na América.

*Engenho de açúcar no Brasil*, óleo sobre tela de Frans Post, feito no século XVII. Acervo do Museu do Louvre, Paris, França.

## As mulheres na Colônia

A família patriarcal era predominante nas camadas mais ricas da sociedade, principalmente entre os proprietários de terra das regiões açucareiras localizadas no Nordeste atual. Essas famílias eram grandes e constituídas por parentes, alguns agregados e protegidos, e todos deviam obedecer à autoridade máxima do chefe da família, representada pela figura masculina. Geralmente, as mulheres quase não tinham liberdade nem autonomia para fazer as próprias escolhas. Eram educadas para casar, desempenhar o papel de mãe e cuidar dos afazeres do lar. Entretanto, em algumas ocasiões, na ausência do marido, muitas delas assumiam a administração da casa e dos bens.

As mulheres pobres costumavam realizar diversas tarefas e começavam a trabalhar ainda crianças. Além de cuidar dos serviços domésticos, muitas delas auxiliavam seus familiares na lavoura. Em geral, também estavam subordinadas a alguma figura masculina, como um membro da família ou um companheiro.

A maior parte das mulheres escravizadas trabalhava no campo, mas também realizava atividades domésticas, como cozinhar, limpar, fiar, fazer renda e cuidar dos filhos dos senhores. Assim como as mulheres de outras camadas sociais, elas não recebiam qualquer tipo de educação formal.

> **Patriarcal:** relativo à autoridade do patriarca, isto é, do homem chefe de família.

## A religiosidade

Os africanos escravizados trazidos para o Brasil possuíam as próprias religiões e divindades, como visto anteriormente. Muitas religiões tradicionais africanas estão fundamentadas em forças naturais, por isso suas divindades costumam ser associadas a elementos da natureza, como a terra, a água e os animais.

No Brasil, era comum que parte da comunidade católica interpretasse essas religiões como um tipo de feitiçaria, pois entendia que somente seu Deus e sua religião eram verdadeiros. Dessa maneira, as manifestações religiosas de origem africana costumavam ser reprimidas pelos membros da Igreja.

Para manter suas tradições religiosas e evitar que fossem perseguidos, os escravizados passaram a associar as diferentes divindades de origem africana a santos católicos. Desse modo, muitos africanos e afrodescendentes converteram-se à religião cristã, mas não deixaram de seguir suas crenças de origem.

Ao longo do tempo, a prática simultânea dessas diferentes crenças abriu caminho para que novas religiosidades com elementos de culturas distintas, como a africana, a indígena e a cristã, fossem desenvolvidas no Brasil.

O sincretismo religioso é comum até hoje no Brasil. Acima, celebração em homenagem ao dia de Santa Bárbara, conhecida como Iansã entre os adeptos de religiões afro-brasileiras. Foto de 2017, em Salvador (BA).

# Atividades

## Organizando o conhecimento

1. As frases abaixo apresentam etapas do tráfico humano na época da escravidão no Brasil. Copie-as no caderno, colocando-as na ordem dos acontecimentos.

   a) Ao chegar à Colônia, os escravizados eram desembarcados e conduzidos até a alfândega, local onde eram feitos os registros e os pagamentos de impostos devidos. Depois, eram levados para os locais de venda, como os mercados.

   b) Os pombeiros capturavam e escravizavam as pessoas no interior da África e as levavam até as feitorias, onde eram trocadas por mercadorias de pouco valor.

   c) Nos mercados, os escravizados eram exibidos aos compradores, e, quando algum deles era vendido, geralmente acabava separado de sua família.

   d) Nas feitorias, as pessoas escravizadas eram vendidas e embarcadas nos navios negreiros destinados à Colônia.

2. Por que o tráfico de pessoas escravizadas era tão lucrativo para a Coroa portuguesa?

3. Imagine que você é um viajante que visitou um engenho no Brasil no século XVII. Escreva uma carta para um amigo explicando como era e como funcionava um engenho de açúcar nessa época.

4. De que modo os escravizados resistiram à escravidão no Brasil?

5. Como era a vida das mulheres na sociedade colonial? Em sua opinião, quais são as semelhanças e as diferenças se compararmos com a atualidade?

## Conectando ideias

6. Analise o gráfico a seguir e, depois, responda às questões.

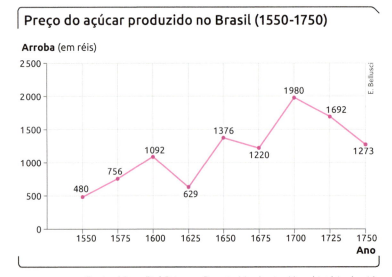

Fonte: Mary Del Priore e Renato Venâncio. *Uma história da vida rural no Brasil*. Rio de Janeiro: Ediouro, 2006. p. 35.

a) Qual foi o maior preço do açúcar registrado entre os anos de 1550 e 1625?

b) No período de 1650 a 1750, qual foi o menor preço registrado?

c) Quantos anos se passaram entre o menor e o maior registro de preço apresentado nesse gráfico?

d) Quantos anos se passaram desde que as primeiras mudas de cana foram plantadas no território até o açúcar atingir seu preço mais alto?

**7.** Leia o texto a seguir e relacione-o com os problemas ambientais ligados à cultura da cana-de-açúcar no Brasil colonial.

> [...]
>
> Ainda nos séculos XVI e XVII, a Mata Atlântica, que abastecia os engenhos de madeira, parecia inextinguível. Como qualquer colônia de exploração, o Brasil sofreu a dilapidação brutal de seus recursos naturais. O impacto direto das atividades coloniais sobre os ecossistemas existentes causou imediatos prejuízos, sem contar a introdução de espécimes alienígenas que, dentro desses contextos perturbados, reproduziram-se de forma descontrolada. Animais, vegetais, ervas daninhas e micro-organismos patológicos se disseminaram de forma voluntária ou não, interferindo na paisagem.
>
> O território não possuía fronteiras limitadas; nele, uma lavoura desgastada era imediatamente substituída por outra. Os conhecimentos agronômicos eram precários e não ajudavam a combater o modelo usado. Pior, a concessão fácil de terras, sobretudo à elite, estimulava a prática de explorá-las de forma pouco cuidadosa. [...]
>
> Mary Del Priore e Renato Venâncio. *Uma história da vida rural no Brasil.*
> Rio de Janeiro: Ediouro, 2006. p. 45-46.

**Ecossistema:** sistema que inclui o conjunto de seres vivos e o ambiente, assim como a relação estabelecida entre eles.

**a)** De acordo com o texto, quais foram os principais problemas ambientais causados aos ecossistemas no Brasil? Por quais motivos isso ocorria?

**b)** Por quais motivos esses problemas ambientais ocorreram?

**c)** Atualmente, mesmo com conhecimentos agronômicos mais avançados, problemas como a devastação das matas nativas ainda persistem. Por que será que isso ocorre? Converse com seus pais ou responsáveis e dê sua opinião sobre isso.

**8.** Leia o texto a seguir, que trata de aspectos da resistência dos escravizados no Brasil, e, depois, responda às questões.

> [...]
>
> Sobretudo depois de chegarem da África, os escravos começavam a sofrer um processo de destruição da sua antiga cultura. Eram batizados de forma compulsória, passando a ser membros da Igreja católica. [...] Dessa maneira, desapareceram línguas, deuses e crenças religiosas, laços familiares, festas, usos e costumes, formas de organização social e política, e outras manifestações da cultura original dos cativos. Estes, no entanto, conseguiram preservar inúmeros de seus traços culturais, muitas vezes africanizando elementos da cultura dos brancos. É fato conhecido, por exemplo, que, para continuar no Brasil o culto das divindades africanas, os negros as identificaram a santos católicos, como São Jorge, São Benedito ou a Virgem Maria.
>
> Um exemplo de prática cultural quase sempre proibida, mas mantida clandestinamente, foi a capoeira, misto de dança e luta [...].
>
> Raymundo Campos. *Debret*: cenas de uma sociedade escravista.
> São Paulo: Atual, 2001. p. 65.

**a)** Como os colonizadores europeus procuravam controlar os povos dominados?

**b)** De qual forma de resistência dos africanos escravizados o autor trata no texto? Como ela ocorria?

## CAPÍTULO 16

# Os holandeses no Brasil

Como vimos, a produção e o comércio do açúcar geravam muitas riquezas para os colonizadores e também para o governo português. Assim, outras nações europeias começaram a investir em projetos de conquista e de ocupação das colônias ibéricas.

### União Ibérica

União Ibérica foi o nome dado à unidade política das coroas de Portugal e da Espanha, entre os anos de 1580 e 1640.

Essa união foi resultado de uma crise que teve início em 1578, referente à sucessão do Reino de Portugal após a morte do rei português dom Sebastião. Como ele não tinha herdeiros diretos, quem assumiu o trono foi seu tio, dom Henrique, que faleceu em 1580, também sem deixar herdeiros. Houve, então, uma disputa entre sucessores portugueses e espanhóis.

Assim, ainda em 1580, a Espanha invadiu Portugal, dando início à união das coroas. A Espanha passou a dominar o Reino de Portugal e a controlar as colônias portuguesas, entre elas o Brasil.

Apesar disso, a Espanha não anexou Portugal, mas indicou um vice-rei português subordinado à Espanha, que manteve um aparato de governo português, mas subordinado à Espanha.

Os holandeses, em 1621, fundaram a **Companhia das Índias Ocidentais**, com o objetivo de ocupar as colônias espanholas e portuguesas na América e na África e lucrar com a produção de açúcar.

Eles já conheciam bem o processo de refinamento e de comercialização desse produto, pois Portugal e Holanda mantinham relações comerciais e era em Amsterdã, capital da Holanda, que o açúcar produzido pelos portugueses no Brasil era refinado e distribuído para o mercado europeu.

Até meados do século XVI, a Holanda era uma antiga possessão da Espanha. Sua independência foi proclamada em 1581, após um período de revolta e de guerras contra os espanhóis. Com a criação da **União Ibérica** (veja o boxe ao lado), a Holanda, que já era uma grande potência comercial e marítima, via a conquista de colônias ibéricas, principalmente o Brasil, como um modo de se apossar de territórios da Espanha.

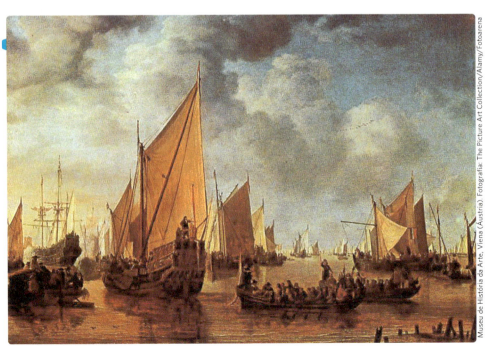

Após a criação da Companhia das Índias Ocidentais, foram feitos grandes investimentos na frota naval holandesa. Desse modo, a Holanda tornou-se uma potência naval militar e comercial. Ao lado, representação de embarcações holandesas produzida em 1649. Óleo sobre painel do pintor holandês Simon de Vlieger (1601-1653). Acervo do Museu de História da Arte, Viena, Áustria.

## A ocupação do Nordeste

Os holandeses pretendiam realizar o que chamavam de "conquista duradoura" no Brasil. Com esse objetivo, em 1623, a Companhia das Índias Ocidentais organizou uma esquadra naval formada por 26 navios, 3300 homens e 450 canhões.

Eles chegaram à Bahia em 1624 e tentaram ocupar Salvador, sede do Governo-Geral do Brasil. Porém, a capitania era muito bem fortificada e resistiu à invasão. Assim, em 1625, tropas portuguesas e espanholas conseguiram expulsar os holandeses da região.

Pouco tempo depois, em 1630, em uma nova tentativa, com maior conhecimento estratégico da região obtido nas campanhas anteriores, os holandeses invadiram Pernambuco e dominaram grande parte do litoral do atual Nordeste do Brasil.

## O governo de Nassau

Entre os anos de 1637 e 1644, a colônia holandesa no Brasil, chamada Nova Holanda, foi administrada pelo conde Maurício de Nassau (1604-1679). Um dos primeiros desafios do governo de Nassau foi reativar a produção de açúcar na região, que se encontrava paralisada por causa dos conflitos decorrentes da invasão holandesa.

A maior parte dos engenhos havia sido destruída, e muitas propriedades rurais foram abandonadas. Isso comprometeu a produção do açúcar, pois mesmo com a relevância de outros itens produzidos na Colônia, como o algodão e o tabaco, o açúcar ainda era o principal produto de exportação. Então, a Companhia das Índias Ocidentais financiou muitos colonos portugueses na aquisição de terras, trabalhadores escravizados e equipamentos para retomar a produção do açúcar.

Durante o governo de Nassau, Recife, que antes era um pequeno vilarejo, tornou-se a capital de Pernambuco. A cidade transformou-se com a construção de prédios, fortes, hospitais, obras sanitárias, pontes, ruas, jardins e canais.

Vista da cidade de Recife na época do governo de Nassau. Óleo sobre tela de Gillis Peeters, 1637. Acervo particular.

## Arte e ciência no Brasil holandês

Capa da obra *História Natural do Brasil*, de Willem Piso e George Marcgraf, publicada em 1648.

O governo de Nassau foi marcado também pelos investimentos e pelos avanços nos campos artístico, cultural e científico. Em 1637, Nassau trouxe em sua comitiva um grupo de 46 pessoas, formado por pintores, cronistas, naturalistas, arquitetos, cartógrafos, médicos, entre outros. Eles foram responsáveis por reproduzir paisagens, fazer mapas, catalogar espécies de plantas e de animais e retratar a população local.

O texto a seguir aborda a preocupação de Nassau com a arte e a ciência.

> [...] Ele procurou dotar seu palácio – o de Friburg – de espaços apropriados para os estudos de plantas e animais locais e de outros pontos do planeta. Graças ao jardim botânico então construído no palácio, muitas plantas frutíferas puderam ser cultivadas e estudadas e muitas espécies de árvores tropicais foram transplantadas, também com a finalidade de estudo. [...]
>
> Luiz Geraldo Silva. *O Brasil dos holandeses*. São Paulo: Atual, 1997. p. 34. (Coleção A Vida no Tempo).

Óleo sobre tela do artista holandês Albert Eckhout (c. 1610-c. 1665), do século XVII, que representa um aspecto da flora americana. Acervo particular.

Óleo sobre madeira de Albert Eckhout, do século XVII, que representa um homem tupi. Acervo do Museu Nacional da Dinamarca, Copenhague, Dinamarca.

## A expulsão dos holandeses

Em 1640, a União Ibérica chegou ao fim. Assim, Portugal restaurou sua monarquia, mas encontrava-se em um período de crise econômica, o que retardou a tentativa de retomar o controle de suas possessões, principalmente as que estavam sob domínio holandês, o que se efetivou apenas nos anos seguintes.

No Brasil, a situação estava cada vez mais complicada, especialmente para os colonos portugueses. Muitos deles eram senhores de engenho endividados por não conseguirem pagar os altos juros cobrados pelos financiamentos oferecidos pela Companhia das Índias Ocidentais, no início do governo de Nassau.

Quando a Companhia decidiu cobrar dos senhores de engenho as dívidas atrasadas, gerou grande descontentamento entre eles. Isso contribuiu para que esse grupo se manifestasse contra a presença holandesa no Brasil, aliando-se posteriormente às tropas luso-brasileiras nas batalhas pela expulsão dos holandeses.

Após uma série de conflitos, os holandeses foram derrotados e obrigados a se retirar do Brasil, em 1654, encerrando, assim, o período de dominação holandesa no Nordeste brasileiro.

*Batalha dos Guararapes* (detalhe), óleo sobre tela de 1758, de autoria desconhecida. Essa imagem representa uma das principais batalhas que contribuiu para a expulsão dos holandeses do Brasil. Acervo do Museu Histórico Nacional, Rio de Janeiro (RJ).

## A concorrência com o açúcar das Antilhas

Como vimos, os holandeses já conheciam o processo de refinamento e comercialização do açúcar. Durante o tempo em que permaneceram no Brasil, desenvolveram todas as etapas de produção de açúcar. Depois que foram expulsos, utilizaram esse conhecimento na produção açucareira em suas colônias nas Antilhas. A oferta do açúcar antilhano no mercado europeu desvalorizou o produto brasileiro, agravando a crise econômica em Portugal.

O texto a seguir apresenta alguns dados referentes ao rendimento do açúcar nos mercados mundiais no século XVII.

> [...] Em 1650, quatro anos antes da expulsão dos holandeses, o açúcar [produzido no Brasil] rendia 3,8 milhões de libras nos mercados mundiais. Em 1700 – com o aumento da produção antilhana – o rendimento total das exportações decaíra para 1,8 milhão de libras esterlinas. A sociedade açucareira começava a perder seu fundamento econômico.
>
> *Saga*: a grande História do Brasil. São Paulo: Abril Cultural, 1981. v. 1. p. 188.

> **Libra esterlina:** unidade monetária utilizada no Reino Unido. A libra esterlina até hoje é a moeda oficial do Reino Unido, circulando em países como a Inglaterra e a Escócia.

> Qual era o rendimento do açúcar produzido no Brasil em 1650? E em 1700? Por que houve essa diferença?

# Mapeando a América portuguesa

Os mapas são uma das mais antigas formas de representar os espaços geográficos. Além de serem importantes ferramentas de localização e orientação, neles podem ser representados espaços ocupados, espaços dominados, limites territoriais e visões de mundo.

Cada mapa representa, diretamente ou indiretamente, as intenções de quem o produziu ou o encomendou.

> [...]
>
> A cartografia nunca foi uma ciência neutra, que representa exatamente o espaço ou a realidade. Por trás de todo mapa, há um interesse (político, econômico, pessoal), um objetivo (ampliar o território, melhorar a área agrícola etc.) e um conceito (o direito sobre determinada região, o uso do solo etc.). "O mapa é uma representação adaptada da realidade. Por isso, nunca é isento", diz Carla Gimenes de Sena, doutora em Pesquisa em Geografia e Cartografia da Universidade Estadual Paulista "Júlio de Mesquita Filho" (Unesp), campus de Ourinhos.
>
> [...]
>
> Anderson Moço. A história dos mapas e sua função social. *Nova Escola*. Disponível em: <https://novaescola.org.br/conteudo/347/a-historia-dos-mapas-e-sua-funcao-social>. Acesso em: 24 set. 2018.

Além dos mapas que apresentamos nas páginas anteriores, conheça, a seguir, outros mapas históricos que representam a colônia portuguesa. Repare nas semelhanças e diferenças entre eles.

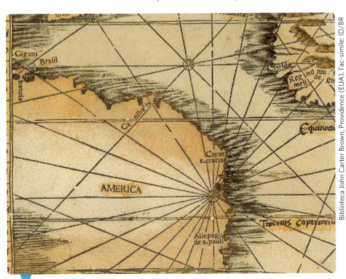

O Planisfério de Waldseemüller foi uma das primeiras representações cartográficas do território da América, feito por volta de 1507. O nome Brasil foi atribuído a uma ilha das Antilhas. Acervo da Biblioteca John Carter Brown, Providence, Estados Unidos.

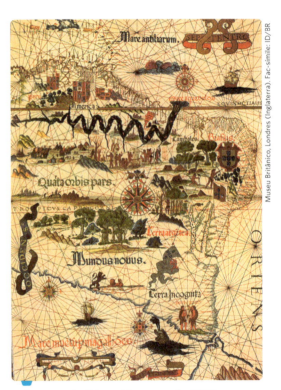

O mapa de Diogo Homem, de 1558, representa toda a América do Sul e as Antilhas. No mapa é possível perceber a representação de alguns costumes indígenas, caravelas, o rio Amazonas e alguns animais. Acervo do Museu Britânico, Londres, Inglaterra.

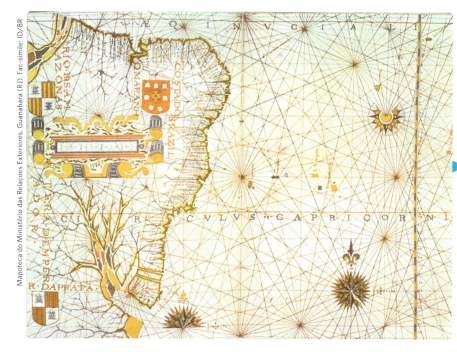

Esse mapa mostra detalhes da costa litorânea colonial no século XVI, além de diversas informações para navegação no oceano Atlântico. Reprodução do fac-símile da mapoteca do Ministério das Relações Exteriores, situada no Rio de Janeiro.

Mapa do continente americano do início do século XVII, já com detalhes de toda a costa litorânea da América do Sul e demais continentes. Publicado em *Atlas sive Cosmographicae meditationes de fabrica mvndi et fabricati figvra*, em 1606.

Os mapas, como podemos observar, mostram-nos diversas visões que os europeus possuíam sobre os territórios coloniais. Cada elemento que compõe os mapas evidenciou seus interesses, suas preocupações, sua visão de mundo, entre outros fatores na época em que foram produzidos ou publicados.

É possível perceber também que, com o passar dos anos, os mapas foram se tornando, de modo geral, mais detalhados e precisos, indicando o desenvolvimento das noções cartográficas e do conhecimento sobre os territórios coloniais.

# Atividades

## Organizando o conhecimento

1. Explique o que foi a União Ibérica.

2. Comente a principal consequência da União Ibérica para o Brasil.

3. Quais as principais transformações ocorridas em Recife com o governo holandês?

4. Como era a produção açucareira no período de dominação holandesa no Nordeste Brasileiro?

## Conectando ideias

5. Analise a pintura a seguir e depois responda às questões.

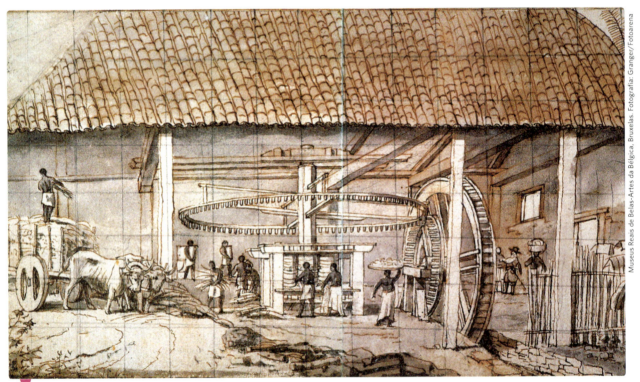

Acima, foram representadas algumas etapas da produção do açúcar em um engenho. Pintura produzida em 1640, por Frans Post.

a) Identifique a data e o autor da pintura.

b) Descreva os diferentes elementos representados nessa pintura.

c) O autor dessa obra fazia parte da comitiva que veio ao Brasil com Maurício de Nassau em 1637. Que outros profissionais participaram dessa comitiva? Qual era seu objetivo?

d) Quais relações podem ser estabelecidas entre a pintura e os assuntos que você estudou nesta unidade?

**6.** Durante o período em que ocuparam parte do atual Nordeste brasileiro, os holandeses enviaram diversos relatórios para a Holanda. Em um deles, datado de 1638 e intitulado *Breve discurso sobre o estado das quatro capitanias conquistadas no Brasil*, eles relataram aspectos dos costumes e da população da Colônia. Leia, a seguir, um trecho desse relatório e, depois, responda às questões.

> [...]
> Os portugueses são em geral pouco curiosos com relação às suas casas e à direção doméstica, contentando-se com uma casa de barro, contanto que vá bem o seu engenho ou a sua cultura.
>
> Possuem poucos móveis além daqueles que são necessários para a cozinha, cama e mesa e não podem ser dispensados. O seu maior luxo consiste em servirem-se à mesa de baixela de prata. Os homens usam pouco de vestidos custosos, vestem-se de estofos ordinários ou ainda de pano, trazendo os calções e o gibão golpeados com grandes cortes por onde se deixa ver um pouco de tafetá. As mulheres, porém, vestem-se custosamente e se cobrem de ouro, trazem poucos diamantes ou nenhum, e poucas pérolas boas, e se ataviam muito com joias falsas. Só saem cobertas e são carregadas em uma rede sobre a qual se lança um tapete, ou encerradas em uma cadeira de preço, de modo que elas se enfeitam para serem vistas somente pelas suas amigas e comadres.
>
> [...] Não há profusão nos seus alimentos, pois podem sustentar-se muito bem com um pouco de farinha e um peixinho seco, conquanto tenham galinhas, perus, porcos, carneiros e outros animais, de que também usam de mistura com aqueles mantimentos, sobretudo quando comem em casa de algum amigo. [...]
>
> Adriaen van der Dussen. Breve discurso sobre o estado das quatro capitanias conquistadas no Brasil. Em: Evaldo Cabral de Mello (Org.). *O Brasil holandês*: (1630-1653). São Paulo: Penguin Classics, 2010. p. 258-259.

**Tafetá:** tecido de fios de seda trançado.
**Ataviar:** enfeitar, embelezar.
**Profusão:** grande quantidade, abundância.

**a)** Segundo o relatório, como eram as casas dos portugueses no Brasil?

**b)** Como era a alimentação dos colonos portugueses?

**c)** Qual era a diferença entre as maneiras de se vestir dos homens e das mulheres?

**d)** Qual trecho do relato chamou mais sua atenção? Explique.

### Verificando rota

O que você mais gostou de estudar nesta unidade? Organizem-se em grupos de três alunos para escolherem um tema desta unidade que vocês acharam interessante. Conversem sobre o assunto escolhido e, depois, produzam um texto coletivo para apresentar aos demais colegas da classe. Para finalizar, responda aos seguintes questionamentos:

- Você teve alguma dúvida ao estudar os conteúdos da unidade? Qual(Quais)? Como buscou solucionar sua(s) dúvida(s)?
- Você procurou ampliar seus conhecimentos sobre os temas estudados nesta unidade? Qual(Quais)? De que maneira?
- Você acredita que os temas estudados podem ajudar a compreender melhor o Brasil dos dias de hoje? Por quê?
- Em sua opinião, qual foi a importância da resistência contra a escravidão?

## As comunidades quilombolas

Grande parte das comunidades quilombolas da atualidade descende de comunidades de africanos e seus descendentes que se formaram entre os séculos XVII e XIX. Você conhece ou pertence a alguma delas? Sabe se existem comunidades como essas no estado onde você mora?

Atualmente, o Brasil possui mais de 3 mil dessas comunidades espalhadas pelos diversos estados, com milhares de pessoas. Para constituir-se oficialmente como comunidade quilombola, é preciso que as pessoas que vivem nela, primeiro, autodefinam-se de acordo com determinada identidade étnica e cultural. Somente dessa forma elas se tornam aptas a pleitear reconhecimento oficial do governo, podendo requisitar seus direitos e também investimentos para manter as necessidades **básicas** de seu dia a dia, como saneamento básico e educação, garantindo, assim, o direito à **cidadania**.

## A educação escolar quilombola

No Brasil, cerca de 1900 escolas estão localizadas em comunidades quilombolas. Um dos direitos reivindicados por esses grupos é que as escolas contribuam para uma educação adequada aos costumes e às tradições locais.

Assim, em 2012, foram criadas as *Diretrizes Curriculares Nacionais para a Educação Escolar Quilombola*, legislação que busca garantir que as instituições escolares quilombolas promovam o respeito aos valores culturais dessas comunidades.

Essas diretrizes recomendam que a escola respeite as características da comunidade, por exemplo, oferecendo merendas feitas com alimentos típicos, realizando audiências públicas para a consulta direta aos quilombolas e propondo o estudo de temas ligados à cultura e à história locais.

## A luta por direitos

Muitas comunidades quilombolas formaram-se há mais de 130 anos, ou seja, desde a época em que havia escravidão no Brasil. Os quilombolas buscam regularizar a posse de suas terras e querem ser reconhecidos pela sociedade.

Em 1988, a Constituição brasileira estabeleceu que as comunidades quilombolas têm o direito de posse das terras que ocupam, além do direito de preservar suas tradições culturais. Em 2003, o Decreto n. 4 887/2003 estabeleceu uma política sistematizada de regulamentação e demarcação das terras quilombolas. Porém, mesmo amparadas pela legislação, a maioria das comunidades quilombolas ainda não conseguiu ter seus direitos garantidos no Brasil.

1. Qual é a primeira condição necessária para que uma comunidade quilombola seja reconhecida oficialmente como tal?

2. O que são as *Diretrizes Curriculares Nacionais para a Educação Escolar Quilombola*? Por que esse documento é importante?

3. Quais direitos a Constituição de 1988 garantiu aos quilombolas? E o Decreto n. 4 887/2003, o que estabeleceu?

4. Essas legislações garantiram de fato os direitos dos quilombolas?

5. Em sua opinião, por que é importante que as comunidades quilombolas sejam reconhecidas?

6. Podemos afirmar que as comunidades quilombolas mantêm vivas a história e a cultura de seus antepassados que lutaram contra a escravidão? Por quê?

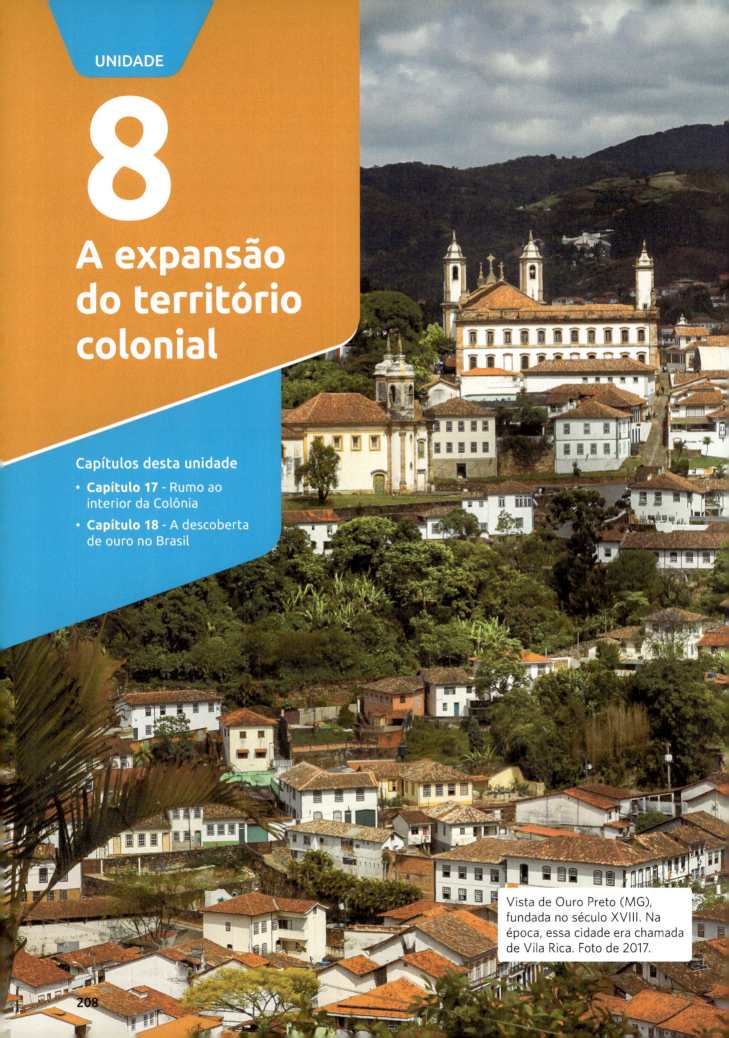

UNIDADE

# 8
# A expansão do território colonial

Capítulos desta unidade
- **Capítulo 17** - Rumo ao interior da Colônia
- **Capítulo 18** - A descoberta de ouro no Brasil

Vista de Ouro Preto (MG), fundada no século XVIII. Na época, essa cidade era chamada de Vila Rica. Foto de 2017.

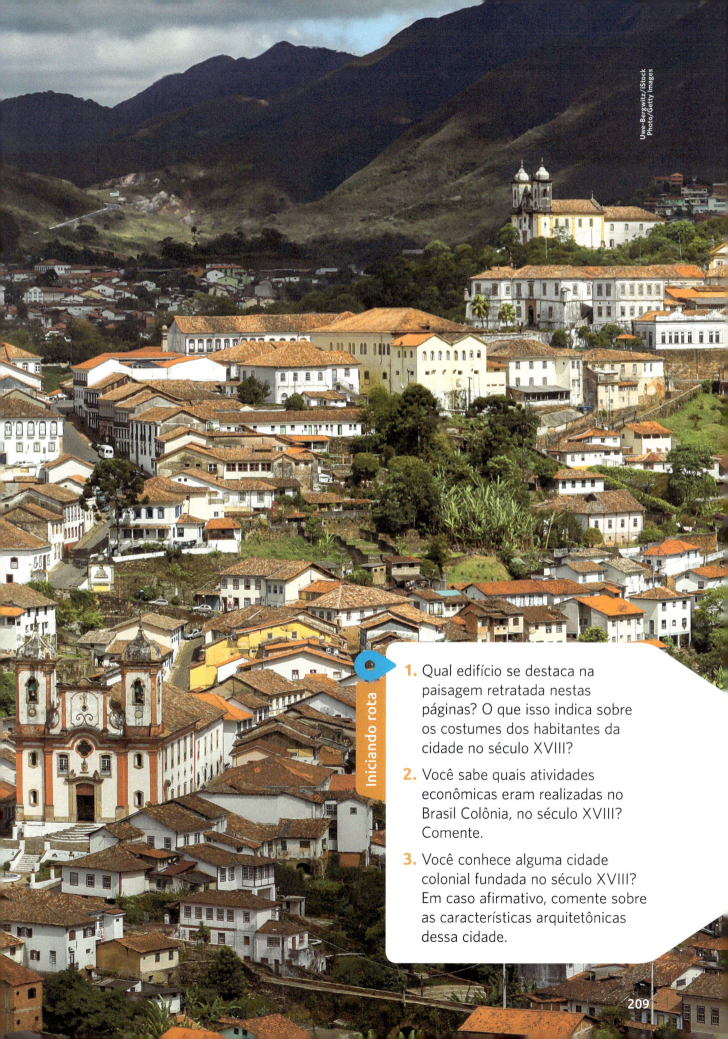

**Iniciando rota**

1. Qual edifício se destaca na paisagem retratada nestas páginas? O que isso indica sobre os costumes dos habitantes da cidade no século XVIII?

2. Você sabe quais atividades econômicas eram realizadas no Brasil Colônia, no século XVIII? Comente.

3. Você conhece alguma cidade colonial fundada no século XVIII? Em caso afirmativo, comente sobre as características arquitetônicas dessa cidade.

## CAPÍTULO 17
# Rumo ao interior da Colônia

Nos capítulos anteriores, estudamos alguns aspectos do início da colonização portuguesa no Brasil. Vimos que a economia colonial era baseada na grande propriedade rural (engenho), na agricultura de exportação (tendo como principal produto o açúcar) e na utilização de mão de obra escravizada.

Inicialmente, a colonização portuguesa se concentrou no litoral, e o interior do território era habitado principalmente por povos indígenas. A partir do final do século XVI e início do século XVII, porém, os portugueses começaram a formar povoados em territórios que ultrapassavam os limites estabelecidos em 1494 pelo **Tratado de Tordesilhas**, que dividia as terras do continente americano entre Portugal e Espanha.

Nos séculos XVII e XVIII, outras atividades econômicas tornaram-se importantes na Colônia, entre elas a pecuária, a exploração das chamadas drogas do sertão e a mineração. Veja no mapa a seguir.

> **Drogas do sertão:** produtos originários da região amazônica, como cacau, cravo, baunilha, salsaparrilha, urucum, anil, etc., além de óleos vegetais e de raízes.

Fonte: José Jobson de A. Arruda. *Atlas histórico básico*. São Paulo: Ática, 2002. p. 41.

> De acordo com o mapa, qual era a principal atividade econômica desenvolvida no litoral da Colônia? E quais eram desenvolvidas no interior?

# A importância da pecuária na Colônia

A criação de gado foi uma das atividades que contribuiu para a interiorização do território da Colônia. O gado bovino foi trazido para o Brasil no início da colonização e era utilizado nos engenhos para mover as moendas de açúcar, transportar produtos, auxiliar no arado da terra, além de fornecer carne, leite e couro para os moradores.

Inicialmente, os bovinos eram criados nos engenhos, porém a atividade pecuária logo ganhou importância econômica e começaram a ser formados pastos fora desses locais. Com receio de que os animais fossem criados em áreas destinadas às plantações de cana-de-açúcar, produto muito mais rentável, em 1701 a Coroa portuguesa proibiu a atividade pecuária no litoral.

Moenda de açúcar movida a boi. Gravura extraída do livro *História Natural do Brasil*, de Willem Piso e George Marcgraf, publicado em 1648.

## As fazendas de gado

Com a proibição, a pecuária avançou para o sertão da atual Região Nordeste do Brasil. Fazendas de gado bovino começaram a ser formadas às margens dos rios, entre eles o rio São Francisco.

Nessas fazendas, a organização do trabalho era diferente da que havia nos engenhos de açúcar. As atividades de um engenho requeriam um grande número de pessoas escravizadas para sua realização, além de um rígido controle da produção. Já nas fazendas de gado, era preciso um número reduzido de pessoas, incluindo os africanos escravizados e os chamados **vaqueiros** — estes faziam seu trabalho de maneira mais independente, em uma vasta extensão de terras.

> **Sertão:** como era chamada no período colonial a região afastada do litoral, ou o interior.

### A pecuária na atual Região Sul

Na atual Região Sul do Brasil, a pecuária era desenvolvida desde o século XVI, quando os colonizadores trouxeram os primeiros bois e cavalos. Nessa região, onde predominam extensas planícies cobertas de pastos, a pecuária era desenvolvida principalmente por indígenas, entre eles os Charrua.

A partir do final do século XVII, com a expansão do território da Colônia, a região passou a ser ocupada por colonos que se dedicavam à criação de mulas, animal que se tornou o principal meio de transporte de pessoas e de mercadorias no período colonial.

Representação de indígenas charruas. Ao fundo, tropa de gado bovino sendo conduzida. Litogravura de Jean-Baptiste Debret, feita no século XIX.

211

# A exploração das drogas do sertão

Outra importante atividade que contribuiu para a expansão do território colonial foi a exploração das drogas do sertão, desenvolvida na atual Região Norte do Brasil. Além de serem utilizados na alimentação, esses produtos tinham uso medicinal e terapêutico, e seu comércio gerava grandes lucros. Nessa época, tais produtos tornaram-se tão valiosos, como era o caso do cacau e do cravo, que muitos foram utilizados como moeda de troca no território colonial. Leia no texto a seguir mais informações sobre as drogas do sertão.

Detalhe de gravura do século XVIII representando a planta do urucum.

Umas das mais importantes dessas plantas era o urucum, usado pelos indígenas para preparar tintas destinadas às pinturas cerimoniais de guerra, para tintura de tecidos e como condimento [...].

Também o cacau era abundante na região, e sua importância econômica foi das maiores desde que as cortes europeias aderiram ao chocolate como bebida. Tanto que, para estimular sua coleta e mesmo o plantio, no fim do século XVII o governo português determinou a isenção de impostos de exportação para o produto. [...]

Outros produtos significativos, de uso alimentar e como tempero, eram: a salsaparrilha, o pau-cravo, a noz de pixurim, a castanha-do-pará, o gergelim, o pequi, o anil e a baunilha.

Vallandro Keating e Ricardo Maranhão. *Caminhos da conquista*: a formação do espaço brasileiro. São Paulo: Terceiro Nome, 2008. p. 221.

> Quais produtos amazônicos são citados no texto? Algum deles faz parte do seu cotidiano? Comente com os colegas.

# Jesuítas e indígenas

No norte da Colônia, a presença indígena era bastante expressiva, o que tornou a região um dos principais campos de ação de missionários religiosos europeus.

As ações foram empreendidas por padres da **Companhia de Jesus**, ordem religiosa fundada na Europa, em 1534. Na Colônia, os jesuítas tinham como principal objetivo catequizar os povos indígenas, ou seja, convertê-los ao cristianismo. Eles também se destacaram por combater a escravização desses povos.

Apesar de exercer forte oposição à escravização indígena, os jesuítas exploravam sua mão de obra em diversas atividades, como na agricultura, na criação de animais e, principalmente, na coleta de drogas do sertão. Eram os indígenas que entravam nas matas, coletavam esses produtos e os transportavam até os **aldeamentos**, também denominados missões ou reduções, para depois serem vendidos na Europa.

Para facilitar a conversão dos indígenas ao cristianismo, muitos jesuítas aprendiam as línguas nativas, entre elas o guarani. Ao lado, reprodução da capa da obra *Explicación de el catechismo en lengua guarani*, de Nicolas Yapuguai, publicada pela Companhia de Jesus, em 1724.

## Os aldeamentos indígenas

Os aldeamentos indígenas, administrados pelos jesuítas, constituíam uma importante estratégia de dominação durante a colonização, o que atendia aos interesses da Coroa. Além de submeter os indígenas a uma rígida rotina de trabalho e de buscar convertê-los à fé católica, os jesuítas também os influenciavam em seus hábitos e costumes. Desse modo, a Coroa ganhava mais fiéis na Colônia, ao mesmo tempo que os indígenas aldeados eram transformados em "trabalhadores úteis".

O modo de vida dos nativos, assim, era completamente alterado, desde o tipo de moradia na qual passavam a viver, até as noções de tempo e de trabalho. O cotidiano nos aldeamentos envolvia diversas atividades, que começavam nas primeiras horas do dia. Eles recebiam educação religiosa e eram instruídos na leitura e na escrita, além de aprender os hábitos e os costumes do colonizador, como usar roupas de algodão e fazer orações.

Muitos colonos criticavam o trabalho catequizador dos jesuítas por causar, de acordo com eles, a redução da mão de obra nativa. Como os jesuítas combatiam a escravização dos indígenas, havia constantes atritos entre os missionários e os colonos. Por isso, muitos deles foram expulsos das áreas próximas dos engenhos, direcionando-se para o interior do norte e do sul da Colônia, onde fundaram novos aldeamentos.

ACESSE O RECURSO DIGITAL

No entanto, a contínua busca pela mão de obra indígena não evitou que esses aldeamentos também sofressem ataques, principalmente de expedições que buscavam aprisionar os nativos para vendê-los como escravos.

Para resistir a esses ataques, indígenas e missionários construíram pequenas fortalezas e formaram tropas armadas, utilizando diversas táticas de origem indígena.

Representação de jesuíta batizando um indígena na Colônia, no século XVI. Gravura de 1850, de autoria desconhecida.

### Conflitos na capitania do Maranhão

No século XVII, os senhores de engenho da capitania do Maranhão enfrentavam uma crise econômica com a queda do preço do açúcar, o que causou também a dificuldade em comprar escravizados.

Com isso, os colonos passaram a invadir os aldeamentos jesuítas com o intuito de capturar indígenas para o trabalho escravo. Essa situação gerou um conflito entre os colonos da capitania e os jesuítas. Estes últimos procuraram apoio do governo português, que, por sua vez, determinou, em 1680, a proibição de escravizar indígenas.

## A capitania de São Vicente e a expansão do território

A expansão colonial também ocorreu no sudeste do território, com a fundação da capitania de São Vicente em 1534, que atualmente forma um município localizado no litoral do atual estado de São Paulo.

Nessa capitania, assim como em outras da Colônia, a produção de açúcar foi uma das primeiras atividades econômicas a serem desenvolvidas. Entretanto, essa produção não obteve o mesmo êxito que o alcançado na Região Nordeste.

O declínio dos engenhos no litoral da capitania de São Vicente impulsionou muitas pessoas a subir a serra do Mar e a se instalar no planalto de Piratininga, perto de onde foi fundada a vila de São Paulo de Piratininga e o colégio jesuíta, em 1554. Mais tarde, a vila formada no local deu origem à atual cidade de São Paulo.

Museu Padre Anchieta, construído no local onde foi fundado o colégio jesuíta na vila de São Paulo de Piratininga, atual São Paulo (SP), no século XVI. Foto de 2016.

## A escravidão indígena e as bandeiras

No início do século XVII, os habitantes da vila de São Paulo desenvolviam atividades agrícolas voltadas para o consumo e para o mercado interno, como o cultivo do milho, do trigo, do algodão, do feijão e da mandioca.

Diferentemente dos engenhos do nordeste da Colônia, a mão de obra africana escravizada era pouco utilizada na vila de São Paulo. Os produtos comercializados pelos colonos que viviam no local não eram tão lucrativos quanto o açúcar, o que tornava esse tipo de mão de obra muito cara para a maioria deles.

Na capitania de São Vicente, eram os indígenas escravizados que realizavam a maior parte do trabalho nas lavouras, o que tornava a captura e a venda dos nativos uma importante fonte de lucro para alguns colonos. Assim, diversas expedições de apresamento de indígenas foram feitas no interior do território, as chamadas **bandeiras**. Embora inicialmente não fosse seu principal objetivo, nessas expedições também se realizavam buscas por minerais preciosos, como ouro, prata e pedras preciosas.

**Apresamento:** aprisionamento, captura.

Representação de indígenas aprisionados no interior da Colônia. Litogravura de Jean-Baptiste Debret, feita no século XIX.

## As bandeiras de apresamento

Os integrantes das bandeiras ficaram conhecidos como **bandeirantes**. Inicialmente, eles realizavam alianças com aldeias que estavam em guerra com povos rivais, adquirindo indígenas capturados nas batalhas. Ao longo do tempo e com o aumento da procura por mão de obra indígena, os bandeirantes passaram a atacar diretamente as aldeias.

Aos poucos, eles dizimaram algumas populações nativas que viviam em regiões nas proximidades da vila de São Paulo. Por isso, muitos povos indígenas fugiram para o interior da Colônia.

A diminuição da população indígena e o deslocamento desses povos em direção ao interior fizeram que os bandeirantes realizassem expedições cada vez mais distantes do litoral. Em meados do século XVII, eles chegaram a territórios que hoje fazem parte das regiões Centro-Oeste e Norte do Brasil.

Muitas missões jesuíticas foram atacadas pelos bandeirantes, pois elas reuniam grande número de indígenas familiarizados com a cultura dos colonizadores, o que podia facilitar sua dominação.

## As bandeiras de prospecção

A partir da segunda metade do século XVII, houve intensificação das bandeiras em busca de minerais preciosos. Em parte, isso ocorreu por causa do incentivo da Coroa portuguesa, que passou a oferecer prêmios e títulos de nobreza para os que encontrassem fontes desses minerais.

As expedições em busca de pedras e de metais preciosos ficaram conhecidas como bandeiras de prospecção e costumavam reunir grupos de até cinquenta pessoas. No final do século XVII, os bandeirantes encontraram as primeiras minas de ouro em regiões onde hoje se localiza o estado de Minas Gerais.

> **Prospecção:** trabalho de busca e pesquisa de jazidas minerais.

Fonte: José Jobson de A. Arruda. *Atlas histórico básico.* São Paulo: Ática, 2002. p. 39.

215

**Mameluco:** mestiço que tem ascendência indígena e europeia.

# O cotidiano durante as bandeiras

Uma bandeira podia durar semanas, meses ou anos e reunir centenas ou até milhares de pessoas. Os indígenas constituíam a maior parte de seus integrantes, seguidos por mamelucos. Já os europeus e seus descendentes, que geralmente lideravam as expedições, eram em menor número.

Os bandeirantes caminhavam a pé e em fila, mata adentro, seguindo, principalmente, por trilhas já formadas pelos nativos. Eles partiam no início da manhã e acampavam ao entardecer, realizando poucos intervalos para se alimentar. Em seus acampamentos, dormiam em redes, um dos muitos costumes que aprenderam com os indígenas, e faziam fogueiras para espantar insetos e animais ferozes. Geralmente, tinham poucos recursos e levavam apenas a roupa do corpo e alguns equipamentos.

## Monções e entradas

Além das bandeiras, outras expedições, como as monções e as entradas, adentraram rumo ao interior do território da Colônia.

As **monções** eram expedições que utilizavam vias fluviais para abastecer as regiões mineradoras do atual Centro-Oeste do território. Geralmente, essas expedições partiam de um povoado às margens do rio Tietê, onde hoje está localizada a cidade de Porto Feliz, no estado de São Paulo. As embarcações eram feitas com técnicas indígenas. Nelas, eram levados mantimentos, armas e munições, além de mercadorias para serem comercializadas nos povoados e nas vilas que se formaram ao longo do tempo nas margens dos rios.

As **entradas** eram expedições financiadas pela Coroa portuguesa que partiam do litoral da atual Região Nordeste rumo ao interior do território colonial. Tinham o objetivo de explorar o interior da Colônia para combater possíveis ataques às vilas e às cidades realizados por indígenas ou por invasores de outros países europeus. Além disso, também buscavam minérios preciosos.

Izaac Brito

Esta ilustração é uma representação artística contemporânea feita com base em estudos históricos.
Fontes de pesquisa: John Manuel Monteiro. *Negros da terra*: índios e bandeirantes nas origens de São Paulo. São Paulo: Companhia das Letras, 1994. André Toral. Os brutos que conquistaram o Brasil. *Superinteressante*, São Paulo, Abril, ano 14, n. 4, p. 26, 35, abr. 2000.

216

## Alimentação

Os bandeirantes obtinham alimentos principalmente através da pesca, da caça e da coleta de alimentos que encontravam pelo caminho, como frutas, palmito e mel. Muitas vezes, eles roubavam alimentos das plantações mantidas por indígenas. Em outras ocasiões, os próprios bandeirantes plantavam feijão, abóbora e milho, que costumavam colher apenas na viagem de volta.

Nas monções, diversos suprimentos, como feijão, farinha, toucinho e galinhas, eram transportados nas embarcações.

Entretanto, nem sempre havia alimentos para todos, e há relatos sobre bandeirantes que passaram fome durante as expedições ou até morreram pela falta de alimentação.

### A representação dos bandeirantes

É comum que em algumas representações de bandeirantes, como em pinturas e monumentos, eles apareçam imponentes, bem-arrumados, utilizando botas de cano alto e carregando armas de fogo. Muitas dessas representações buscam enaltecer a figura do bandeirante como um bravo explorador, de for-ma a enaltecê-los como heróis fundadores.

Entretanto, estudos recentes contestam essa imagem, revelando que era mais comum que eles caminhassem descalços e utilizassem roupas desgastadas, além de, muitas vezes, preferir arcos e flechas a armas de fogo, já que elas podiam apresentar problemas por causa da ferrugem provocada pela umidade.

Bandeirante Manuel Borba Gato (1649-1718) representado em estátua localizada em São Paulo (SP). Foto de 2015.

## Os saberes indígenas na vida colonial

O modo de vida e as expressões culturais indígenas exerceram grande influência sobre o cotidiano da Colônia. Muitos bandeirantes, quer fossem mestiços, quer fossem de origem europeia, recorreram aos conhecimentos desses povos para adentrar as matas e os territórios ainda desconhecidos. Os habitantes dos povoados e das fazendas formados no interior também adotaram elementos indígenas no seu modo de vida. Conheça alguns exemplos de costumes dos nativos que foram incorporados ao dia a dia da Colônia.

### Mata adentro

As expedições em direção ao interior do território brasileiro, muitas vezes, exigiam o conhecimento de técnicas de navegação fluvial. Assim, a experiência indígena foi indispensável para os bandeirantes e os monçoeiros na escolha dos materiais a serem utilizados para a fabricação de canoas e no desenvolvimento dos sistemas de navegação.

O dia a dia nas matas também foi favorecido pelos saberes indígenas. Os bandeirantes aprenderam a caçar seguindo os rastros deixados pelos animais. Além disso, muitos passaram a caminhar descalços e a se alimentar de acordo com as tradições dos nativos.

### Modo de vida

Acostumados com a vida na mata e com o clima da região, os indígenas desenvolveram técnicas de cultivo adaptadas às condições do território onde viviam.

Esta ilustração é uma representação artística contemporânea feita com base em estudos históricos. Fontes de pesquisa: Hernâni Donato. *Os índios do Brasil*. São Paulo: Melhoramentos, 2010. Daniel Munduruku. *Coisas de índio*. São Paulo: Callis, 2000.

A **coivara**, por exemplo, é um método em que, antes do plantio, se queima a vegetação rasteira como forma de limpar e adubar o terreno. Depois de alguns anos, quando o solo se esgota, uma nova área de plantio é aberta, enquanto a área esgotada é abandonada, para permitir que o solo possa ser restabelecido naquele local.

Atualmente, a coivara ainda é comum em diferentes lugares do Brasil, mas essa prática é combatida pelas autoridades ambientais. Se praticada em larga escala e por muito tempo no mesmo lugar, ela se torna altamente prejudicial ao solo e ainda contribui para a devastação da mata nativa.

Outra contribuição indígena foi a prática da medicina curativa com a utilização de elementos naturais, como ervas, plantas e minerais, na produção de medicamentos para tratar e evitar doenças.

- Você conhece ou já ouviu falar de saberes tradicionais indígenas? Comente com os colegas.

## Os saberes indígenas na atualidade

Os conhecimentos tradicionais da medicina curativa, além de terem sido importantes no dia a dia colonial, mantêm-se presentes na sociedade atual.

Muitas aldeias utilizam elementos naturais no tratamento de doenças e na melhoria da qualidade de vida.

Para que esses conhecimentos continuem sendo transmitidos de geração para geração, algumas comunidades têm buscado organizar materiais para registrar e divulgar sua cultura.

O texto a seguir apresenta o projeto desenvolvido por indígenas do Brasil e do Peru que tem como objetivo criar uma enciclopédia com saberes medicinais ancestrais de seu povo. O projeto é realizado em parceria com a Acaté, grupo de conservação da Amazônia.

> [...]
>
> A Acaté e os Matsés desenvolveram uma metodologia inovadora para evitar a extinção de seu conhecimento ancestral sobre as plantas medicinais e ao mesmo tempo proteger as informações contra o roubo por grupos externos. A enciclopédia está escrita somente em Matsé. É por e para os Matsés e não haverá traduções para outras línguas.
>
> [...]
>
> Povo Matsés cria enciclopédia de 500 páginas sobre medicina ancestral indígena. *Xapuri*, 27 fev. 2017. Disponível em: <https://www.xapuri.info/etniagenero/povosindigenas/matses-criam-enciclopedia-indigena/>. Acesso em: 26 out. 2018.

UNIDADE 8

# Atividades

## Organizando o conhecimento

**1.** De que maneira cada uma das atividades abaixo mencionadas contribuiu para a expansão do território brasileiro? Copie o esquema no caderno, completando-o com a resposta a essa pergunta.

| Pecuária | Drogas do sertão | Bandeiras | Entradas | Monções |
|---|---|---|---|---|
|  |  |  |  |  |

**2.** Quem eram os jesuítas? Como era a relação deles com os indígenas?

**3.** Cite as principais diferenças entre as bandeiras de apresamento e as bandeiras de prospecção.

## Conectando ideias

**4.** Leia o texto abaixo, que aborda os diversos usos das drogas do sertão no período colonial, e, depois, faça o que se pede.

> [...] A definição ["droga"] abarcava [...] uma infinidade de plantas, vegetais, tintas, óleos, raízes e mercadorias de lã ou seda. E devido à baixa circulação de moedas metálicas, as "drogas" cumpriam também o papel de facilitar as trocas no território luso-americano.
>
> Entre os africanos da Bahia, a aguardente era trocada por feijões, aipins e batatas. No Pará, os indígenas que trabalhavam no plantio do gengibre recebiam pagamento com cacau, que, assim como o cravo e a salsa, era moeda corrente na Amazônia. [...]
>
> As drogas tinham também sua importância para a saúde da população. Distantes das boticas europeias, vulneráveis às moléstias tropicais e pouco familiarizados com as plantas medicinais da flora brasileira, os colonos tinham de se submeter aos ensinamentos naturais, procurando combiná-los com as vagas noções terapêuticas que traziam da metrópole. As fórmulas milenares que conheciam nem sempre eram suficientes para combater os males causados por bichos e plantas típicos da mata tropical. [...]
>
> Lucas Avelar. Uso se branco, abuso se preto. *Revista de História da Biblioteca Nacional*, Rio de Janeiro, Sabin, ano 10, n. 110, s. p.

**a)** Que tipos de produtos eram chamados de drogas do sertão?

**b)** Cite pelo menos dois exemplos que mostrem a importância das drogas do sertão no período colonial.

**c)** Considere a seguinte oração: "os colonos tinham de se submeter aos ensinamentos naturais". Qual foi o papel dos indígenas com relação a isso?

5. Analise a representação do bandeirante Domingos Jorge Velho (1641-1705) e faça o que se pede.

a) Descreva a pintura e o modo como o bandeirante foi representado. Atenção para a vestimenta, para as armas e para a postura dele.

b) Em sua opinião, qual era a intenção do artista ao representar o bandeirante dessa maneira?

c) De acordo com estudos recentes, os bandeirantes eram realmente do modo como aparecem em muitas representações? Explique.

Representação do bandeirante Domingos Jorge Velho. Óleo sobre tela de Benedito Calixto, feito em 1903. Acervo do Museu Paulista da USP, São Paulo (SP).

6. Muitas cidades brasileiras, ruas, praças, bairros e estátuas receberam nomes de bandeirantes, como Domingos Jorge Velho e Antônio Raposo Tavares (1598-1658). Apesar de terem contribuído para a expansão do território brasileiro, alguns estudiosos ressaltam que, no período das expedições, grande quantidade de indígenas foi dizimada pelos bandeirantes. Leia e interprete o texto a seguir, que defende um desses pontos de vista.

> [...] Os bandeirantes foram perdendo a vergonha de caçar, matar e negociar indígenas cristãos, tornando-se os grandes destruidores dos povos do Sul do Brasil. [...]
>
> No ano de 1628 uma bandeira enorme [...] deixou a vila de São Paulo, comandada pelo mais famoso de todos os bandeirantes, Antônio Raposo Tavares. Eles foram direto para o vale do rio Ivaí, onde havia aldeias de índios cristãos, sob a direção dos jesuítas espanhóis. Invadiram aldeias e prenderam mais de 4000 indígenas. Ao sair, queimaram as casas, a igreja, destruíram os roçados e invadiram o convento dos padres. [...] Ele foi o herói dos invasores de terras alheias [...].
>
> Benedito Prezia e Eduardo Hoornaert. *Esta terra tinha dono*. 6. ed. São Paulo: FTD, 2000. p. 87-89.

a) O texto acima apresenta um posicionamento crítico em relação ao papel dos bandeirantes. Explique qual é o ponto de vista dos autores do texto.

b) Em conjunto com seus colegas de turma, reflita e converse sobre os tópicos a seguir. Utilize as informações do capítulo e do texto acima para organizar sua argumentação.

- Qual foi a importância atribuída aos bandeirantes na história colonial?
- Você concorda com o posicionamento apresentado no texto acima? Por quê?
- Em sua opinião, as práticas bandeirantes tiveram diferentes papéis e efeitos na história do Brasil? Por quê?

# CAPÍTULO 18

# A descoberta de ouro no Brasil

No final do século XVII, após diversas expedições empreendidas no interior do território da Colônia, os bandeirantes paulistas descobriram as primeiras minas de ouro nas proximidades das atuais cidades de Caeté e de Sabará, na região central do estado de Minas Gerais, e, posteriormente, no norte do estado, foram descobertas também jazidas de diamantes.

## Em busca do ouro

As descobertas de ouro estimularam a vinda de pessoas de diversos lugares da Colônia, de Portugal e de outros países em direção à região das minas. O ouro, com seu alto valor comercial, gerava grandes riquezas, e por isso sua extração logo se tornou uma das principais atividades econômicas da Colônia.

> A exploração de metais preciosos teve importantes efeitos na Metrópole e na Colônia. A corrida do ouro provocou em Portugal a primeira grande corrente imigratória para o Brasil. Durante os primeiros sessenta anos do século XVIII, chegaram de Portugal e das ilhas do Atlântico cerca de 600 mil pessoas, em média anual de 8 a 10 mil, gente da mais variada condição [...].
>
> Boris Fausto. *História concisa do Brasil*. São Paulo: Edusp/Imprensa Oficial do Estado, 2002. p. 52.

Moeda portuguesa de 1762 cunhada com ouro extraído do Brasil. Acervo particular.

Coleção particular. Fotografia: DEA/A. DAGLI ORTI/Getty Images

No início do século XVIII, também foram descobertas jazidas de ouro em outras regiões da Colônia, nos atuais estados de Goiás e do Mato Grosso.

Assim, pequenos proprietários, padres, comerciantes e aventureiros de diversas localidades foram para a região das minas em busca de enriquecimento.

### A Guerra dos Emboabas

A chegada de grande quantidade de pessoas de diversas localidades à região das minas gerou tensões entre os bandeirantes paulistas e os forasteiros. Por terem descoberto as minas de ouro, os paulistas acreditavam ter privilégios sobre sua extração. Eles hostilizavam os aventureiros que chegavam de diversas regiões em busca de ouro e os chamavam, pejorativamente, de emboabas (o que é de fora). Além disso, os bandeirantes procuravam impor sua autoridade e garantir o controle sobre a divisão dos terrenos a serem explorados.

Os frequentes desentendimentos entre paulistas e emboabas levaram a agressões de ambos os lados, até que, entre 1707 e 1709, eclodiu o conflito que ficou conhecido como **Guerra dos Emboabas**. O conflito terminou com a vitória dos emboabas, que expulsaram os paulistas da região. Depois desse conflito, a Coroa portuguesa, então, interveio e estabeleceu uma estrutura administrativa para controlar a região e impor seus interesses.

**Eclodir:** surgir, aparecer.

222

## O controle da extração de metais

À medida que a extração das riquezas minerais foi se intensificando, a Coroa portuguesa criou formas de controle dessa atividade com o objetivo de reduzir o contrabando, arrecadar tributos e combater uma grave crise econômica pela qual passava.

Inicialmente, foram estabelecidos dois sistemas básicos de controle: o **quinto** e a **capitação**. O quinto era um imposto que determinava que a quinta parte (20%) de todo o ouro extraído nas minas coloniais pertencia à Coroa. Para controlar a arrecadação do quinto, a Coroa instalou as chamadas **Casas de fundição**, por onde todo o ouro extraído deveria passar. Nesses locais, o metal era derretido, e a quinta parte dele era retirada para, em seguida, o restante ser transformado em barra, ser marcado com o selo real e, finalmente, ser devolvido a seu dono.

A capitação consistia na cobrança de uma taxa "por cabeça", ou seja, por pessoa que ingressava nas minas para explorá-las. Dessa forma, a capitação era cobrada dos mineradores por pessoas que trabalhassem para eles nas minas, escravizadas ou não, acima de 12 anos, tanto homens como mulheres.

Barras de ouro do século XVIII com o selo real. Acervo do Museu Histórico Nacional, Rio de Janeiro (RJ).

### Rio de Janeiro, a capital da Colônia

Uma medida para ampliar o controle sobre a extração do ouro e de sua exportação foi a transferência da capital da Colônia de Salvador para o Rio de Janeiro, em 1763. A mudança ocorreu porque a cidade do Rio de Janeiro ficava mais próxima da região das minas do que Salvador, o que facilitava o embarque do ouro para a Europa.

## A prática do contrabando

**Arroba:** unidade de medida de peso que corresponde a cerca de 14,7 quilos.
**Pepita:** fragmento bruto de metal.

A arrecadação do quinto deveria atingir, por ano, uma cota equivalente a 100 arrobas (equivalente a 1474 quilos). Por causa da abundância do ouro, principalmente nas primeiras décadas do século XVIII, essa cota era facilmente alcançada. No entanto, grande parte do ouro extraído ainda era contrabandeada.

Pepitas de ouro ou ouro em pó costumavam ser escondidos em diversos locais, como nos saltos das botas, nas selas e entre as ferraduras dos cavalos, e dentro de imagens de santos. Também era comum treinar escravizados para engolir pepitas de ouro para depois expeli-las, ou esconder o ouro em pó debaixo das unhas.

Estatueta de santa feita de madeira e oca, século XVII. Esse tipo de estatueta ficou conhecido como "santo do pau oco". Acervo do Museu da Inconfidência, Ouro Preto (MG).

223

# O trabalho nas minas

O trabalho de extração de metais e de pedras preciosas nas minas envolveu grande número de pessoas das mais diversas condições sociais. Comerciantes, padres, antigos proprietários de engenhos e muitos aventureiros foram para as minas em busca de enriquecimento com a obtenção de ouro e de diamante.

## Os escravizados

A maior parte dos trabalhadores na região das minas ao longo dos séculos XVII e XVIII era composta de pessoas escravizadas.

Nas minas de ouro, o dia a dia de trabalho dessas pessoas era extremamente difícil. Sujeitos a longas jornadas de trabalho, frequentemente realizado com os pés dentro da água para a extração do ouro de aluvião, que era encontrado nos leitos e nas margens dos rios, muitos escravizados eram vítimas de doenças respiratórias. De acordo com relatos da época, nessas condições era raro que suportassem mais de sete anos de trabalho nas minas.

Além disso, os escravizados enfrentavam vários riscos durante a atividade de extração, como afogamento ou soterramento com o rompimento dos suportes de contenção que havia nas represas, nas barragens ou nos túneis escavados nas encostas dos morros.

O ouro era retirado das margens dos rios ou das encostas dos morros com as **bateias**, um tipo de recipiente de madeira ou metal utilizado para separar o ouro do cascalho. Essa técnica foi trazida pelos africanos e ainda costuma ser utilizada. Acima, bateia do século XVIII. Acervo do Museu da Inconfidência, Ouro Preto (MG).

## Os faiscadores

Os mineradores que procuravam faíscas de ouro no leito dos rios eram chamados de **faiscadores**. Eles não possuíam minas e podiam ser homens livres ou escravizados. O texto a seguir trata da situação de muitos faiscadores no período colonial.

Esses exploradores viviam como nômades, deslocando-se conforme o esgotamento dos veios de ouro. Não tinham ferramentas apropriadas e, em vários casos, extraíam o ouro com as próprias mãos. A enxada pequena, chamada de almocafre [...], foi uma ferramenta importante usada para a remoção do cascalho. [...]

Andréa Lisly Gonçalves e Iris Kantor. *O trabalho em Minas colonial*. São Paulo: Atual, 1996. p. 13. (Coleção A Vida no Tempo).

Faiscadores livres e escravizados trabalhando na extração de ouro na Colônia. Em primeiro plano, um faiscador aparece usando um almocafre. Gravura de artista desconhecido, feita no século XIX.

224

# Comerciantes e tropeiros

O rápido aumento populacional nas regiões das minas causou um grave problema de falta de alimentos. Entre o final do século XVII e o início do século XVIII, ocorreram várias crises de fome, que resultaram na morte de centenas de mineradores.

A circulação de mercadorias era muito restrita na região das minas, pois os caminhos que eram percorridos até a chegada dos produtos ao local eram longos e precários. Além disso, a Coroa cobrava vários impostos pelas mercadorias, pelos animais e pelos escravizados que circulavam na Colônia, o que encarecia os produtos vendidos pelos comerciantes.

Nesse contexto, os **tropeiros** passaram a desempenhar importante papel na sociedade mineradora. Conduzindo tropas de mulas, eles transportavam diversas mercadorias no lombo dos animais. Da atual Região Nordeste, levavam a carne-seca (ou charque) e o gado vivo (também chamado de carne-verde); da atual Região Sul, levavam alimentos como farinha de trigo, marmelada, azeite e vinho.

O trabalho dos tropeiros de percorrer os diversos caminhos pelo interior do território foi um fator importante para a integração das diferentes regiões do Brasil. Leia no texto a seguir informações sobre a importância dos tropeiros na Colônia.

> [Os] tropeiros estiveram por trás do [...] desenvolvimento das atividades mineiras e do abastecimento do interior do Brasil, principalmente nas regiões em que faltavam rios navegáveis. A circulação interna da Colônia, assim como o transporte de produtos e bens, só podia ser feita em lombo de mula. Funcionando como verdadeira correia transmissora de mercadorias, cartas, recados e informações, tropas e tropeiros durante mais de um século ligaram pessoas nos pontos mais diversos da Colônia. A predominância desses comerciantes estendeu-se até a chegada do trem, na segunda metade do século XIX.
>
> Mary Del Priore e Renato Venâncio. *Uma história da vida rural no Brasil.* Rio de Janeiro: Ediouro, 2006. p. 81-82.

**Muar:** referente a burro ou mula.

## Os tropeiros e a fundação de cidades

Para abastecer o interior do Brasil, os tropeiros percorriam longos trajetos. Do atual estado do Rio Grande do Sul, tropas de mulas eram conduzidas até a cidade de Sorocaba, em São Paulo, onde eram comercializadas em feiras de muares. De Sorocaba, as mulas eram levadas para as regiões de mineração carregadas de produtos.

Nos caminhos percorridos pelos tropeiros, a partir dos pontos de parada (acampamentos, pousos, ranchos), surgiram pequenos núcleos populacionais, que cresceram e tornaram-se cidades. Além de Sorocaba, formaram-se as cidades de Avaré, Cabreúva e Itapetininga, no atual estado de São Paulo, e Castro, Lapa e Ponta Grossa, no atual estado do Paraná.

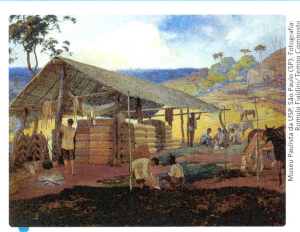

*Pouso de tropeiros*, óleo sobre tela de Franta Richter, feito em 1826. Acervo do Museu Paulista da USP, São Paulo (SP).

## A vida nas vilas e nas cidades

Nos séculos XVII e XVIII, formaram-se diversas vilas e cidades nas regiões de mineração. No atual estado de Minas Gerais, foram fundadas Ouro Preto, Tiradentes e Diamantina; no atual estado de Goiás, as cidades de Jaraguá, Pirenópolis e Corumbá. E no atual estado do Mato Grosso, as cidades de Cuiabá e Diamantino.

O crescimento das cidades proporcionou o aumento populacional e a proliferação de atividades profissionais. Além dos mineradores, havia barbeiros, religiosos, militares, alfaiates, pedreiros, comerciantes, advogados, médicos, entre outros.

Conheça a seguir alguns aspectos do cotidiano urbano nesses lugares.

### A moradia

As moradias nas cidades coloniais costumavam ser bastante simples, feitas de taipa e pilares de madeira. Os telhados das moradias mais simples podiam ser de palha ou sapé, enquanto os das moradias mais ricas eram cobertos com telhas de barro.

Muitas casas, mesmo as que pertenciam aos mais ricos, tinham o piso de terra batida. Algumas construções, chamadas de sobrados, eram feitas com materiais mais resistentes e possuíam dois andares, cujo piso superior era feito de madeira.

Sobrado do século XVIII construído em Tiradentes (MG). Foto de 2018.

### A alimentação

Os principais alimentos consumidos nas cidades eram a farinha de milho, o feijão e o charque. A carne fresca era difícil de ser conservada, por isso era pouco consumida. O sal era usado tanto para temperar como para conservar os alimentos. Costumava-se almoçar pela manhã, quando o Sol raiava, e o jantar ocorria entre o meio-dia e as 14 horas, havendo, ainda, uma ceia à noite.

### Os hábitos de higiene

Muitos hábitos de higiene nas cidades coloniais eram diferentes dos que costumamos praticar hoje em dia. Algumas práticas eram realizadas fora de casa, como o banho diário, hábito aprendido com os indígenas e que era feito em rios, riachos ou lagoas. Nesses locais também lavavam-se roupas e outros objetos. Somente nas casas das pessoas mais ricas havia uma sala específica, a chamada "casa de banho", onde se tomava banho em bacias.

As necessidades fisiológicas eram feitas geralmente fora de casa, nos quintais ou no mato. Em alguns casos, eram feitas em urinóis, para depois serem jogadas na rua ou nos rios.

**Urinol:** tipo de vaso utilizado para atender às necessidades fisiológicas; penico.

## O estilo Barroco e a religião católica

A religião católica estava muito presente no dia a dia dos habitantes da Colônia. Acontecimentos da vida de uma pessoa, como o nascimento, o batismo ou o matrimônio, eram celebrados com rituais religiosos.

Nas cidades coloniais, a presença marcante da religião católica podia ser observada na grande quantidade de igrejas e de santuários. A maioria desses edifícios era construída com muita exuberância e com a utilização de materiais nobres, como o ouro, e decorada com esculturas e pinturas de estilo **Barroco**.

O Barroco foi um movimento artístico que surgiu na Europa no final do século XVI e caracterizou-se: pela dramaticidade das representações humanas, dos sentimentos e das emoções; pelo uso de contrastes de luz e sombra nas pinturas; pela exuberância das decorações e ornamentações arquitetônicas; entre outros elementos. Esse estilo de arte se manifestou na pintura, na escultura, na arquitetura, na literatura e na música.

Fachada da basílica do Senhor Bom Jesus de Matosinhos, em Congonhas (MG), construída em estilo Barroco no século XVIII. Foto de 2017.

Por suas características, o Barroco era usado pelos reis europeus como forma de ostentar sua riqueza, com a presença de elementos arquitetônicos excessivamente ornamentados. Além disso, a arte barroca foi usada pela Igreja católica na exaltação de sua doutrina. Leia sobre esse assunto no texto a seguir.

> [...] A arte barroca europeia também influenciou a decoração e a arquitetura das igrejas. Os padres católicos achavam importante que suas igrejas fossem belas, enormes e que impressionassem seus fiéis, assim como os reis faziam em seus palácios. A arte barroca criava uma atmosfera que transportava as pessoas que entravam nas igrejas para um mundo de encantamento e beleza, ao mesmo tempo em que impunha respeito e humildade.
>
> No século XVIII, este jeito europeu de pintar e decorar igrejas foi trazido para o Brasil pelos portugueses e pelos padres jesuítas. [...] Enquanto o Barroco na Europa já entrava em decadência, a arte barroca no Brasil estava começando a florescer. [...]
>
> Nereide Schilaro Santa Rosa. *Relevos e curvas*: o Barroco no Brasil. Rio de Janeiro: Pinakotheke, 2006. p. 10-11. (Coleção História da Arte Brasileira para Crianças).

Fachada da igreja San Carlo Borromeo, em Noto, Itália, construída em estilo Barroco no século XVIII. Foto de 2016.

227

**Para investigar**

# A riqueza do Barroco brasileiro

No Brasil, a arte barroca desenvolveu-se principalmente nos atuais estados de Pernambuco, Rio de Janeiro, Bahia e Minas Gerais. De modo geral, os atributos do Barroco europeu foram preservados no Brasil. Porém, aqui, esse estilo ganhou traços singulares, entre eles o amplo uso de materiais como a madeira, a pedra-sabão e o ouro na composição de esculturas e nas decorações.

As características do Barroco podiam ser percebidas por meio da grande expressividade das representações humanas e dos santos, da dramaticidade, da preocupação com os detalhes e com as ornamentações no interior das igrejas e dos edifícios públicos. A influência barroca estava presente na arquitetura, na decoração das construções, nas artes plásticas e também na música desse período.

Um dos principais artistas do Barroco brasileiro foi Antônio Francisco Lisboa (1730-1814), mais conhecido como Aleijadinho, o qual produziu estátuas e desenvolveu projetos arquitetônicos, principalmente de igrejas, que estão preservados até hoje em cidades mineiras como Ouro Preto, Tiradentes e Sabará. Outro importante artista do Barroco foi Manuel da Costa Ataíde (1762-1830), cujas pinturas ainda podem ser vistas no interior de diversas igrejas de Minas Gerais.

Observe a seguir algumas obras em estilo Barroco produzidas no Brasil, durante os séculos XVIII e XIX.

Escultura feita por Aleijadinho, no século XVIII, representando o profeta Isaías (em primeiro plano). Essa escultura é composta de dois blocos de pedra-sabão, unidos na altura do pescoço. Ela encontra-se no adro da basílica do Senhor Bom Jesus de Matosinhos, em Congonhas (MG). Foto de 2015.

Altar da capela Nossa Senhora do Rosário dos Brancos, em Ouro Preto (MG), todo decorado em ouro. Foto de 2015.

**Adro:** área em frente ou ao redor de uma igreja.

▌ As pinturas barrocas decoravam as paredes e os tetos das igrejas. As cores fortes, como vermelho e azul, eram comuns, e os temas faziam referência à religião católica. Em alguns casos, é possível perceber personagens afrodescendentes, traço singular do Barroco brasileiro. A imagem ao lado é uma pintura feita por Manuel da Costa Ataíde, por volta do ano 1800, no teto da igreja Nossa Senhora do Rosário dos Pretos, em Itabira (MG). Foto de 2009.

• Agora, analise a obra abaixo e faça o que se pede.

▌ *Última Ceia*, óleo sobre tela produzido em 1828 por Manuel da Costa Ataíde. Acervo do Santuário do Caraça, Catas Altas (MG).

**1.** Descreva a cena representada na pintura.

**2.** Identifique algumas características do estilo barroco na pintura, como no uso de cores, na expressão das pessoas representadas e no tema da obra.

**3.** Em sua opinião, o que as características do estilo barroco podem nos dizer sobre a sociedade colonial do século XVIII? A arte pode representar o modo de viver e de pensar de uma determinada sociedade e determinado tempo? Explique.

## Resistência, cultura e identidade

Como vimos na unidade anterior, os africanos trazidos para o Brasil e os afrodescentes resistiram ao sistema de escravidão de diversas maneiras. Dentre elas, e uma das mais expressivas, estava a formação de quilombos.

Durante o desenvolvimento da atividade mineradora, as formas de resistência ampliaram-se e outras manifestações foram surgindo, passando a fazer parte do cotidiano das pessoas escravizadas.

## Irmandades

A partir do século XVII, em diversas regiões da Colônia, desenvolveram-se associações religiosas vinculadas às práticas católicas. Esses grupos formavam as chamadas **irmandades** e uniam as pessoas de acordo com sua posição social.

Os africanos e os afrodescendentes, escravizados e livres, também constituíam irmandades. Para eles, esses grupos eram uma forma de representação social, de assistência e auxílio mútuos, além de um ambiente de convívio.

As irmandades eram espaços de sociabilidade, onde se promoviam celebrações e missas e onde seus membros se encarregavam da manutenção das igrejas e das sepulturas. No caso dos escravizados, as irmandades podiam contribuir para a conquista da alforria de seus membros.

> **Alforria:** liberdade concedida ao escravizado por meio de pagamento ou da vontade do senhor.

Para entrar em uma irmandade, era necessário o pagamento de um valor de entrada e outro anual, chamado de esmola. Nessa aquarela de Jean-Baptiste Debret, feita no início do século XIX, vemos uma afrodescendente pagando a esmola da irmandade a um religioso.

# Religiosidade e celebrações

Muitas irmandades de afrodescendentes mantinham vivos os traços da religiosidade africana. Assim, práticas católicas e práticas religiosas originadas na África acabaram convivendo nos ritos e nas crenças, sobrepondo-se e formando o que chamamos hoje de **sincretismo religioso**. Sobre esse tema, leia o texto a seguir.

> [...] O catolicismo – religião do colonizador – se sobrepôs, mas não substituiu as religiões dos africanos. Sob o seu manto protetor e aliadas a elementos cristãos, cultivaram-se e preservaram-se tradições religiosas africanas. Ritos e práticas religiosas de origem africana juntaram-se e se fundiram com tradições e práticas religiosas do colonizador branco. Diante do avassalador domínio do branco, para o negro importava não perder os fortes matizes originais de sua cultura religiosa e, por extensão, sua identidade. Preservaram esses traços o quanto lhes foi permitido fazer, amoldando-os e amalgamando-os com os da religião do colonizador.
>
> Caio Boschi: Compromisso entre irmãos. Em: Luciano Figueiredo (Org.). *História do Brasil para ocupados*. Rio de Janeiro: Casa da Palavra, 2013. p. 106.

**Amalgamar:** misturar, combinar, juntar.

> Como os afrodescendentes buscavam manter sua identidade, mesmo com a imposição do catolicismo?

## Identidade afrodescendente

O sincretismo religioso continua sendo uma característica marcante da cultura brasileira. A religiosidade e as celebrações que se desenvolveram no período colonial ainda estão presentes em diversas manifestações culturais do Brasil na atualidade. As congadas, por exemplo, eram celebrações em que se coroavam representantes da região do Congo. No Brasil, essa manifestação cultural é celebrada em diferentes regiões, e passou por várias mudanças e adaptações no decorrer dos anos, embora preserve muitas de suas características tradicionais.

Em todo o país, festas rituais e manifestações de origem africana ainda são realizados e expressam a resistência da cultura e da identidade afrodescendente até os dias de hoje, como o jongo, a capoeira, o maracatu e o samba de roda.

Atualmente, essas manifestações culturais citadas são consideradas patrimônio da cultura imaterial do Brasil pelo Instituto do Patrimônio Histórico e Artístico Nacional (IPHAN). Como tal, essas manifestações são protegidas, preservadas e valorizadas por serem elementos importantes da cultura e da identidade das comunidades afrodescendentes, formadoras do atual povo brasileiro.

Festa de São Benedito com Grupo Congado Nossa Senhora do Rosário dos Quilombolas de Berilo, em Minas Novas (MG). Foto de 2016.

# Atividades

## Organizando o conhecimento

1. Com a descoberta de ouro e de diamante ocorreram transformações nas atividades econômicas da Colônia. Explique essas transformações.

2. O que gerou o conflito conhecido como Guerra dos Emboabas?

3. Quais eram os objetivos da Coroa portuguesa ao aumentar as medidas de controle e fiscalização sobre a atividade mineradora na Colônia?

4. Explique a importância do trabalho dos tropeiros para o contexto da mineração.

5. Como atuavam as irmandades religiosas formadas por afrodescendentes no período colonial?

## Conectando ideias

6. A extração e a exportação do ouro para a Europa representaram, a partir do século XVII, umas das principais atividades econômicas da Colônia e conviveram com as outras formas de exploração de recursos naturais. Analise o gráfico, relacione as informações com o que você estudou e faça o que se pede.

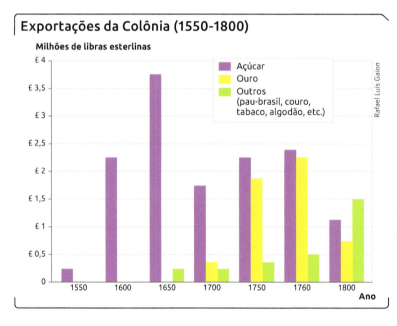

Fonte: Fundação Getúlio Vargas. *Atlas histórico do Brasil*. Disponível em: <http://atlas.fgv.br/marcos/descoberta-do-ouro/mapas/populacao-e-exportacoes-da-colonia>. Acesso em: 27 ago. 2018.

a) Identifique o período em que ocorreu maior aumento do lucro com a exportação do ouro em comparação com outros períodos.

b) Podemos afirmar que a exploração do ouro era a única atividade econômica da Colônia entre 1550 e 1800? Justifique com as informações do gráfico.

c) Nesse mesmo período, como eram as exportações dos outros produtos? Comente.

d) Sobre a economia brasileira atual, você sabe quais são os principais produtos exportados pelo país? Pesquise sobre o tema, converse com seus pais ou responsáveis e depois troque informações com os colegas em sala de aula.

**7.** Os participantes das irmandades religiosas deviam seguir alguns compromissos ao ingressar na instituição. Leia e interprete a seguir algumas das obrigações assumidas pelos integrantes da Irmandade Nossa Senhora do Rosário dos Homens Pretos de São Paulo, que foi criada no século XVIII. Depois, responda às questões.

> Cap. 14 – Os corpos dos nossos irmãos falecidos serão sepultados na nossa igreja.
>
> Cap. 21 – O irmão enfermeiro terá a seu cargo saber se falta algum irmão à sua obrigação, e se é por causa de alguma enfermidade dará parte ao irmão juiz e aos demais irmãos para que o visitem [...]. Dar-lhe-ão alguma esmola em dinheiro e, se morrer, uma mortalha.
>
> Cap. 22 – Se algum irmão não satisfizer seus anuais por cair em conhecida pobreza, nem por isso será privado dos benefícios desta. Antes a irmandade se haverá com ele [...] e o socorrerá naquilo que puder.
>
> Cap. 24 – Todas as vezes que qualquer irmão desta irmandade alcançar título de alforria e liberdade [...] e se valer da irmandade, esta será obrigada a dar-lhe todo o adjutório que para tal liberdade for necessário.
>
> Gislene Aparecida dos Santos (Org.). *Professora, existem santos negros?* Histórias de Identidade Religiosa Negra. São Paulo: Ministério da Educação, 2007. p. 34. Disponível em: <www.usp.br/neinb/wp-content/uploads/NEINB-USP-VOL-8.pdf>. Acesso em: 27 de ago. 2018.

**Mortalha:** neste caso, sepultura.
**Adjutório:** auxílio.

**a)** Com base no conteúdo estudado no capítulo e no texto acima, quais eram as principais atividades religiosas realizadas pelas irmandades?

**b)** Além de atividades relacionadas à religiosidade, que outros serviços eram prestados pelas irmandades?

**c)** Qual era a importância das irmandades para os escravizados? Reflita sobre o tema e converse com os colegas.

### Verificando rota

Qual tema você mais gostou de estudar nesta unidade? No caderno, registre informações sobre os assuntos que mais chamaram a sua atenção. Depois, leia para os colegas e veja se algum deles escreveu algo parecido com o que você escreveu. Converse sobre os temas com eles e, por fim, responda aos seguintes questionamentos:

- Os conteúdos da unidade auxiliaram você a compreender o desenvolvimento do território que atualmente forma o Brasil? De que maneira?
- Você buscou ampliar seus conhecimentos sobre os temas estudados nesta unidade? Como?
- Você realizou todas as atividades propostas pelo professor e auxiliou os colegas durante as aulas?
- Você acredita que o estudo do período colonial é importante para a análise da história do Brasil no tempo presente? Por quê?

## Ampliando fronteiras

## Os povos tradicionais e os recursos naturais

Como vimos, uma importante atividade que contribuiu para a expansão do território brasileiro a partir do século XVII foi a coleta das drogas do sertão, principalmente na atual Região Norte. A extração e a comercialização de produtos naturais, como o urucum, as castanhas, o cacau, o cravo e o látex (substância extraída da seringueira e utilizada na produção da borracha), possibilitaram a ocupação dessa região, atraindo pessoas para habitá-la.

Ao longo dos séculos, a extração de produtos naturais tem sido uma atividade essencial no cotidiano de muitas populações tradicionais, como ribeirinhos, quilombolas, seringueiros, quebradeiras de coco-babaçu, pescadores artesanais e comunidades indígenas. Profundamente ligadas à natureza e a seus ciclos, essas pessoas formaram comunidades onde a extração de recursos da floresta é o principal meio de sobrevivência, muitas vezes partilhado por gerações.

No entanto, a partir dos anos 1970, diante de ameaças de desmatamento e de exploração desenfreada dos recursos, essas comunidades começaram a se organizar e a lutar pela proteção legal de suas terras, assim como pela conservação de seus modos de vida.

### Cultura e tradição

Muitas dessas comunidades se desenvolveram em regiões isoladas, dentro das matas. Assim, grande parte delas apresenta modos de vida particulares e uma cultura tradicional.

### Integração

O trabalho nas comunidades costuma reunir diversas pessoas, que realizam grande parte das atividades em conjunto. Por isso, a integração é parte importante do modo de vida dessas populações.

Waldomiro Neto

234

Nos últimos anos, a legislação brasileira passou a regulamentar as áreas caracterizadas pela ocupação de comunidades tradicionais e pelo desenvolvimento de atividades extrativistas. Foram criadas, então, as Reservas Extrativistas (Resex), áreas definidas pela legislação como de proteção ambiental, assim como de preservação dos meios de vida e da cultura das populações tradicionais, que apresentam uma economia sustentável da extração dos recursos naturais.

Hoje em dia, existem mais de oitenta Resex regulamentadas e espalhadas por diversos estados brasileiros.

### Alto Juruá

A primeira Resex regulamentada pela legislação brasileira foi a Reserva Alto Juruá, em 1990. Localizada no estado do Acre, ela é caracterizada pela atividade de extração do látex e pela agricultura familiar.

No entanto, mesmo com a delimitação legal, atualmente alguns problemas ameaçam a reserva, como o desmatamento e a prática da mineração ilegal.

**1.** Por que as comunidades tradicionais passaram a exigir a regulamentação de suas terras?

**2.** Explique a importância da criação das Reservas Extrativistas.

**3.** Em grupo, realizem uma pesquisa sobre as comunidades extrativistas da região onde vocês vivem. Caso vocês vivam em uma comunidade extrativista, utilizem-na como exemplo. Em seguida, elaborem propostas para defender e justificar a criação e regulamentação de Reservas Extrativistas nos locais habitados por essas comunidades.

### Economia extrativista

Uma Resex normalmente apresenta uma economia de subsistência, ou seja, além de realizar a coleta de produtos naturais, também cria pequenos animais e pratica a agricultura para o próprio sustento.

### Uso sustentável e preservação

A criação das reservas tem como objetivo incentivar o uso sustentável dos recursos naturais da região. Por isso, as práticas abusivas e de caráter exploratório que podem prejudicar o ambiente são proibidas.

# Aprenda mais

## UNIDADE 1 — A Europa Moderna

### Convite à navegação

Nesse livro, a autora aborda a formação da língua e da literatura portuguesas, mas, para isso, inicia fazendo um breve histórico, passando pela história da península Ibérica, o contato com diferentes povos, até chegar ao processo que possibilitou a expansão marítima no século XV.

*Convite à navegação: uma conversa sobre literatura portuguesa*, de Susana Ventura. São Paulo: Peirópolis, 2012.

## UNIDADE 2 — O Oriente: China e Japão

### ABC do Japão

Nesse livro, você conhecerá alguns elementos da cultura japonesa de maneira prática e divertida. Os temas são elencados em ordem alfabética e contam com várias ilustrações para que você possa aprender um pouco mais sobre a culinária, a arte, as personalidades e diversos outros aspectos dessa rica cultura.

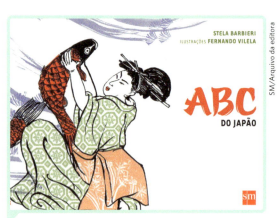

*ABC do Japão*, de Stela Barbieri. Ilustrações de Fernando Vilela. São Paulo: SM, 2008.

## UNIDADE 3 — Os povos da África

### Kiriku e a feiticeira

A animação *Kiriku e a feiticeira* é baseada em uma lenda africana de tradição oral. De acordo com essa narrativa, o menino Kiriku passa por uma grande aventura ao defender sua aldeia de uma feiticeira. Assista ao filme e veja como Kiriku usa sua astúcia para descobrir o segredo da feiticeira e salvar a aldeia onde mora.

*Kiriku e a feiticeira*. Direção: Michel Ocelot. França, 1998 (74 min).

**UNIDADE 4** — A América antes da chegada dos europeus

### Povos indígenas do Brasil

Esse *site*, voltado para jovens estudantes, reúne diversas informações e imagens sobre os povos indígenas do Brasil. Acesse-o e entre em contato com as culturas desses povos, conhecendo mais sobre suas moradias, seus costumes, suas línguas, sua religiosidade, etc.

Povos Indígenas do Brasil. Disponível em: <http://linkte.me/fj9w9>. Acesso em: 8 out. 2018.

### Os gêmeos do Popol Vuh

O Popol Vuh é um registro documental sobre a mitologia maia e suas concepções acerca do Universo. Por meio de contos, esse livro apresenta algumas dessas histórias, o que nos permite compreender a cultura e a visão de mundo dos maias.

*Os gêmeos do Popol Vuh*, narrado por Jorge Luján. Tradução de Heitor Ferraz Mello. São Paulo: SM, 2008. (Coleção Cantos do Mundo).

**UNIDADE 5** — Cultura e religiosidade na Europa Moderna

### Hamlet de William Shakespeare

Nessa história em quadrinhos, você conhecerá, de forma leve e empolgante, um dos maiores clássicos da literatura. Originalmente criada por Shakespeare no período renascentista, essa obra conta a história de um príncipe que, após a morte de seu pai, passa a refletir sobre a própria existência.

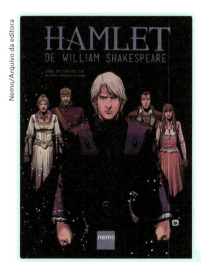

*Hamlet de William Shakespeare*, adaptado por Wellington Srbek e Alex Shibao. São Paulo: Nemo, 2013.

**UNIDADE 6** — A colonização da América

### Brasil no olhar dos viajantes

Esse documentário de quatro episódios é disponibilizado no *site* da TV Senado. Por meio de imagens, documentos e depoimentos de especialistas, você vai conhecer como viajantes europeus viam o Brasil no período colonial.

*Brasil no olhar dos viajantes.* 4 episódios. Direção: João Carlos Fontoura. Brasil, 2012 (60 min). Disponível em: <http://linkte.me/po8ol>. Acesso em: 3 out. 2018.

**UNIDADE 7** — O Brasil colonial

### Cumbe

Nesse livro você vai conhecer um pouco mais sobre a luta e a resistência dos escravizados trazidos dos antigos reinos de Angola e do Congo para o Brasil. Nessa narrativa, apresentada em história em quadrinhos, situações de esperança e conflito são constantemente vividas pelas personagens, que resistem à opressão escravagista e lutam por sua liberdade.

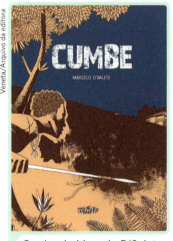

*Cumbe*, de Marcelo D'Salete. São Paulo: Veneta, 2018.

**UNIDADE 8** — A expansão do território colonial

### Atlas histórico do Brasil

Nesse *site*, você poderá acessar mapas, gráficos, gravuras e outros documentos referentes à história do Brasil. Trata-se de uma linha do tempo interativa, na qual você poderá selecionar o período da história do Brasil e seus respectivos subtemas, por exemplo, O ouro das minas no contexto da Colônia (1500-1808).

*Atlas histórico do Brasil*. Disponível em: <http://linkte.me/d0968>. Acesso em: 8 out. 2018.

# Referências bibliográficas

ARIÈS, Philippe; DUBY, Georges (Dir.). *História da vida privada*. Trad. Hildegard Feist. São Paulo: Companhia das Letras, 1995. 5 v.

BAUSSIER, Sylvie. *Pequena história do tempo*. Trad. Pauline Alphen. São Paulo: SM, 2005 (Coleção Pequenas Histórias dos Homens).

BETHELL, Leslie (Coord.). *História da América Latina*. São Paulo: Edusp; Brasília: Fundação Alexandre Gusmão, 2004-2005. 6 v.

BLOCH, Marc. *Apologia da história ou o ofício do historiador*. Trad. André Telles. Rio de Janeiro: Jorge Zahar, 2001.

BOSCHI, Caio César. *Por que estudar História?* São Paulo: Ática, 2007.

BOSI, Ecléa. *Memória e sociedade*: lembranças de velhos. São Paulo: Companhia das Letras, 1994.

CALDEIRA, Jorge (Org.). *Brasil*: a história contada por quem viu. São Paulo: Mameluco, 2008.

CARVALHO, José Murilo de. *Os bestializados*: o Rio de Janeiro e a República que não foi. São Paulo: Companhia das Letras, 2006.

COSTA, Emília Viotti da. *Da Monarquia à República*: momentos decisivos. 9. ed. São Paulo: Ed. Unesp, 2010.

D'AMORIM, Eduardo. *África e Brasil*. São Paulo: FTD, 2015.

DEL PRIORE, Mary (Org.). *História das mulheres no Brasil*. 8. ed. São Paulo: Contexto, 2006.

DEL PRIORE, Mary; VENANCIO, Renato. *Uma história da vida rural no Brasil*. Rio de Janeiro: Ediouro, 2006.

DORATIOTO, Francisco. *Maldita guerra*: nova história da Guerra do Paraguai. São Paulo: Companhia das Letras, 2002.

DUBY, Georges. *A Europa na Idade Média*. Lisboa: Teorema, 1989.

FAIRBANK, John King; GOLDMAN, Merle. *China*: uma nova história. Trad. Marisa Motta. Porto Alegre: L&PM, 2008.

FARIA, Sheila de Castro. *Viver e morrer no Brasil colônia*. São Paulo: Moderna, 1999 (Coleção Desafios).

FAUSTO, Boris. *História do Brasil*. 14. ed. São Paulo: Edusp/FDE, 2012 (Coleção Didática).

FERREIRA, Antonio Celso; BEZERRA, Holien Gonçalves; DE LUCA, Tania Regina (Org.). *O historiador e seu tempo*: encontros com a história. São Paulo: Unesp/Anpuh, 2008.

FERREIRA, Marieta de Moraes; AMADO, Janaína (Org.). *Usos e abusos da história oral*. Rio de Janeiro: FGV, 2006.

FERREIRA, Olavo Leonel. *Visita à Grécia Antiga*. São Paulo: Moderna, 2003 (Coleção Desafios).

FRANÇA, Jean Marcel Carvalho. *A construção do Brasil na literatura de viagem dos séculos XVI, XVII e XVIII*: antologia de textos (1591-1808). Rio de Janeiro: José Olympio; São Paulo: Unesp, 2012.

FRANCO JÚNIOR, Hilário. *A Idade Média*: nascimento do Ocidente. São Paulo: Brasiliense, 2006.

FUNARI, Pedro Paulo. *A vida quotidiana na Roma Antiga*. São Paulo: Annablume, 2003.

_____ . *Grécia e Roma*. 4. ed. São Paulo: Contexto, 2007 (Coleção Repensando a História).

GUARINELLO, Norberto Luiz. *Os primeiros habitantes do Brasil*. 5. ed. São Paulo: Atual, 1994 (Coleção A Vida no Tempo do Índio).

GOMES, Marcos Emílio (Coord.). *A Constituição de 1988, 25 anos*: a construção da democracia & liberdade de expressão. São Paulo: Instituto Vladimir Herzog, 2013.

HERNANDEZ, Leila Maria Gonçalves Leite. *A África na sala de aula*: visita à história contemporânea. São Paulo: Selo Negro, 2005.

HETZEL, Bia; NEGREIROS, Silvia (Org.). *Pré-História brasileira*. Rio de Janeiro: Manati, 2007.

HOBSBAWM, Eric J. *A Era das revoluções*: Europa 1789-1848. 25. ed. Trad. Maria Tereza Lopes; Marcos Penchel. Rio de Janeiro: Paz e Terra, 2009.

KARNAL, Leandro. *Estados Unidos*: a formação da nação. 4. ed. São Paulo: Contexto, 2007 (Coleção Repensando a História).

KARNAL, Leandro et al. *História dos Estados Unidos*: das origens ao século XXI. 3. ed. São Paulo: Contexto, 2015.

LE GOFF, Jacques. *As raízes medievais da Europa*. Petrópolis: Vozes, 2010.

LEICK, Gwendolyn. *Mesopotâmia*: a invenção da cidade. Trad. Álvaro Cabral. Rio de Janeiro: Imago, 2003.

LEWIS, Bernard. *O Oriente Médio*: do advento do cristianismo aos dias de hoje. Trad. Ruy Jungmann. Rio de Janeiro: Jorge Zahar, 1996.

LOWE, Norman. *História do mundo contemporâneo*. Trad. Cataldo Costa. Porto Alegre: Penso, 2011.

MENDONÇA, Marina Gusmão de. *Histórias da África*. São Paulo: LCTE, 2008.

MORAES, Mário Sérgio de. *50 anos construindo a democracia*: do golpe de 64 à Comissão Nacional da Verdade. São Paulo: Instituto Vladimir Herzog, 2014.

MUNANGA, Kabengele; GOMES, Nilma Lino. *O negro no Brasil de hoje*. São Paulo: Global, 2006 (Coleção Para Entender).

NAPOLITANO, Marcos. *1964*: História do regime militar brasileiro. São Paulo: Contexto, 2014.

NOVAIS, Fernando A. (Dir.). *História da vida privada no Brasil*. São Paulo: Companhia das Letras, 1997. 5 v.

PAULA, Eunice Dias de; PAULA, Luiz Gouveia de; AMARANTE, Elizabeth. *História dos povos indígenas*: 500 anos de luta no Brasil. Petrópolis: Vozes/Cimi, 1986.

PERRY, Marvin. *Civilização Ocidental*: uma história concisa. Trad. Waltensir Dutra; Silvana Vieira. 3. ed. São Paulo: Martins Fontes, 2002.

PESTANA, Fábio. *Por mares nunca dantes navegados*: a aventura dos descobrimentos. 2. ed. São Paulo: Contexto, 2015.

PILAGALLO, Oscar (Ed.). *O sagrado na história*: judaísmo. São Paulo: Duetto, 2010. v. 2. (Coleção História Viva).

_____ . *O sagrado na história*: islamismo. v. 3. São Paulo: Duetto, 2010 (Coleção História Viva).

PINSKY, Carla Bassanezi; LUCA, Tania Regina de (Org.). *O historiador e suas fontes*. São Paulo: Contexto, 2012.

PINSKY, Carla Bassanezi (Org.). *Fontes históricas*. 2. ed. São Paulo: Contexto, 2006.

PINSKY, Jaime; PINSKY, Carla Bassanezi (Org.). *História da cidadania*. São Paulo: Contexto, 2003.

PREZIA, Benedito; HOORNAERT, Eduardo. *Brasil indígena*: 500 anos de resistência. São Paulo: FTD, 2000.

REDE, Marcelo. *A Grécia Antiga*. São Paulo: Saraiva, 1999. (Coleção Que História é Esta?).

RICARDO, Beto; RICARDO, Fany (Ed.). *Povos indígenas no Brasil*: 2011-2016. São Paulo: Instituto Socioambiental, 2017.

SCHAAN, Denise Pahl. *Cultura marajoara*. Rio de Janeiro: Senac Nacional, 2009.

SCHUMAHER, Schuma; BRAZIL, Vital. *Mulheres negras do Brasil*. Edição condensada. Rio de Janeiro: Senac Nacional, 2013.

SCHWARCZ, Lilia Moritz (Dir.). *História do Brasil nação*. Rio de Janeiro: Objetiva; Madri: Fundação Mapfre, 2011-2014. 5 v.

SEVCENKO, Nicolau. *Literatura como missão*: tensões sociais e criação cultural na Primeira República. São Paulo: Companhia das Letras, 2003.

SILVA, Kalina Vanderlei; SILVA, Maciel Henrique. *Dicionário de conceitos históricos*. São Paulo: Contexto, 2006.

SOON, Tamara. *Uma breve história do islã*. Trad. Maria Helena Rubinato Rodrigues de Sousa. Rio de Janeiro: José Olympio, 2011.

SOUZA, Marina de Mello e. *África e Brasil africano*. São Paulo: Ática, 2006.

THOMPSON, Edward P. *A formação da classe operária inglesa*. Trad. Denise Bottmann; Renato Busatto Neto; Cláudia Rocha de Almeida. Rio de Janeiro: Paz e Terra, 1987. 3 v. (Coleção Oficinas da História).

TODOROV, Tzvetan. *A conquista da América*: a questão do outro. Trad. Beatriz Perrone Moisés. 4. ed. São Paulo: Martins Fontes, 2010.

TOTA, Antonio Pedro. *Os americanos*. São Paulo: Contexto, 2009.

TURAZZI, Maria Inez; GABRIEL, Carmen Teresa. *Tempo e história*. São Paulo: Moderna, 2000.

VAINFAS, Ronaldo (Dir.). *Dicionário do Brasil Colonial*: 1500-1808. Rio de Janeiro: Objetiva, 2000.

_____. *Dicionário do Brasil Imperial*: 1822-1889. Rio de Janeiro: Objetiva, 2002.

VISENTINI, Paula Fagundes; RIBEIRO, Luiz Dario Teixeira; PEREIRA, Analúcia Dnilevicz. *História da África e dos africanos*. Petrópolis: Vozes, 2013.

WHITROW, G. J. *O que é tempo?* Uma visão clássica sobre a natureza do tempo. Trad. Maria Ignez Duque Estrada. Rio de Janeiro: Jorge Zahar, 2005.